P9-CFJ-811

자녀와 부모의

세대차 좁히기

Cultural
Tug of War

*The
Korean Immigrant Family
and
Church in Transition*

자녀와 부모의

세대차 좁히기

Cultural Tug of War

The
Korean Immigrant Family
and
Church in Transition

Young Lee Hertig

ABINGDON PRESS
Nashville

CULTURAL TUG OF WAR:
The Korean Immigrant Family and Church in Transition

Copyright © 2001 by Abingdon Press

This book is printed on recycled, acid−free paper.

Library of Congress Cataloging−in−Publication Data

Young Lee Hertig. 1954−
  Cultural Tug of War: The Korean Immigrant Family and Church in Transition/ Young Lee Hertig.
    p. cm.
  Includes bibliographical references.
  ISBN 0−687−04621−1 (alk. paper)
    1. Church work with Korean Americans. 2. Korean American families— Religious life. I. Title.

BV4468.2K6 H47 2001
261.8'348957073—dc 21   2001045838

Unless otherwise noted, Scripture quotations are from the New Revised Standard Version Bible. Copyright © 1989 by the Division of Christian Education of the National Council of the Churches of Christ in the USA; THE HOLY BIBLE, New Korean Revised Version © Korean Bible Society 1998. Used by permission.

01 02 03 04 05 06 07—10 9 8 7 6 5 4 3 2 1

MANUFACTURED IN THE UNITED STATES OF AMERICA

Contents

103231

Acknowledgments

This book is composed of real life stories, which need to be honored. I am indebted to people in this book for their trust and courage to be vulnerable with me. I respect their open invitation of their innermost thoughts, feelings, and struggles, therefore I use pseudonyms for their names. I want to express my utmost gratitude to them for offering their lives so that the two different generations may experience healing through deeper understandings of each other.

I do not intend to generalize the whole Korean immigrant family and church through the lives represented in this book. This book shares particular stories, which also contain common immigrant family stories.

Again, I want to offer my deep appreciation to those who have shared their pains and joys with me. I am privileged to have been invited to enter into all of their lives, which has shaped my theological reflections.

I want to thank my husband and co-worker, the Reverend Dr. Paul Hertig, who has done ministry with Koreans and Korean Americans for twenty years both in Korea and in America. I am indebted to his commitment to the second generation by being a surrogate father, especially playing sports with boys whose fathers were absent from their daily lives. Throwing the football, playing tennis, and playing broomball on the ice rink served to bring people together. These activities also served as a great outreach. Picking up students and dropping them off and driving on long mission trips through desert areas shaped all of us. A very close-knit community was built, which in turn built character and leadership qualities among students.

I want to dedicate this book to all of the people with whom my husband and I shared closely, and to my daughter, Raia, who keeps me humble. I also want to document our ministry model so that it may be a flicker of light that might shine on the ongoing ministry for future generations. It is my belief that the very basic principles of the ministry of Jesus Christ do not change, although the surface components may vary. I thank the community for engaging in the rich table fellowship we have shared with both the first and the second generations. It nourished all of us physically and spiritually. I also want to thank those who gladly submitted their reflections on their own lives and wanted to remain anonymous.

I also want to thank Dr. Paul G. Hiebert, who understood the struggles of the second generation in the early eighties and encouraged me to represent the voiceless through my Ph.D. work. I also hear the echoes of Francis Hiebert, a pioneer who devoted herself to justice for all women. I am forever grateful for their modeling of authentic mentoring.

Another woman I want to thank is Betty Stutler, the faculty secretary at United Theological Seminary. Betty has encouraged me a great deal by offering her expertise and encouragement in the editing process. She dealt with the rough spots and refined them with her special touch. Although I sit alone at the computer, I feel a strong human community in my heart as each story represents the heart of searching people, containing a well within.

Most of all, I want to thank my parents—my father, who models courage and risk taking, and my mother, who prays without ceasing. Their parenting offered me wings to fly rather than a nest of confinement.

Foreword

Since World War II the world has seen an unprecedented migration of people around the world. Outsiders look at the prospects these immigrants have in their new lands, but the immigrants are caught in the unforseen cultural dislocation such movements create. The hopes of many of them are shattered as they collide with a new culture, and they realize painfully that they will not be able to preserve their cultures in the new lands.

Social scientists have studied immigration, and its effects on parents and children, but their theories are often abstract and impersonal. Young Hertig takes us into the lives of the people themselves. She helps us hear the stories of parents who want desperately to nurture their children, and of children trying to build their lives in a new world which is foreign to their parents. She highlights the areas of conflict between parents and children, old and young church leaders, and the Korean community and its neighbors in America. It is of vital importance for all those living and ministering in immigrant communities to hear these stories, because they show us the lives of real people.

Hertig goes beyond analysis and gives us biblical and social principles to help immigrants make healthy transitions into their new worlds. She points out the importance of dialogue to build relationships between parents and children, older and younger leaders, immigrants and their neighbors. It invites the church to be a community of healing that not only helps immigrants and their children meet God, but also a place where the immigrant community as a body can build true fellowship, acculturate successfully in a strange environment, and be an effective witness for God in their new country.

Paul G. Hiebert
Deerfield, ILLINOIS
2001

Introduction:
Being a Cultural Bridge

This book arose from the author's twenty years of ministry with Korean American young people in Korean immigrant churches. It contains stories of both the first and the second generation in family and church life. When I mention the first generation, I am referring to parents; when I speak of the second generation, I am referring to their children. However, due to the complexities of assimilation variation depending on one's arrival to the new land, I also use the term 1.5 generation and mention 1.2, 1.3, 1.4 generations, depending on the age of one's arrival in the U. S., which affects the assimilation processes.

This book, by causing me to reflect on my twenty years of ministry with Korean immigrant churches, has unleashed intense emotions of joy and pain. Living in between two worlds, I have sought to be a bridge between two close and yet distant generations. The rewards have been as high as my pain has been deep.

My ministry with Korean American churches traces back to the very beginning of my arrival in the United States. While working with Korean American youth groups in the Twin Cities of Minnesota in 1981, I became concerned about the struggles of young people who are caught between two extremely different cultures. When I moved to Los Angeles, California, in 1984, the tug-of-war became even more apparent. This book evolved from my ministry in these cities.

Immigrant parents, caught up in the family's economic survival, either pull their adolescent children tightly into their own ethnic-cultural orbits or leave their children to their own devices. Meanwhile, children undergo enormous pressure to assimilate into the American mind—set and mainstream lifestyle through school and social activities. As a coping mechanism, the second generation sometimes feels the need to develop a culturally split personality to fit and function in both cultures.

I remember an occasion when I and a group of second—generation students were coerced into a first—generation event. The college group I was working with was engaged in a special outreach program, which was approved by the session. The senior pastoral leaders insisted that the college group cancel the event and join the first—generation revival meeting. More than half of the people in the college group did not even speak Korean. Few went into the sanctuary that evening, and the rest of them scattered.

Working effectively with the English—speaking second generation automatically meant that the minister herself or himself would be seen as a child in the eyes of the first—generation leaders. Obedience was forced; dialogue was not a possibility. Being a bridge—building leader often meant being the dumping ground for the frustrations of two unhappy generations. It meant being caught in between the many clashing expectations of the first, 1.5, and second generations.

The real test for the second—generation pastor occurs when the English—speaking congregation begins to multiply. You are criticized if you don't increase your numbers, and controlled if you do grow in numbers. When growth takes place, then the senior leaders want to take control. They become paternal to the second generation, over whom they cannot fully exercise control. Unbearable pressure placed upon the minister of the English—speaking congregation makes it very difficult for the minister to concentrate on ministry. Thus, turnover of second—generation ministers is often every six months in the Korean immigrant church, particularly in Los Angeles where more than one thousand Korean churches reside. The ministry is painful, yet vital.

The breakthroughs made the pain worthwhile. I remember gathering church families together for a night of icebreaking games. An adaptation of the Newlywed game, the Parent—Child game, had parents and children laughing and communicating freely with one another for the first time in the church setting. These rare moments provided me with a life—giving well and thus offered me hope for the future.

But I also remember when an adult kicked out a newcomer because he wore a baseball cap. The adult assumed that the newcomer was a gang member because he was wearing a baseball cap. One of my goals in writing this book is to alleviate misunderstanding in such situations. The chapters that follow provide case studies, principles, and helpful tips for moving beyond the tug—of—war and into becoming an authentic community.

One of the most fruitful ministries my husband and I were engaged in was in Church B, where we spent five years with the same youth group. The congregation was composed of a mixture of upper—middle to lower—middle class people, old—timers and new arrivals, on the outskirts of Los Angeles. We had the privilege of molding and shaping the youth during their most crucial formative years—the teenage years—through Bible study, discipleship, and mission. The annual mission trip to the Navaho Indian Reservation challenged materialistic youth cultural values. Table fellowship during Sunday afternoons evolved into evening activities that allowed the second generation to bond as a close— knit community.

Twice—a—year retreats also revitalized the faith of all. Friday night inductive Bible study offered an opportunity for student leadership to emerge. One of the most significant impacts a minister can make on the second generation is to spend long— lasting time with them, offering some stability to their stormy lives. We built this ministry by building a safe place, trusting students, equipping leaders through discipleship and delegation, sharing testimonies, and doing missions. I will share the details of the Church B ministry model in the last chapter.

Chapter 1

What Is the Impact
of Migration on Family Life?

Home is where the heart is,
but my heart is split into 13 pieces
and only one piece is in North America.
still resisting "America is in the heart,"
Wondering do I have to claim this place as home?
I'm still fighting to punish America for all it has done. . .
to avenge my people and all the others.
Not sure if it is fueled by anger or fueled by love.
Can I start over,
recast the die?
This is not what I want my home to look like,
this is not at all as I've imagined it,
for to claim it,
is to love it
enough to make it better,
but what vision have I for it?
I have nearly given up.

—Deborah Lee[1]

<hr>

1. a portion of her unpublished poem, "Home" May 1999, is included with the author's gracious permission. Portions of Deborah Lee's unpublished poem. Deborah Lee is a second-generation Chinese American, born in Ohio, whose father is from Hong Kong and mother is from Indonesia. She is currently the Program Director at the PANA Institute (Institute for Leadership Development and the Study of Pacific Asian North American Religion) at the Pacific School of Religion in Berkeley.

Globally mobile modern families face unimaginable challenges. Many families have broken down, and many more are on the verge of doing so. More children than ever are growing up in broken families. To an already challenging family life, cross—cultural migration adds further difficulties as each family member acculturates at a different pace. The immigrant family in the process of acculturation faces severe family conflicts because each family member responds to change at a different pace. The first generation faces a rootless life in the new land, while the children undergo a tug—of—war in their everyday lives between two extremely contrasting worlds—home and school. Externally, many immigrants may appear to have reached the American dream. They might live in a big house and own nice cars, but internally many suffer from a life centered on bills and payments as well as an inner life that is torn apart.

While in exile, a once close—knit family tends to drift apart and become intimate strangers. The very means of survival, economic activity, saps the energy of the immigrant family and leaves it with little strength for emotional nurturing and no outlet. The following cases reveal how migration affects adults and their teenage offspring. The migration experiences of Terri, Youngjoo, and Mijin vividly express the adolescents' struggle with rapidly changing, yet stubbornly persisting, family dynamics.

Drowning in Memories

Terri is a college student who clings to her memories of an intimate and happy family life in Korea. Terri was a sweet twelve—year—old when her family moved from the countryside in Korea to Los Angeles. Adjusting from a small countryside ethos to life in a big city like Los Angeles is much more challenging than migrating from one city to another. Terri's case contains stories of a pre—adolescent's struggle to adapt to the utterly different life context.

Close—knit family

My family was so close even though we were not rich or famous. My dad grew up in a rural setting and did not have an opportunity for higher education. But he was self—taught through reading. Without even seeing their faces, a matchmaker matched my mom and dad. It happened to be a good match. My dad really loved my mom and guided her. Every night we would sit around eating fruits and singing songs to the guitar. People were envious of our family. We were such a close—knit family.

Awkward social life at school

Then we came to L. A. It rained for about a month when we first arrived. I was sick and tired of rain. The streets were very dirty and depressing. I could not stand my school and classmates. Korean Americans all looked like a strange bunch of losers. There were Korean gangsters at our school. I went to a party and found people swearing and doing wrong things. My friends told lies to their parents in order to come to that party, while my dad gave me a ride and showed interest in what I was doing. After the party, I would tell my family everything that went on.

An immigrant's adjustment to American life has many variables. In Terri's case, we can see that her rural lifestyle, prior to migration, had nothing in common with her new life in a big city like Los Angeles. Her young age at the time of migration made it difficult for her to understand or articulate her culture shock at school, unlike her older siblings. It was her father's affection that brought Terri a sense of security in a chaotic new life situation. Also, her parent's love for each other provided stability in a new land. Terri's relationship with her father is an exception to that of many Korean American young people, whose fathers are inexpressive and distant.

Lonely life in the suburbs

During my last year of junior high, I met two other girls who were like-minded. We used to stay up all night talking about our struggles and depression coming from family and school. Naturally our studies suffered. Even when I wanted to study, my friends pulled me away from schoolwork. I begged my dad to move from Korea town. Although we could not afford it, he managed to buy a house in the suburbs. After we moved to the suburban neighborhood, all my family members went in all different directions, driving their own cars. When we were in Korea town, we all rode together. Since I was the youngest, I stayed home alone many times. I had to fix dinner before everybody came back from work. I felt that our family coherence was broken. I complained to my family, and they all asked me to accept the change. It was very hard for me to see my family drifting apart. Then all of a sudden, one day my father fell. It was very shocking [she shares in tears].

He died so soon. I was so sad and frustrated. I did not show him that I could do well in school. I did not have a chance to make up for my mistakes. My poor mom has never overcome the loss.

When I first met Terri, she was in the midst of grieving her father's tragic death, which had occurred two years earlier. As the youngest child in a family of seven, she had enjoyed her father's attention and care. After he died she almost lost her incentive to finish college. The sweatshop work after the father's death demanded every family member's labor, which Terri also had to take part in. She just drifted from the classroom to work and to church. She could not concentrate fully on any one of them because she was dwelling on the memories of her father and the nostalgia of a close—knit family in Korea. That each family member was driving a separate car symbolized changing family dynamics from the group—oriented rural value in Korea to independent, individualistic American values.

There are similarities between Miyon's case and Terri's case regarding adjustment to life in Los Angeles. Miyon's case, however, depicts the more typical dynamics in relationships between children and fathers in migrant families.

Absent Parents

The six members of Miyon's family emigrated from Korea in 1987. Their parents clean houses and can barely support four teenage children. They come home exhausted from the physical labor. Teenage daughters Miyon and Mijin do most of the household work. Meanwhile, the oldest one, June, is seventeen years old and escapes her language and cultural barriers by focusing on parties and boys. The whole family has given up on her and expects no help from her. Among siblings, responses to migration vary depending on their own internal and external interactions with the dominant culture. Without any coherent rules family life becomes quite chaotic.

The prodigal daughter

The oldest daughter, June, skips school regularly and mingles with delinquents. June once answered her English essay questions with the repetitious phrase, "I love you, I love you..." She often comes home late and stirs up the whole family. One day her father spanked her, which only escalated her anger. She shouted back at her father while being spanked, "Hit me more, you jerk." After several spankings, June did not come back home for several days. Staying overnight at someone else's house turned into a ten-day stay.

Mijin says that the rest of the family was more at peace without June's presence. June's negative attitude in adjusting to American life could not be corrected by her father's anger and spanking or her mother's yelling and shouting. There is no parental power in those methods of dealing with a seventeen-year-old's rebellion when she has become absorbed by her fresh exposure to freedom and independence. One of the reasons for June's poor adjustment to American life was her age at emigration to the U. S. Younger children pick up the English language much quicker than older children, and this motivates them to study harder. Parents are ill-equipped to deal with juvenile delinquency. Exhausted by their prodigal daughter, June, the parents neglect the rest of the children no matter how many chores they carry. Both Miyon and Mijin are resentful of the parental apathy in their lives. They remain as caretakers for the family without proper guidance from parents.

Where is my guidance?

Miyon complains that her mother does not give specific job descriptions or guidance in the family. According to Miyon, her mother spontaneously asks them to do chores, which makes it difficult when she is tired or not in the mood. Her father comes across as apathetic and uncaring; he escapes by watching TV and Korean videos every night. The third daughter, Mijin, says sadly, "My parents do not spend any time with us. They are busy working and when they come home, they are so tired. We eat dinner and do not communicate anything other than talk about money and yell a lot. I do not like it."

Mijin, as a stranger in the new school, is hungry for nurturing and love but feels she has a scattered family life without any cohesion. Parents come home exhausted from long hours of physical labor and have no energy for struggling children. They are too physically and emotionally exhausted to offer the guidance children need. However, they escape complex realities by watching Korean TV or videos to which they can relate. The walls of language and cultural barriers restrict Mijin's parents to the Korean ethnic community. While the parents are preoccupied with daily survival, their adolescents endure ridicule by their classmates.

Tearfully Mijin shared one of her unforgettable school experiences when she first arrived in Los Angeles: "One day my classmate told me to repeat after him. And I did. Everyone

21

burst into laughing. I didn't understand why they were laughing. One girl informed me that what I repeated was swearing." When she came back home, she was a latchkey kid with no one to share her pain. Her exhausted parents were physically and emotionally absent during that most vulnerable first year at the American school. Once she reached her emotional limit in a dysfunctional family, she gave up feeling altogether.

The second daughter, Miyon, is the designated crisis manager of the family even at the age of fifteen. Miyon shared her frustration with the father's inability to manage finances. Not only do Miyon's parents lack the skills to guide their children, but they, in fact, depend on their children for things that require English, such as paying the bills and filling out various forms. The father's dependence on the children conflicts with his patriarchal and hierarchical value system.

A pawn between my father and the bank

My father insists on the Korean way in dealing with the American banking system although I already gathered information on how I could recover my father's destroyed credit. I am inexperienced in these matters and feel totally inadequate in taking on the role as my father's assistant in monetary matters. To worsen matters, my father started ordering me around to do it his way rather than through proper procedures laid out by the bank. I am so angry at my father's anger when he asks me to repair his mistakes. I am often caught between my father and the bank. My own inexperience makes me feel insecure about doing adult work.

In Korea, a father has authority by the mere position of being a father. On the other hand, children raised in America expect their father to earn their authority. Therefore, a huge gulf separates the family members' understanding of power, role, and authority in the immigrant family. The more the father tries to reclaim his authority by position, the more he repels his children.

For Miyon's father, asking his daughter to correct his mistakes was the last thing he wanted to do. Adding to his frustration with the American system and the huge language and cultural barriers, Miyon's father is now in the unbearable position of having to rely on his teenage daughter as a troubleshooter (broker). His inner frustration is directed at the very daughter whom he unfairly placed in an awkward position. Stripped of his authority as a father, he forcefully asserts his power over his helpless teenage daughter. Entrenched in his own needs and frustration, the father does not leave any room to even consider how his stubbornness in clinging to the Korean system impairs his daughter's development. As a fifteen-year-old immigrant herself, not even knowing how the banking system works, Miyon resents her father's insecurity and refusal to listen to her translation about the banking process.

All of a sudden Miyon is saddled with her father's financial burden, for which she is not responsible. Filled with worries about her parents, siblings, and finances, Miyon bypassed her adolescence. Prematurely forced into the adult world, Miyon, now as a young adult, wanders around the globe, far away from her family, with whom she cannot relate.

The third daughter, Mijin, an introverted performer, became saddened by her disengaging family life as well. She shared her envy toward a three-generation Korean family in America at Church B.

Envious of Old-Timers

The second generation is also very sensitive to the class barrier. Students from the lower-class feel envious of students from the upper-middle class. Mijin is a junior at high school. Mijin and her family immigrated to Los Angeles four years ago. She drives a very old used car, while other students in the youth group drive brand new Japanese cars. The following are Mijin's honest feelings about her family background after her first SAT examination:

> I am envious of Judy because her parents have a good education, and they support their kids education. But my parents don't even care about my school. They are always struggling with money and are in debt. I try really hard not to ask my parents for pocket money. Still, they are always poor. My father does not pay the bills and wrecks his credit record. My mother blames the English language. I wish I were smart like Judy.

Mijin wishes that her parents could participate in her life. Hungry for nurture and guidance, Mijin idealizes other children's family lives, which on the surface look perfect to her. Life in America for Mijin means loss of familial cohesion and basically having to grow up alone. She finds it difficult to make friends in a new culture. She is lonely both at home and at school. Yet, she does not feel adequate to express her needs to her struggling parents who would not even understand Mijin's school life. She feels angry.

Role Reversal

Mijin has very few extracurricular activities. Introverted,

passive, and still in culture shock, she has difficulty making friends at school. Because she does not fill up her after-school schedule with peer activities, out of boredom she started working at a Korean-owned clothing store. Soon Mijin's part-time job became a vital income source for her family when her parents were laid off from their blue-collar jobs. Ironically Mijin ended up giving her dad "pocket money." One day she said:

> After I gave my dad his pocket money, I was very uncomfortable. I felt weird that I have to be the one offering him money. Then my older sister asked for money from my dad. He ended up giving her the money I gave him.

Mijin ended up playing the role of a breadwinner and became confused about family life. She did not fully grasp what her anger was all about when she shared her frustration with her family. She was rightly confused about her identity and felt a deep sense of loss. By offering pocket money to her dad, Mijin lost the daughter's position. Then when her father behaved like a father to her older sister June, a prodigal daughter, by offering June the same money Mijin offered to him, Mijin felt abandoned twice.

Betrayal, abandonment, and confusion describe Mijin's newly migrated family. The money power of teenagers in the American context is something unheard of in Korea. Total role reversal in family life around money confuses Mijin, who is only fourteen years old. She feels angry with her father, who seems unable to do anything right. According to Mijin, her father only likes sports and leisure, especially going on fishing trips and traveling. She worries about family debt and is troubled to see

25

her father idling his time away. Incidents like this caused Mijin to give up feeling all together, and she ended up living a life adrift. Her sadness gradually turned to anger, and anger eventually turned to apathy.

Because she was not grounded internally, Mijin began to replicate other people's lives. When she was older she chose to be a flight attendant so she could fly back and forth between Korea and Los Angeles. Feeling adrift and grasping for security, she hastily married a man she did not know well. Against her will she now is forced to live in Korea with her in—laws.

The teenagers in this family, who are at varying stages of transition, have undergone sudden cultural change and are feeling extreme stress. There is no easy access to resources for them to deal with their family crisis except the presence of the extended family members, but they too are struggling with the same kinds of problems.

The Powerless Father

The loss of the father's authority in the house and the decline of patriarchalism has left a vacuum in the father's role, reducing his function to meeting economic needs. The father's defined role is further endangered when he must share the breadwinning role with his wife. This is a concern for fifteen—year—old Janet:

> My father is not earning any money. He is fooling around. My mother has started working, but she'll be laid off in a week. She is the one who makes money for us when it should be my dad. I am mad at my dad. He gets in this bad mood and upsets everyone. I simply escape his presence.

Janet's image of a strong father is that of a breadwinner. When that basic responsibility is not taken, the father's role is absent. For typical Korean fathers, being the family breadwinner is their primary role and identity in the family. When Janet's father does not meet that main role, Janet feels insecure because her image of a father has been erased. Her father feels powerless and tries to fill that lack of power with a hot temper, making the family members fearful of him. Furthermore, Janet's mother's job is not stable, with frequent layoffs depending on the situation. This adds to the family's fear and stress.

The striking difference between the parents and the second generation is that Korean parents are concerned about the exterior appearances while their offspring want interior emotional support and understanding. Therefore, pastoring to the second generation should be centered on relationship building and becoming almost a surrogate parent. It involves laughing, playing, and weeping together until late on many nights. When we open our homes to them, they are able to come by when they need to share problems and joys. Rich table fellowship deepens our souls as young people share their deep-seated issues and stories. They are hungry for someone who cares enough to provide listening ears and some guidance during their stormy season.

While not-well-educated-class Korean parents tend to be apathetic toward their children's lives, well-educated Korean immigrants and their offspring experience conflict stemming from parental overprotection. Not all immigrant families suffer from maladjustment. Some succeed onto the fast track and become upwardly mobile. The following cases portray the "successful family," which achieved the American dream. Unlike Miyon's, Charles's family fit into the American context

27

very well. Globally oriented, the children traveled much prior to their permanent residency in Los Angeles, which made their adjustment relatively easy.

The Alluring Image of the American Dream

Charles comes from a family whose image emits the American dream. Charles is the second of four sons. All the sons succeeded in satisfying parental expectations for educational upward mobility. Charles' parents resort to living vicariously through their son's professional successes. Now as a parent himself, Charles reflects on his growing up.

Outer Success, Inner Emptiness

The distinction of the middle class is that it is heavily dependent upon one's income, while the upper class accumulates income as a by-product of social power. Thus the middle class sees education as the sole tool available for their upward mobility. The goal of education is reduced to a material-gaining tool. Those who achieved the American dream among the first generation did so mostly through their children's upward mobility as a result of their education. Parents sacrificed their lives and worked very hard to support their children's educational success. Children's vocational success is the Korean immigrant parents' American dream. Through their children they vicariously enjoy the fruit of their hard labor.

These people suffer different kinds of issues from those who are at the survival stage. Driven by a single purpose—upward mobility—the hardworking middle class sacrificed or delayed their own gratification in life. Once they achieve the American dream, they find themselves with empty-nest syndrome or too much physical deterioration to enjoy what they have achieved.

Socializing Second Generation and Grade-aholic Parents

By the time children reach adolescence, Korean parents are fearful of their children's social life. They want their adolescents to stay home and study, even during the weekends. Because parents have to work long hours seven days a week, they have no concept of weekends. They find it difficult to understand their "socialite" children who come home late on the weekends.

Since education is seen as the only way to move up the social ladder, immigrant parents devote themselves to their children's education. The greatest reward for a parent among Korean immigrants is for their offspring to be admitted to an Ivy League school. Their vicarious experience of having success and status through their children keeps Korean immigrants going even if their own dreams are shattered by manual labor. No wonder second-generation Korean Americans consider their parents' strong educational values to be a heavy load to bear. Yet because they do not want to replicate their parents' lifestyles, they feel the only road to success in life is to study hard.

Shame and Fame

The Korean obsession with educational elitism brings either fame or shame to the family name. Shame and fame are two sides of one coin. The way parents express their desire for fame through their offspring often aggravates many in the second generation, even though they mostly end up benefiting from the parental pressure.

An eleventh-grader, Cheryl, stresses her whole goal of schooling for success:

Is it wrong to desire to have straight A's? I need to

get straight A's. Then I can be successful and my life will be stable. I am so angry with my parents because they only looked at the one B grade on my report card rather than at the rest which were A's.

Since many Korean American adolescents have watched their parents' struggle for survival, financial security becomes imperative. Cheryl, with her roller-coaster life within and without, longs for stability. She comes to church often looking depressed due to parental pressures about grades or stress from competition at school. As the only child, she has no siblings to share her parents' attention. The gap between her peer world at art school and the extremely Korean home life without siblings, but with her parents and grandma, polarizes Cheryl's life.

When Cheryl brings home straight A's, she is rewarded materially by her parents. But when she fails to meet her parents' expectations, they use their economic power to coerce her to do better. Monetary rewards only fuel her desire for fashion spending sprees, which has become her way of escaping from the stress. Teenagers today have great buying power and identify themselves with material goods. Material things symbolize status and power even at a very young age. When consumerism is the reward for academic achievement, education is regrettably reduced to a means to gain material success. Now that Cheryl is a senior, she seeks A's less to satisfy her ego or that of her parents and more to achieve a future comfortable life.

Often Cheryl is depressed from excessive pressures that she and her grade-aholic parents put on her school performance. For two Sundays in a row Cheryl and her fellow Sunday school classmates acted depressed and rebellious. They sat slouched and far apart from one another, their body language reflecting their mood. During the Scripture reading all of them sat there like ghosts. Not even one question was raised. It was as if they all planned to be apathetic. I closed the Bible and began exploring where they were coming from. It turned out they all had received their report cards.

Home—a Pressure Cooker

The following is a phone conversation with Cheryl, who looked most depressed at the church.

I: Did you go somewhere after church?

Cheryl: My mom's friend's house. She used to stay with us when she first came and now she moved to an apartment. Her three children came from Korea. (It sounded as though she didn't enjoy being at her mom's friend's house.)

I: How are you?

Cheryl: I'm fine. I am OK.

I: I have been thinking about you all week and wanted to take you out today.

Cheryl: Oh, yeah? I didn't know that.

I: You looked really down last week and today you looked kind of not fully present. You are dropping all the signs that you are not OK although you said you are OK.

Cheryl: I just got my report card and I have one B. My parents do not even praise all the rest of my A grades and pick on one B.

I: How about your social life?

Cheryl: I have no time for social life. I still practice dancing three hours a day and I don't know why I am into dancing. I feel like I am wasting time. I feel degrading pain, fear, and

31

competition. I kind of don't like school. It is like a popularity competition school. Every class I take, everybody is competing against everyone. All teachers have their favorites. If I am in the class where the teacher is in favor of me, classmates come up to me and say, "Why is he always looking at you?" If I am in the class where the teacher is not in favor of me, I am secluded. I guess this is just a stage I have to go through and I am just waiting for this to pass and not doing anything about it. When I feel so sad, I don't talk. There was a Korean American guy in our school. He was the first son. His parents totally pushed him and he committed suicide. They didn't understand what he feels. They feel guilty now, and his three brothers are less pushed. He didn't feel close to anybody enough to talk to.

I was so glad that I called Cheryl in the evening. I made a habit of talking with her on the phone on Sunday evenings because she was the only child and her parents were older parents. Unlike other youth who could share their conflict with siblings in English, Cheryl was alone in this struggle, feeling cut off in her own home. Unlike other youth with siblings who share parental pressure, Cheryl was engulfed with all of the parental expectations. She was to fulfill the parents' dream, which they themselves could not fulfill. Listening to her stories helped me to understand the Sunday morning youth group mood. As she found she could trust my listening ears, Cheryl shared everything she had tucked inside. She was so hungry to interact with an adult who understood both worlds—her very conservative Korean family and the extremely liberal school life. She feels as though she is a stranger at times in her own home.

Climbing to the Beverly Hills School

Mother K is in her early forties and a member of Church A in Los Angeles. Overly ambitious in class mobility, she sent her daughter, Jihee, to Beverly Hills High School after Jihee had been in America only three years. A well-meaning mother, she wanted to cut across her daughter's cultural barriers overnight. Jihee lasted there for only one quarter due to an extreme cultural and class gap. She could not fit into the Beverly Hills lifestyle of her peers and had a hard time making friends. Jihee said that she hated the rich and she did not want to do anything with those rich people. Jihee begged her parents to move her to a new school.

Blinded by her own ambition, Mother K parachuted her daughter, Jihee, into a very alienating environment. Nonetheless, Mother K wanted to somehow trade her mom-and-pop business reality for the flashy Beverly Hills lifestyle by peeking into the world of the upper class through her daughter. Mother K's hunger for status and power is understandably strong when the couples' job status does not measure up to their background in Korea. At middle age, very sensitive to "public self-consciousness," she tried to access the life of the elite in America. This external public self-consciousness (saving face) is deep-seated in the Korean worldview. Living from outside in instead of inside out entraps one to live an artificial rather than an authentic life.

Changing Marital Relationship

It seems to take more adjustment for Korean males than females to live in America. Many immigrant Korean males, having been used to the male-centered public arena in Korea, are confronted with more serious cultural and social alienation. In contrast, Korean women, who used to have limited access to the public life, have increased socioeconomic power in America. The dual income structure affects the couple's power dynamic and therefore the marital dynamic, changes. No longer does the husband have a monopoly. No matter how much the husband tries to hold onto patriarchal values, the new day-to-day life experience does not fit into his mental picture. Sharply drawn gender roles based on Confucian tradition are challenged by the wife's earning power and financial independence. And this adds to the acculturation stress.

One's inner value, so deeply embedded from childhood, does not change easily despite outward lifestyle pressure. Because shared economic power between couples radically challenges patriarchal marital power dynamics the well-being of the immigrant family depends on how couples handle these changing dynamics. Typically it requires more adjustment on the part of the husband than the wife. Various reactions and resistance to this change result. The following couple's story depicts the difficulty of a husband whose wife's earning power exceeds his own. Mr. K confronts what he did not want to face.

My wife bought a grand piano for my daughter without consulting with me. One day when I came home from work, a huge grand piano sat in our living room. I asked my wife what happened. She simply replied, "I decided to buy Susan a piano because she needed one."

A deep sense of powerlessness, which he felt implicitly, hit him hard. This episode forced Mr. K to face that his positions as a husband and a father had been yanked out from underneath him. His wife's financial power surmounted his own and, furthermore, her purchase of their daughter's piano—behind his back—stripped him of his role and identity within the household. The symbol of his loss, the piano, is displayed in the living room, so he cannot deny this problem. Double exclusion of his roles as a husband and a father took place in this one episode. His wife's elevation of power transforms the couple's marital dynamic. The adjustment to the already lowered social status as a minority in America worsens as Korean immigrant fathers also face their sense of powerlessness within family life.

However, within the changing power dynamics, the couple's old patriarchal values co-mingle unpredictably with the new. Although women enjoy their newly gained economic power, they are nostalgic for their husband's previous social power in Korea. Seeing their husbands running dry cleaning businesses despite the elite university degree from Korea makes the wives feel melancholy. Consequently they suffer from lack of job satisfaction in their mindless manual labor.

Socially marginal husband

After a parenting seminar, Susan's mother in Church A initiated the parenting small group. During the small group, Susan's mother, who is in her mid-forties, expressed her frustration with her husband. She said, "My husband looks like such a loser in America. He does not know how to do any small talk." Other women quickly agreed with Susan's mother and expressed their boredom with their husbands. They complained about their husbands' asocial behaviors. Two women who are

35

less assimilated into the American life seem to have little recreation time with the whole family. On the other hand, Mother H, who came to the U. S. much earlier than Susan's mother, tends to have leisure time for activities with her husband, such as playing tennis, dining out, and celebrating wedding anniversaries and birthdays.

After a relentless life of working and raising children these mothers finally find some time for reflection. Their children become more independent in their young adulthood and their husbands remain shy about expressing positive feelings such as love, compliments, and celebration. These middle-aged empty nesters find themselves in a vacuum. All of the women in the group honestly shared their mixed feelings toward their husbands. Looking through the Hollywood prism, they find their inexpressive, silent husbands boring. Seen through the Confucian prism, their husbands are weak and powerless by lacking class, status, and social power in a new land. The underlying expectation of the wives here is that their middle-aged husbands should have achieved some status by now.

These women have joined the workforce in America, and yet they hold onto the internalized images of patriarchalism. Thus they expected their husbands to appear as the same powerful patriarchs they had resisted. Keeping two contrasting values simultaneously is a big challenge for both husbands and wives. The irreconcilable gap between powerful image and powerless reality complicates the immigrant couples' daily life and leaves them with few outlets.

Korean husbands confront both internal and external

roadblocks in claiming their power and dignity as a minority. Internally, the once-powerful Confucian icon does not work within the household, and the men find themselves without icons in the mainstream society. Shaped by the external values such as public face, Korean immigrant husbands and fathers find themselves as residents yet strangers, living in nowhere land in American mainstream culture. Their sociopolitical wings are broken and confined to a narrow ethnic enclave. The serious dilemma is that most of their identities are shaped by exterior forces, and thus they are unfamiliar with authority that comes from within.

The following poem, written by Deborah Lee, an American-born Chinese woman, depicts the ongoing impact of migration on the emerging generations.

Home

The wise one knows where she comes from.
lost in orbit in interstitial space,
wondering will I ever be wise?
wise enough to know where to look, where to begin?
suffering from the lack of center,
from the lack of crisp beginnings,
clearly marked graves to chart my genealogy,
rows of ancient uncles and aunties,
whose bones have turned to dust,
held together only by the spoken memory of their name,
each one a layer of ash in the ancestral urn.
Orbiting through interstitial space,
looking for traces of my ancestors,
an abandoned well, a broken dish, an upturned rock,
searching for faces in a crowded market,

an overflowing bus,
How far does one reach,
go back,
to find stories,
waiting to be found
or to remain hidden?

Trying to find home,
but there is no address,
supposed to be left turn by the big tree,
but the tree is paved over by a parking lot.
Will I find my way?
Chanting to the spirits to guide me,
to that place called home,
where I can finally rest,
and sing the first line to a lazy tune,
that everyone will recognize
and join in.

Just when I think I've finally found my people,
my mother says,
"These are not your people . . .
they're not mine."
She goes on and on,
complaining about Chinese people,
how they do this
and that,
and how she just doesn't understand Chinese people,
and all this time I thought we were Chinese.
I start to feel like there is no there, there,
. . . Now I have to keep going,

and look for the rest of my people . . .
all my peoples,
All my relations,
as the Native Americans say.

Searching, searching,
roaming, roaming,
on my odyssey to the outer limits
of history, the past, and future,
land crossings are much easier than space or sea,
peering into windows,
seeing myself reflecting off the glass,
familiar smells coming from the kitchen,
but I already know that I cannot stay,
even this home starts not to feel like home,
and I know from here too
I must go,
Go on and on,
waiting for my best instinct, to tell me:
STOP!
HOME ----> HERE.
But it never does,
so I go home . . .
Back to orbiting in interstitial space,
and I notice all the people around me,
who look different from me,
and yet sort of similar . . .
and I decide to stay.
Because someday,
this place will be somebody else's roots . . .
and I want them to be able to find me.

Growing up in multiple sets of cultures can throw anyone into a liminal state, with feelings of orbiting in space forever. Deborah Lee is the director of the PANA (Pacific and Asian Center for Theologies and Strategies). When she read the poem to heartbeat—like drumming at a conference in Berkeley, it immediately pierced my soul. Deborah's poem authentically depicts the ongoing saga of an Asian American orbiting through interstitial space," searching for *home.*[2]

Helpful Steps: Inside-Out Authority

"At that time the disciples came to Jesus and asked, 'Who is the greatest in the kingdom of heaven?' He called a little child and had him stand among them. And he said: 'I tell you the truth, unless you change and become like little children, you will never enter the kingdom of heaven. Therefore, whoever humbles himself like this child is the greatest in the kingdom of heaven'" (Matthew 18:1–4 NRSV).

Reflection Questions

1. Compare the disciples' assumption of authority with Jesus' assumption.
2. How does this question of authority relate to the first—and second—generation dynamics within the family and church?
3. What does Jesus mean when he replied, "change and become like little children" (Matthew 18:3)?

---

2. Portions of Deborah Lees unpublished poem, "Home," May 1999, with authors generous permission. During the 15th Annual Pacific, Asian, North American Asian Women in Theology and Ministry Conference (April 6–9, 2000, Berkeley, California).

Application toward Inside-Out Authority

1. Be aware of vanity from living a life outside in.
2. Learn to turn inward.
3. Listen to the "little child" within you.
4. Dialogue internally.
5. Listen to God.
6. Live by authority within.

Chapter 2

Parenting and Culture:
Pouring Old Wine into New Wineskins

"One can only face in others what one can face in oneself." What we cannot face when we cannot face the young is, plainly, ourselves. Our secrets, our compromises, our needs, our lacks, our failures, and our fear that we're going to fail again—all this stirs and starts to growl somewhere deep inside when the young look hard into our grown–up eyes.

—Michael Ventura[3]
(Quotation mark is from James Baldwin quoted by the author)

Raising children in the modern ".com" culture, parent's are confronted with many challenges and fear of the unknown. While culture seems to be metamorphosing at such a fast pace on the one hand, on the other hand the fundamentals of human cultures still persist. For this reason worldview conflict in family life is inevitable. In the case of migrant families the worldview gap is greater because often two cultures are reacting against each other. If these families are lucky, the old and new values will fuse intermittently. Thus, with multiple cultural views pushing and pulling family members, parenting becomes extremely challenging.

---

3. "The Age of Endarkenment," in Crossroads: The Quest for contemporary Rites of passage. Edited by Louise carus mah di, et. al. chicago: open court, 1996:51

When the first-generation parents' old assumptions emerge to the surface they collide with children's Americanized values. To their disappointment, many parents find they become culturally remote from their children as the children assimilate to American values through formal education. Yet, locked into the old Korean values like a security blanket, the parents are prevented from entering into the world of their children.

Against this wall of differing worldviews, the new generation, mostly educated in America, juggle their daily routine in interstitial space. Hence, a tug-of-war between the generations is inevitable. Constant negotiation of the rules between them is much needed, and yet the very tool they require, a common language, is not available.

No Longer Home

If it takes a village to raise a child, then the mobility of the modern culture poses problems in family life. The breakdown of culture, community, and history puts the immigrant family in a cultural and social vacuum. In trying to fill the vacuum the first generation tends to hold onto their old values. This old-value system stands fixed at the time of their departure from the old country. The immigrant community, like an island, is more traditional by default than is their old country. Meanwhile, as the old values the immigrants brought with them when they left Korea remain constant, in Korea these values have evolved and changed.

Unlike the island mentality of the immigrant, the Korean mainstream accelerates its visible social and cultural changes on a massive scale though the underlying worldview may still persist. A huge disparity between the immigrants' memories and reality engulfs immigrants when they visit their homeland.

43

Consequently, parents feel like strangers when they visit their homeland in Korea even though they do not have any language barriers there.

This chapter will explore how three dimensions of culture—cognitive, affective, and evaluative—undergo difficult challenges in the migrant family.

Parent's View of the Second Generation

During an intergenerational seminar at Church B, in a suburb of Los Angeles, both generations were given a piece of paper and asked to answer simple questions. For parents, the following questions were asked: What are your expectations toward your children? What are your frustrations with your children? The same set of questions was addressed to the second generation: What are your expectations toward your parents? What are your frustrations with your parents? The following story explains what the parents were concerned about. Anxiety of the unknown world was shared by most of the parents in the following areas.

Why can't my children act Korean?

It is difficult to understand my children's outfit, hairstyle, rebellious manner, the way they talk. I don't understand why they do not understand that Korean manners, customs, history, and language are good. They lack obedience. Even though our children grew up in America, and they want to live in the American way, we expect them to follow the Korean way. This is why we have conflict.

I have two children, a fourteen-year-old girl and a

twelve—year—old boy. My concern for them is to have right values in life. As they follow decadent trends without any discernment, my children label me as old fashioned.

As parents we understand American customs. But we wish that our children would not follow them. Both Korean and American customs have strengths and weaknesses. Although it may be difficult at the moment, in the long run we believe it will pay off if we raise our children in the Korean way. We are exploring the best way and direction.

I teach my children to bow properly, but it is very difficult for me to understand why they do not bow. I know that my children are rather introverted but why is greeting so difficult? Besides, my children don't want to think deeply. They seem to be lazy.

Seen through this father's Korean lens, the American—born, freedom—and fun—loving children are never right. Measuring according to his own adolescent yardstick, the father is concerned about his son's lack of Korean manners. For Americanized young people, the Korean way of greeting does not feel at home. The father's expectation, based on his own lived experience from several decades ago in Korea, is no longer relevant—even in Korea. Ironically, Korean immigrant parents push their children to be Korean according to old parental memories of Korea while Korean parents in Korea are busy catching up with Americanization. American—born second—generation Korean American young people are pushed and pulled by two extremely different value systems in two environments: family and school. An inevitable gulf between the father's expectation and the son's reality as a Korean American is as far apart as the east from the west.

While the adolescent's world is turning inside out, the parents are mainly concerned about their children's outlook. Baffled about his son's lack of Korean manners, the father shuts out any opportunity to learn about his child's world. Judging by the exterior—hairstyle, fashion, and manners—the father dismisses the inner qualities of the child. The lives of young Korean Americans are complicated by two clashing pressures: pressure to conform to Korean ways on the one hand, and pressure to fit into their peer world on the other hand. The parents do not understand that if their adolescents followed their advice, their children would be misfits among their peers and they already feel marginalized by their distinctively ethnic faces. How can Korean American youth live in two different worlds simultaneously?

What Korean American young people are searching for is not judgment but understanding, not monologue but dialogue. How can a Korean American be both Korean and American without being pulled into a monocultural trap?

Fixed on his own adolescent life in Korea, the monocultural father is unable to see the qualities of his own son beyond his exterior and sets himself up for disappointment, which unfortunately affects his children. Nevertheless, to many parents' surprise, most of the second generation's analysis of their parents surpasses that of their parents. They are often deeper than they appear and sharper than their parents' in their analysis of their parents. Sadly, many parents, fixed in their own biases, are blind to the inner depth of their children.

Parental Dissonance

Under the old patriarchal system, the father's status was ascribed. They did not take any basic courses such as "what it means to be a father" or "being a good father." What fathers took for granted in Korea is not operative in the new land. In the immigrant setting, the language barrier adds more stress to the already explosive family dynamic. Although communication is much more needed due to cross-cultural conflict within and without, unfortunately a common language is not available. Because they lack a command of the English language many parents feel inferior to their children. Susan's parents in Church A feel degraded because their status as "elite" in Korea does not transfer to America.

Overpowered by English

My husband and I pretend to understand when our children talk to each other. One day I asked my husband if he understood what they were saying. He said yes to me even though I could tell he didn't. I did not dare challenge him.

If Susan's parents communicate to their children in Korean their children do not understand completely. If the parents speak English then they feel a role reversal. Parents speak English like little children and their children speak like adults. They are acutely aware of the fact that, like Bacon said, knowledge is power. This power-down position parenting, already challenging even without a language barrier, becomes far more stressful because the parents are lacking sophistication in the tool they need to assert their parental authority: the English language. For Susan's parents, maintaining parental authority is so important that they pretend they understand what the children are saying.

In addition to language barriers there exists a huge cultural gulf in child—raising practices between Korean and American cultures. The Korean parenting style is more implicit when compared to the explicitly verbal American culture. In fact, intuitively reading another's mind is commonly expected in relationships. When the dominant culture's language, English, is the norm and the Korean language is regarded as a second—class language, children who speak English fluently are perceived as more powerful than the parents. So how can immigrant parents discipline their children from a power—down position using a second—class language in the midst of cultural conflict? The language barrier in the immigrant family turns the traditional family power dynamic upside down.

A father once lamented during the lunch hour interaction at Church B, "I would rather be a beggar in Korea where I can speak freely if I could go back."

Pizza or Kimchi?

Korean mothers express their love for their children by serving good food. Naturally most conversation between the mother and children revolves around eating and homework. This tradition carries into adulthood and throughout one's life cycle. A grown—up husband also feels loved by his wife when she serves him a nice meal. Hospitality to the guest is at the core of Korean culture. With this background, Susan's parents are concerned about serving the right food to their children's friends. They want to be good hosts to their daughter's college friends. Susan's mother shares her dilemma:

When more Americanized friends come over, we decide to order pizza, and when Koreanized friends come over, we offer them *ramyun* with *kimchi*. Our frustration is that we feel like we don't have any set criteria when going back and forth between Korean and American cultures.

In trying to accommodate their daughter's social world, Susan's parents find themselves confused and running back and forth between two cultures. Their willingness to move beyond monocultural rigidity deserves encouragement. The choice between pizza and kimchi symbolizes many immigrants' inner struggle of living in two worlds without fully belonging to either of them. Despite the cost of liminality, Susan's parents welcome the life of orbiting interstitial space, if it means being liberated from the monocultural trap.

Value of Dependence

At the heart of parenting lies the degrees of bonding and boundaries of individuation and responsibility, which are culturally determined. According to the Korean worldview, children are extensions of their parents. Therefore, individuation is not valued in Korean culture as it is in American culture. From the Korean parents' view, American parents are seen as emotionally detached and thus their children are seen as lonely. Neither view is healthy. Too much dependence spoils children, and premature individuation creates an emotional hole in children.

Most of the first–generation parents in Los Angeles experience mainstream culture indirectly through their children once the children start formal education in American schools.

49

Thus, the immigrant family is forced to deal with mainstream culture at home. The following case exposes how Korean mothers experience culture shock as their children start school.

Mother S in Church A is in her late thirties and laments over the drastically changing relationship with her seven—year—old son.

Not like my own son!

My son used to be very obedient to me until he started going to school. He doesn't act like my own son anymore. He forgets the Korean language and tries to speak only English. He puts me down because I am not fluent in English. On a rainy day I brought an umbrella to school for my son. He got upset because I brought an umbrella for him. How can this kind of thing happen? This is not what I expected when I came to America for my son's education.

While the mother's values remain the same, the son's are rapidly assimilating to the school's culture, far apart from his mother's. Instead of dependence and familial value, the son learns independence and individualism. The mother showing up at school with an umbrella sharply contrasts with the culture that the son is emulating. She stands out like a sore thumb in that context. Though the mother's intention is good, the son feels embarrassed by her action. Neither of them are at fault but are simply experiencing different feelings based on differing worldviews and contexts. The mother feels hurt and the son feels ensnared. To Korean mothers their children's demand for privacy and independence sounds anti—family and thus offensive.

In coping with stranger—like children, some mothers begin asserting their power over children even if it requires deviation from their normal behavior.

Warped Authority

Fearful, and feeling powerless over her adolescent children's lives, Mother B taps into information—gathering like a spy while her daughter is out, or covertly listens to her phone conversations. The adolescents, when they find out, abhor their mothers' actions. They become utterly disrespectful of their parents, which creates a huge gulf between parents and children that pains both parties as they are not able to find any bridge of understanding. Education as a vehicle of value transmission results in two conflicting values in immigrant families. Parents, educated in Korea, are confined to the old Korean values while their offspring are infused with American values through the vehicle of American education. Therefore, for the second generation, their mothers' behavior—eavesdropping on telephone conversations, reading diaries and mail—is unbearable.

My children belong to me

Mother B, in her early forties, views herself as an authoritarian parent and thinks that her children belong to her. Mother B secretly gathers information about her daughter, Carol, a thirteen—year—old.

> I tell my children that they belong to their parents. I don't believe in my children's privacy. When we were growing up we did not have such a concept within the family. The term *privacy* is very foreign to me. When my children are out, I read their diaries and mail. Then

I already have information about my daughter when I talk with her. That way I can make my daughter verbalize what I discovered.

Although not all Korean mothers share Mother B's opinion, her prying into her daughter's life is not uncommon. Mother B wants to be one step ahead prior to communicating with her daughter in English. Her emphasis on "my children belong to me" means that her children are extensions of herself, which blurs the boundaries between the mother and the children.

The daughter interprets her mother's act as prying and an invasion of her privacy. Against such actions, teenagers become more resistant to Korean culture, which they are experiencing only through their parents. In the end this resistance backfires because Carol ends up emulating her mother's behavior, which she denounces. Carol plays games with her mother in order to get what she wants. The vicious cycle continues around the adolescent's social life and parental fear.

Parental Fear over the Second Generation's Social Life

The mass media, full of gun violence, aggravates Korean parents' fear about their adolescents' world and even provides them with justification for spying on their adolescent children. Driven by fear, parents become unreasonably rigid, which then pushes their children farther away from them and closer to the world of their peers. Because of increasing violence in the city of Los Angeles, parents rightfully have to be cautious and protective of their children. Knowing when to approve and when not to takes parenting to an intricate artistry. In response to Korean immigrant parents' resistance to their adolescent children's social outings, young people have to be extremely creative if they are to have any social life.

Mistrust Begets Secrecy

Before trying to develop good communication patterns with her children, Mother B deviously steals information. What adolescents desire from their parents is nurturing, not such parental maneuvering. Consequently Mother B pays a high price for her choice, which in turn invites her daughter to deceive her whenever she can.

Carol's parents engineered their daughter's social life based on the level of excitement their daughter showed. Carol's mother shared the following story.

My thirteen-year-old daughter tends to be very manipulative in getting her way. She smiles and tricks me when she wants to go to a party. She usually does not get explosive. She just accepts the disapproval when we say no to her. However, we cannot draw the line when it's safe to let her go to the party and when it's not. If she seems to get too much excited about going to the party, then we do not allow her to go. After discouraging her from going to the party, we feel uncomfortable, though. We're afraid we may isolate her too much. We took her to the party when everyone had arrived and pulled her out when everyone was still there. We don't want to be too unusual, but we can't help it.

Mistrust between the mother and the daughter breeds only further mistrust and fearful maneuvering. Naturally, Carol, at thirteen, had to learn to circumvent her parents if she wanted to get her social needs met. The more her parents restricted her social life, the more Carol ended up turning to her peers. She became more subdued around her parents when they used her genuinely enthusiastic feelings about parties against her. The parents' criteria taught the daughter to be secretive of her feelings. In turn, Carol's mother thinks that her teenage daughter is manipulative because of the following incident:

> Carol is very sociable. She has so many friends. She gets so many phone calls. She spends hours on the phone. So, I visited her school counselor and the counselor told me to set the time limit when she can be on the phone. We decided to limit her phone conversations between 7:00 and 8:00 in the evening. One time her friend called at 9:00 in the evening, but we were not going to get Carol. Her friend said that it's about homework, and sounded very desperate. So we got Carol. The next day the same voice was asking for Carol for the same reason. Then I realized that she was telling a lie. So, we did not tell her about the phone call.

A common complaint of Korean parents about their teenage children, and children about their parents, concerns phone conversations. Often Korean American teenagers are frustrated with their parents over telephone control. The majority of Korean parents do not write down phone messages for their children. Because of the parents' hierarchical mind-sets, taking their children's phone messages simply does not register with them. In some other cases, such as that of Carol's mother, parents deliberately withhold phone messages from their children.

Instead of making an effort to understand her adolescent's social need, Carol's mother consumes all her energy in negative, ineffective controls that only increase fear and mistrust toward her daughter. Even though Carol's mother admits that she struggles in setting social boundaries for her daughter she does not see any correlation between her parenting style and her daughter's manipulative behavior. Fear and mistrust paralyze communication between the parents and the daughter.

In dealing with parental fear over American adolescents' social life, Korean American youth have to come up with various strategies. Teenager David and others reenacted the following episode in Church B.

The owner of the theater is Korean

David: Can I go to a movie?

Mom: Do your homework.

David: I did.

Mom: Then do extra.

Dad: Go ahead.

Mom: (Reaches her arms to her husband to stop him from allowing the son to go to a movie.)

David: I will pay myself to go to a movie.

Mom: How much money do you have?

David: I have three dollars.

Mom: Where did you get that kind of money?

David: From my life savings.

Mom: You have to study.

David: Today is Friday.

Mom: Tomorrow is Korean school day and it starts at 9:30 a.m. We have a TV and VCR.

David: Please! The owner of the theater is a Korean.

Mom: No.

David: Please.

Working-class parents who work six, sometimes even seven days a week do not have any sense of "weekend" as do mainstream Americans. David's working-class parents rarely observe Friday night outings as their teenage son would like to observe. As indicated by the mother's response to David's plea, Korean parents expect their children to study hard. Their world revolves around the Korean ethnic group. David's last resort, "The owner of the theater is a Korean," is his desperate attempt to connect his social context with his mother's. Socialization is the effort by adolescents to self−differentiate or to find a sense of self that extends beyond their roles in the family.

Fear Spreads Like a Brush Fire

Janet is fifteen years old and socially active. She is a key member of the cheerleading squad at school and provides crucial leadership at the youth group in Church B. A few days after the local Korean newspapers report on teenage accidents, Janet talked about her frustration with her parents and relatives.

> There is an information exchange network between my mother and other relatives nearby. When one of them hears any news about a teenage tragedy, it circulates to all of the relatives. This exaggerates fear, causing them to be paranoid about our social life. I cannot even go out during the weekends anymore thanks to the newspaper report!

Fear spreads among Janet's mother's circle like a brush fire, and Janet feels stifled by unreasonable parental restriction over her social life. At this point, communication with her mother is even more difficult regardless of the language barrier. Janet finds no room to even mention to her mother how her mother's fear exasperates her.

The mother's reaction *to* her daughter triggers a strong

reaction *from* her daughter. Regardless of class, status, and power differences, any parent living in this modern, violent world would identify with Janet's mother's fear of letting her fifteen−year−old girl out on a weekend night. On the other hand, the dilemma most parents feel is that they cannot isolate their children totally from socializing, as Janet and Carol's parents try to do. Selecting a safe and healthy social life for their children is difficult for the immigrant parents, who do not understand their children's world.

Neither fear nor paranoia is an effective parenting style for adolescents, who have strong needs for socializing and independence. They often rebel against their parents' fear of their social life, causing adolescents to depend more on their peers. Fear is one of the biggest social control mechanisms and is often used in totalitarian regimes in order to maintain authoritarian power. There is a close parallel between political structures and family structure in the way power and fear are exercised. Child rearing plays a significant role in shaping national character.

This parental fear over the second generation's social life makes a critical imprint on the adolescent children's gender sexual identity. Internalizing their parents' negative attitude toward the opposite sex, adolescents react by becoming either sexually addictive or frigid.

Fear and Gender Discrimination

According to Korean values, the first son gets the most attention from the parents. The youngest child, regardless of gender, receives the second most attention because he or she is youngest. Susan's mother (Mother A) confessed she shows favoritism to the son over the daughters. Susan and her sister feel that their mother's favoritism is based on gender. When enforcing a curfew, Susan's parents give no limits to the son but place limits on both daughters. Justice–sensitive Susan feels discriminated against by her own parents. Mother A's internalized patriarchalism, subtly disguised by fear, rubs sharply against her own daughters, and the daughters protest.

> Mother A hesitates about sending her college daughter to a Bible study in the evening, although she lets her son go. After the Bible study all the college students go out and eat dinner together and go bowling until late. Mother A has a problem with her daughter going out even with church friends, and would not go to bed until her daughter got home. Later, she admitted that her reason for not letting her daughter go to the evening Bible study was selfish. It was because she did not want to have to wait for her daughter when she was tired, and have to worry about her. Mother A added, "Sometimes my relationship with my daughter is more like a woman to woman, but not so with my son. My son to me is always my son."

At least Mother A admits that she gives her son special treatment because he is the first and only son. Mother A's sharing contains a mixture of both internalized Korean patriarchalism and the violent crime–ridden context of Los Angeles. While violence against women may be widespread, crime against men is not any less. Violence is not aimed just at women. In fact, random violence such as drive–by shootings, is rampant. Mother A's fear of her daughter's staying out late reflects underlying sexual inequality. Under patriarchal values, keeping one's virginity applies only to females, not to males. Another issue has to do with maturation dynamics in the mother and teenage daughter. The life cycle is such that as mothers go through their physical change so do their adolescent daughters. The conflict between the mother and the daughter in this period increases due to female maturation. The hormonal fluctuation complicates the mother–daughter relationship during this time.

The daughters' perspective is that they cannot yield their desire for social interaction to their mother's fear. They interpret their mother's rules against their social life as oppressive and discriminatory. What Mother A does not understand, however, is that she is perpetuating the oppression of women by treating her son more favorably than her daughters. She is also helping her son to become a chauvinist in a society that is seemingly more equal. Her two daughters, who are in college and high school, feel mistreated. Sooyon, the high school student, complains about her mother's overt favoritism toward her older brother, Don. Sooyon confronted her mother, saying, "Mom, why do you always say 'my' Don when you refer to your son, but you do not add my when you refer to your daughters?"

This comment by her daughter came as a total surprise to Mother A. She was unaware that her favoritism was reflected even in her language. This special treatment that the son usually receives from his parents is a source of stress for many sons in Korea who carry the heaviest burden of familial piety. Parental expectations oppress many young men like Don because they do not give room for the son to make his own life decisions. Don works hard to meet his parents' expectations, and therefore when he fails to meet them he gets discouraged and depressed. At the same time, he becomes a target for his sisters' aggression because they feel discriminated against.

This describes a typical Korean family dynamic. By having a son, the mother feels power to affirm herself as a mother, and she becomes an approved daughter-in-law on her husband's side of the family. Because the Korean family structure, like the Chinese, is formally based on a father-son relationship that carries on the family line, the mother's most important role is to produce a son. Therefore, the Korean mother's dependence on her son for her self-identity is very strong.

Mother A took steps to improve her role as a mother in a cross-cultural setting. She organized a mothers' parenting Bible study group. The theme was "discipline them and love them." As a college ministry director, I led the Bible study and applied biblical principles to the Korean American context. At that time fathers were not open to parenting classes because raising children in the Korean culture is left mostly to the mothers. The father's role is mainly that of provider. Thus there exists a sharp division of gender roles around the public and private spheres. The private sphere of family life therefore is mainly the woman's domain. Regrettably, Mother A, who models breaking out of a shame-bound culture that breeds secrecy, is an exceptional case. The key to bicultural bridging depends largely on how parents respond to the conflict.

Mother A's action is exemplary:
1. She set an intention to learn rather than defend her position.
2. She set up a small group Bible study on parenting and invited the college group pastor of the church.
3. She applied what she learned in interaction with her children.

60

4. She shared her testimony in the Bible study and shared her success story as well as her mistakes.

Helpful Steps:
Education Moment in Table Fellowship (Luke 14:1-14)

In the Gospel narratives, Jesus is often portrayed in the setting of table fellowship. He hung out with all different kinds of people and turned traditionally exclusive meals into inclusive ones. In Luke 14:7, Jesus, dining in the home of a prominent Pharisee, observes how the guests chose the places of honor at the table. During this perfect teaching moment, Jesus stated that one should not invite friends, relatives, and rich neighbors to a luncheon or dinner, but instead invite those who cannot repay—the poor, crippled, lame, and blind, and you will be blessed (Luke 14:12-14 NRSV). This was Jesus' call for inclusivity.

Reflection Questions
1. When was the last time you had table fellowship?
2. Who was at the center of the table? Who was at the ends of the table?
3. Where were you sitting?
4. Where were your children sitting?

Application

Whether in a cell group or social setting, Korean American table fellowship often demands exclusive seating arrangements. The men sit at the center of the living room, the women sit in the kitchen, and the children sit in one of the rooms in front of the television set. This homogeneous fellowship has its merit, but an intentional inclusive fellowship will help bring generations, as well as men and women, in dialogue. For a homogeneous fellowship to move toward inclusivity, we begin where people are and move them forward one step at a time.

For instance, a small—group table fellowship and Bible study with mothers provides a safe time and space where mothers can easily interact and learn from one another and also from the Bible for challenging their fixed values. Table fellowship is a highly valued custom in Korean culture and church. The same principle can be applied within the family by creating an appointed time and space where family dine together and openly discuss their deep concerns. Intentional components of dialogue can be added when parents are equipped to facilitate and listen rather than lecture.

Chapter 3

Second Generation's View of Parents:
Pouring New Wine into Old Wineskins

*It took me a while to learn that your relationship to
your father and your mother has nothing to do with
whether they're in the room or not. You're going to
meet them everywhere, so you might as well confront
whatever problems you have with them.*

—*Val Kilmer*[4]

This chapter describes the second generation's view of their
parents and their expectations. The majority of Korean
Americans appreciate their parents' sacrificial love while they
simultaneously are frustrated with their parents' lack of
understanding of their world. While parents' concern for their
children is directed outward, the younger generation's
expectation of their parents is directed inward. They want to
be emotionally connected with their parents. This chapter
includes longitudinal cases from adolescence, young adulthood
and adulthood of those to whom I ministered in the last twenty
years. I asked a few of them who now are adults to reflect on
their growing up. Some of the cases are from the past when
they were adolescents and college age. Janet reflected on her
current family life.

---

4. Quoted in the book *Sensible Self-Help: The first Road map for the Healing Journey*,
David Grudermeyer, at. al. (Del mar, CA: Willingness Works Press, 1995) 25.

What do I appreciate about my parents?

I appreciate that they worked very hard to give me the things that they never had. I appreciate the sacrifices they made in coming to a new country. They left everything they knew to come to a different world to give my brother and me a better life. I knew that my parents would do anything for me to study hard and to "do well." I appreciate my parents' patience, at times, with two children that they will never understand.

Close but unreachable parents

When I have problems, I can't talk with my parents. I hardly talk with my dad. He comes home late. But it's OK. With my mom, I try to talk, but she does not understand what I am talking about. After I explain everything, she gives me a blank look. I talk with my friends about my problems because they understand what I am going through.

Although children recognize and appreciate their parents' sacrifices, they still feel disconnected from and misunderstood by them. Second–generation children like Janet are crying out for an adult figure in whom they can confide. Although they may appear to be *peer–aholic*, they long for authentic relationships with adults. Unfortunately, many parents bound by the monocultural trap are only physically present and cannot relate to their Americanized children and their world. Janet contrasted the gap between expectation and reality in her relationship with her parents when she was in elementary school:

Hungry for being understood

I think I expected my parents to support me in all that I was and did. I was looking for emotional support when my feelings got hurt or I had a problem. I was looking for support in my activities and just an involvement in my life. I wanted understanding.

Absentee parents

When I would bring home PTA notes or some forms from elementary school, my mom would tell me to read it and just tell her about it. She wasn't confident in her ability to understand English. So I ended up taking care of all the PTA notes and official papers myself.

At a young age Janet had to be on her own without parental guidance. She had to be her own parent. It is not a pleasant memory. Language barrier alone does not account for the way Janet's mother handled the school notes. She could have found someone to help her with signing the forms if she wanted to. From Janet's story one can tell how remote Janet feels from her mother, who does not relate to her. She is hungry for her mother's understanding and wants to bridge the gap between herself and her mother. But it remains a fantasy, and she seeks support from her friends. The relationship gets worse when, out of fear, Janet's parents scrutinize her social relationships.

Emotionally absent but overprotective

I wanted to spend the night at my friend's house. I played with her all the time and my mom knew that we spent a lot of time together. My mom would ask me if she had a brother. She did, but he didn't live with them. Regardless, she didn't want me to sleep over there. Again I was angered that such a silly reason would prevent me from just having fun. What does the fact that a male was in the family have to do with me spending the night at a friend's house? I got the feeling that all men were lecherous, perverted beings. Even the fact that my friend had a father was a hindrance to me spending the night at her home.

Janet internalized her mother's inhibitive script, and as a result, Janet does not feel natural about dating because her mother's voice of disapproval still echoes in her mind.

As a young adult, Janet reflected on her frustrations with her parents and her desire to be understood by them:

What were my main frustrations?

My main frustrations with my parents were that they didn't understand me and they didn't try. I think they would want to know what I was doing or what I was thinking, but then they would get mad at me or I would get in trouble. I soon discovered it was easier to not tell them anything. Why tell them something and then get in trouble?

They frustrated me because they wouldn't get involved in my life, but then they would tell me what to do. I felt that if you don't know me, then you have no right to tell me what to do. If you don't try to understand me then why would I want to even confide in you?

Janet's frustration is not so much about language barrier

as nonverbal expressions. Janet experiences more empathy from her grandmother, who speaks less English than her parents. They have a good relationship despite language barriers. Somehow they are able to laugh and connect with each other. Janet's frustration is that her parents do not show any interest in her life and what she cares about. From the minimum communication with her parents, she feels she is not heard or counted.

The following case describes other areas that commonly affect the second generation's relationships with their parents. During the Sunday school at Church C, where youth found my listening ears, they began pouring out their hearts, which were ready to burst:

Life in a cage

Mom and Dad think I'm still a baby! I can't handle the outside pressure plus family pressure. Dad doesn't give me independence. A sufficient time of independence would help me to grow emotionally and mentally. For instance, my curfew is 11:00! That's for junior high students! They don't understand that they have to be less protective and give me freedom. I feel like I'm in a cage and my parents are the masters. I can't do anything freely without feeling guilty. They know I won't take drugs and do bad stuff, but still they keep me inside the house because they think someone will rape me or I'll get into an accident! Crime is everywhere, but that doesn't mean they have to keep me in a cage. I can't help it if there is crime! It is part of life.

Korean parents see American culture as too loose for the adolescent children. Adolescents see their Korean parents as being extremely autocratic. Two cultures, polarized between two generations, each finds no medium with which to bridge their worldview clash.

The second generation finds their monocultural parents' rules unjust and often unbearable, as the following case exemplifies:

The Korean way, always right?

My parents always think they know everything about you even before you think or speak. But they are not able to understand you. So how can they know everything about you? They expect you to grow up to be the same or better than them. That's OK. But they don't have to nag and nag about it. Don't they understand that you too want the best of life? I mean, it is your life. Culture is very important to them. But this is America and we're growing up in the American influence. They always say, "It's not Korean—like." Oh I hate that.

If the Korean way is always right, the second generation feels that their parents painfully deny a big part of their children, their American—ness. Dianne is fifteen and is with her parents, who do not trust her. Her culturally fundamentalistic parents do not buy into the American values of freedom and independence. Dianne is very upset with them because her parents judge her close friends.

Outward appearance

My dad says he trusts me but he doesn't show it. My mom is too judgmental. She hates my friends who wear heavy makeup or dress in fashion. She doesn't look inside them. She looks outside. I really hate her when she does that. One time she gave a real dirty look to one of my friends because she wore makeup and strange clothing. I'll never forget that or forgive. If she looked at or knew my friend from the inside she would be surprised because this certain friend is a good Christian. I just wish I had new parents. My parents think that they understand us but really they don't. I still love them for what they are, but in times of trouble they can't help me. I feel like dying sometimes. I ask God why he created me. I really want things changed for my family. God help me, please.

Blinded by the cultural script of the first generation, parents don't have a clue that this kind of treatment makes their children feel helpless and hopeless. What they intended and believed to be beneficial for the children instead caused heartache in the children, who are caught in between cultures. Dianne's lonely crying out to God has sustained her from jumping off the cliff. Another teenage girl, Judy, offered a very sharp-minded critique of her parents.

Tired of being obedient

They are OK sometimes. Other times they lack a sense of reality. I believe they are too busy making money that they neglect to see the whole picture. When we come home, we expect an atmosphere of comfort and understanding. Yet, the thing that frustrates me most is the mode in which parents treat you. If you are just a duty to take care of I don't mind the indifference at times of anger. But when I need someone to talk to about important topics in my life, I feel I should be able to talk freely with my dad or mom. But under certain circumstances, I'm obliged to keep my mouth shut and be a "good," obedient girl. That's the way I was raised and it will always be until I know who I am.

Judy cannot be herself at home. She feels that her parents simply want an outward performance of obedience from her. A relational dimension is not included in the family life. According to Judy her family life revolves around duty. She feels that her parents are only concerned with her obligations when they do not try to dialogue and listen to what she is going through. As all of the second generation has voiced so far, parental lack of effort in understanding what their children go through inside is most hurtful to them. During one of the most stormy transitional periods in life, Korean American young people scream for the nurturing that they need, but sadly many of them are left on their own in family life. They have to look elsewhere for someone to pour their hearts out to. Dianne sees her parents absorbed by means—money making—rather than the end of the means, meaningful family relationships.

A child's position in the family is also a factor in strained relationships. LeeAnn, a middle child, is quiet and pensive and less social among the youth group at Church C. She articulated her deepest feelings succinctly.

Like an island.

> My mom ignores me since I am the middle child. I do
> not get any attention or understanding or compassion
> from anybody. If I wasn't a Christian I would be dead
> by now. My sister bosses me around. She does not care
> if I might be hurting inside. She compares me with
> other friends and sometimes constantly puts me down.
> My dad can be understanding at times, but he is very
> ignorant and doesn't like to compromise. Sometimes
> he takes his anger out on me because I'm the weakest
> one in my family. Friends? I have many friends but
> they think I'm weird because I act very differently in
> every moment. I feel I'm the only one who has
> emotional problems. I sometimes feel like a failure. I
> wish I had an honest and true friend who understands
> my emotions and who's willing to help me. But since
> I am a Christian, I know God is my best friend for life.

LeeAnn feels injustice and pretense in all her social
relationships. As a middle child she feels neglected by her
parents. Her marginal position at home translates into all other
relationships. Internalizing the way she is treated at home,
LeeAnn vacillates from anger to guilt. The only one she feels
safe with is God, whom she cannot touch and feel. Yet, her
spirituality provides meaning in life.

War on Romance

A cultural war takes place between the two generations in
the Korean immigrant family concerning teenager romance.
Teenagers feel caged in by the parental policing on their tender,
vulnerable feelings.

Boys, all weird

My parents are very protective. They never learn to trust us, especially when it comes to guys. The thing about this is that guys are people too. Maybe if they knew them it would help. But they don't want to do that. They put this mark on them that reads, "Boys are all weird and bad", until you are eighteen or thirty one, depending on the parent.

Witnessing students kissing in the hallway, Puritan-like Korean parents become paranoid about their teenagers' social world. Shocked by the lenient school setting, parents react at the other extreme, instilling a ban on the social life of their children. The dilemma for these young adolescents is that while their parents expect them to swing back to nineteenth-century norms, the world outside their home pushes them into the twenty-first century. In the midst of this polarity, a normal sexual development cycle of adolescents is curbed by parental paranoia.

Korean American adolescent dating intensifies the worldview clash between adolescents and their parents. Janet remembers how her father's response to her casual remarks about her boyfriend have left her puzzled to this day.

Dating and moving?

Well, I didn't get the support that I wanted. I tried to tell my parents about what was going on with me, but they would just get mad at me. I would get in trouble some way. I think I talked about a guy that I liked or my future boyfriend or something, and my dad told me that we would move if I ever dated. I got so angry

72

and said that I would date wherever we moved. He said that we would move every time I dated. I didn't understand what was so wrong with me dating.

Janet's father responds strongly to Janet out of a tremendous fear that many Korean parents share. Korean American parents feel that dating presumes marriage. Korean American youth have a much more casual approach that is foreign to the parents' cultural upbringing.

Internalized racism also plays a part in relationships. It is a Korean parent's nightmare for a daughter to date a boy of another race. Janet is close to her African American neighbor and school friend, Joshua. Out of fear, the father threatens Janet with moving. Janet is shocked by her father's dramatic response. This episode prematurely distorted her sexual identity before it ever fully blossomed. Even now as a young adult she feels awkward about dating, her father's words echoing in her mind.

More youth shared stories about the family war on dating. The following role play was enacted during a Friday night Bible study at Church B.

Dating rules

Daughter: I want to go out for a date.

Mom: How old is he? Does he speak Korean?

Daughter: Twenty. No he doesn't speak Korean.

Mom: Did he graduate from college? Can he support you?

Daughter: No.

Mom: He must be a black! Stay home and watch TV and cook for us.

The adolescents' romance is robbed by the parents' sheer

functional realism. The mother's questions manifest Korean values on marriage. Three criteria about dating and marriage stand out in the above dialogue: education, money, and ethnicity. When deviating from those norms, Korean American young people need to be ready for war with their parents.

Most Korean parents feel nervous when their daughters start getting phone calls from boys and when their sons begin going steady. In a parenting small group at Church A, three mothers expressed their opinions on their teenage children's dating:

Don's parents want their children to finish college first before they get serious with the opposite sex. As a graduate student, Don, the first and only son, still is not allowed to date. This is a commonly shared view among Korean parents who seek to replicate their own student life in Korea through their children in America. Don's mother thinks that she can control her son's dating life. She said, "I told my son to stop dating when school starts. It's all right to date during the summer but not during school." I asked her if she followed her own rule when she was an adolescent. She smiled with embarrassment marked all over her face. She confidently said that she told her children to put priority on their studies. "Dating is when you know for sure that you are going to marry that person," she told them.

The parents' emphasis on their children's study stems from one of the most deeply rooted Korean values: Confucian elitism. In Korean society, the elite man has graduated from the most prestigious college and he attracts many women. Matchmakers are considered to be legitimate professionals and are integral parts of Korean society. Matchmakers command a high price for elite males—for instance, doctors and lawyers from top universities in Seoul—as candidates for potential husbands. Korean first—generation parents still operate from this context, which leaves the younger generation feeling remote.

Adding to the frustration is a linguistic and cultural assimilation gap. Unlike Chinese Americans, who differentiate between ABC (American—born Chinese) and OBC (Overseas—born Chinese), Korean Americans divide generations into 1.2, 1.3, 1.5, . . . 1.9. Depending on the age when they arrived in the U. S., if they were not born in the U. S., generations are divided into pieces, making it more difficult to choose partners.

Assimilation and Dating

Korean parents expect their children to show respect and appreciation to them. Their children desire more independence and freedom in their social lives, such as choosing friends and dating partners. Words like *independence* and *freedom* induce stress in many Korean parents. They already feel dysfunctional in their daily lives outside of the family. They don't want to feel they're losing control of their children.

Coping with a poor command of English, parents are placed in an awkward adult—child position. Daily social interaction outside of ethnic confines frustrates them constantly, and family life does not ease their stress either. Growing children demand American ways, which parents shun. Assumptions about respect differ between the generations. The first generation treats respect as ascribed by position, while the second generation treats it as achieved. Therefore, the two generations' expectations toward each other are on different pages. The younger generation expects their parents to earn their respect, an idea that offends the parents.

Thus it is not unusual for Korean parents to want their children to marry someone who is bilingual and very traditional. At least they would have some control over a Koreanized daughter—in—law, with whom they can communicate. Adults often look for a daughter—in—law for themselves rather than a wife for their son. However, Korean American females tend to assimilate into American culture, which liberates them from the bondage of overt patriarchalism. This is why American—born, second generation Jae Eun, who speaks English only, had to go through an ordeal with DJ's parents when she started dating DJ, a 1.3 generation male who is much more comfortable with Korean culture and language.

Condemned by Korean Measure

For several years now, DJ's older sister, Myung Sook, has been stressed over DJ's relationship with Jae Eun. DJ's family does not like Jae Eun since she is very Americanized. Their rejection, based on her being Americanized, has to do with Jae Eun's traveling, her having gone out with guys in the past, her poor command of Korean, and her style of dress. She is definitely not a traditional Korean girl. She is a Korean American who identifies more with American culture. Even though he grew up in America, DJ's first language is Korean. He has not dated anyone other than Jae Eun. Jae Eun's parents have lived in the U. S. a few more years than DJ's parents. The main difference between the two families is their basic attitudes toward acculturation. Both of Jae Eun's parents speak English and are more open toward assimilation to American culture. In contrast, DJ's family is antagonistic toward American culture.

Jae Eun painfully quoted that DJ's parents think that as a junior in college, he is too young to date and must concentrate only on studies. She lamented, "Even after college graduation, DJ was told to wait to date until he had worked for two years. I cannot wait for him for four more years!"

With this kind of nativistic attitude, DJ's whole family condemns Jae Eun for who she is. They measure her with rules and criteria, about which she is clueless. According to the Korean nativistic criteria Jae Eun is liberal and loose. Several times DJ and Jae Eun had to break up because of DJ's parents' pressure. Meanwhile, Jae Eun feels stuck with no way out. She feels that it is not right for her to date others when she is in love with DJ, and when she knows that DJ feels that she is the one for him to marry. She hits the lowest point in her life because of the unfair rejection by DJ's family. Jae Eun struggles with the fact that if she pursues other relationships, she would fulfill DJ's family's claim that "she is horny." On the other hand, she has no confidence in waiting four more years without knowing whether DJ's parents will ever approve of her.

An archaic Korean traditional value, which no longer is upheld in Korea, is in reactionary operation in DJ's family in America. DJ's parents think that women should date a man only to marry him, which their own daughters do not follow. Both DJ and Jae Eun have not given up on their relationship, despite several breakups forced on them by DJ's parents.

Dating generates some of the hottest emotions between adolescents and parents. It not only sharpens the cultural conflict between the first— and the second—generation Korean American, but also deepens the assimilation gap. In the process of assimilation we can see conflicts within the community as well as the immigrant family.

The Effects of Gossip on Dating

David attends a conservative Protestant church in Los Angeles. Ever since his parents immigrated to Los Angeles, they have attended Church A. David, a community college student, feels inferior because other key leaders' sons and daughters attend at least universities in California, if not Ivy Leagues universities. David's father is an elder of Church A. Many eyes watch David's whereabouts in this tightly knit church community. David rides an emotional roller coaster. It was on one of his down days when he began sharing his frustration. His mother wanted David to be elected as the president of the college group in the church. She was betting on this election as a sign of whether David would become a pastor. According to his mother, if David were elected as the president then God wanted her son to be a pastor. In this context, rumors about David spread among the adults in the church.

> I don't want to be like my parents when I become a parent. I always thought that my parents were different. I thought they do not let rumors in the church get to them. I spend a lot of time with my friend Jiyon at school. Every Sunday people all disappear after the Sunday school and I have to wait because we have a meeting. Jiyon and I ended up spending time because we both are officers. Sometimes Jiyon and I walk to the car and adults might have seen us walking together and spread the rumor that Jiyon and I are dating. My mom does not like Jiyon from the beginning. She thinks that Jiyon is not spiritual and pretty. Mom used to say that it's not the outward look that counts but what's inside.

Most young adults in Church A feel stifled by the first generation's watchful eyes. David, one of the very first English-speaking people of his generation in the church, has been "the other" in the eyes of the first-generation church members because he is not Korean enough. Few of the English-speaking generation of the church cling together as an island within the island. David's parents had shown more empathy toward their Americanized children until they thought David was dating Jiyon. To David's disappointment, the parents' deep-seated value surged when they judged Jiyon outwardly, contradicting their own teaching.

For Korean American Christian young adults, the Korean church becomes the only place to find a mate. Since Koreans consider marriage to be a family matter, dating among church members sometimes becomes political among the families involved within the church.

Belief in Christian Genealogy

Many Korean Christians take pride in the concept of "being a Christian in my mother's womb," that is, through their mother's Christian faith. This means that one is a second-generation Christian at birth. Koreans' strong value on genealogy is transferred to Christianity, and this concept is highly regarded in Korean Christian marriages. Jane, a freshman at college, suffers from her parents' rule on dating and Christian genealogy.

Jane began dating a Christian college student, Joonchol, who recently came to Church A. He is a recent convert whose parents are devout Buddhists. Jane, however, is a third-generation Christian. Before she started dating Joonchol, Jane had been dating a boy who was a friend of her brother's. Jane's parents trusted that boy, because he was a friend of their son and his father was an elder at a Korean church in Los Angeles. According to Jane, the boy himself did not have much faith.

What matters to Jane's parents is that the boy's parents have positions in the church. Jane knows that her parents are proud of their daughter being the third-generation Christian. They expect Jane to marry a third-generation Christian man. Quiet and introverted, Jane disagrees with her parents, but she does not dare express it. Her parents' demand for blind obedience is so strong that she does not find any room to discuss the issue with them. Consequently, Jane copes with her parental control covertly through secrecy and lying.

The Church as a Scapegoat

Jane told her mother that she was going to church Bible study when she and Joonchol actually were out dating. When Jane's parents discovered that their daughter lied to them they got upset at the church leader and complained, "How come our daughter has not changed after attending the special Bible seminar?" They also made a big deal about Jane's listening to secular music when she should have been reading the Bible.

Guided by the sharp dichotomy of sacred and secular, the self-righteous mother blames the church for her daughter's lying. Thus she expects the church to correct the daughter's behavior. By misdirecting responsibility for her daughter's problem on to church, Jane's mother leaves herself out of having to deal with her own role as a parent. After all, it is more important that she remains right rather than have to admit her part in the daughter's dysfunction. Filled with blind righteousness, she decides to punish both the church and her daughter by keeping Jane from going to the church Bible study. What she really does not want is for Joonchol to pick up Jane.

Many parents fear they will lose authority over their children if they admit their own mistakes, but in reality it is the opposite. If parents do not admit their mistakes, young people, like Jane, *pretend* to be compliant with the mother's authority.

Money Above Christian Genealogy

Money power can quickly cancel out the other primary value, the Christian Genealogy. This happened in Jane's case.

Joonchol sent a letter to Jane's parents and visited them to prove himself. Jane's father took it well, and considered Joonchol ambitious and courageous to visit him and his wife. He was impressed by Joonchol's articulate presentation about his relationship with Jane. By this time, Jane's parents had discovered that Joonchol was the first son of a millionaire in Korea.

Monetary power transcended religious differences. Being a millionaire's son spoke so powerfully that Joonchol's Buddhist background did not matter to Jane's parents. Dichotomizing sacred and secular, Jane's parents do not have to wrestle with two contradicting beliefs—Christian genealogy and mammon. When faith is not integrated one can easily swing from one belief to the other. Joonchol's lavish lifestyle as a young college student drowned all other factors. Quickly mammon replaced Christian geneaology, and slowly Jane's interest in spiritual growth declined. Sold out to the upper-class lifestyle of fashion, she freely spent Joonchol's money. They married quickly and divorced quickly.

Racial Differences and Social Boundaries

If Christian genealogy is an issue, dating and marrying a

Korean is one of the most important agendas for Korean parents. Pat is almost a fourth-generation Korean American in the sense that her great-grandparents were the first generation. Still, Pat definitely sees herself Korean American and cannot deny her bi-cultural status which comes out in her social interactions. At a winter church retreat, Pat, a tenth grader says, "I would not even consider marrying a white guy because they look too different. But I have never seen a handsome Korean American guy."

During the retreat five girls in the room showed a fascination for men with blond hair and blue eyes. They were all athletes or movie stars. However, Pat made a sharp distinction between infatuation and marriage. "I can enjoy dating a handsome white guy, but when it comes to marriage I want to marry either a Japanese or Chinese American," she said.

Culturally, Pat and the other girls have a Western perspective, yet they all realize that socially they are much more restricted. Their conversations revolve around mainstream youth culture since they all speak English as their first language. However, they all face their socioeconomic and ethnic minority status in their everyday lives. Pat's clear distinction between her preference for a white dating partner and an Asian-American marriage partner tells us that she is aware of sharp social boundaries when it comes to racial differences. Pat's preference for a Japanese American or Chinese American partner is related to their long history of immigration compared to that of the Koreans. It is particularly their less chauvinistic attitudes in relationships that attract Pat most. Her values are shaped by mainstream American culture, which reduces the pool for finding a boyfriend among Korean Americans. These girls have a strong reservations against male-chauvinistic, Koreanized men.

Through second-generation dating patterns and peer group interaction we can find out how much generational continuity passes on from the first-generation Korean. The social system for many Korean American adolescents is very strict. Those who identify more with Americans are restricted by family rules on dating and marriage. Korean parents draw a strict boundary around their children's social territory. They want their children to find Korean American friends, and they constantly instill in their children that interracial marriage is a social taboo.

Especially for the Christian girl, the possibility of meeting a Korean American Christian young man is very slim. The church becomes a partnerhunting place out of parental desperation, and young people flock together at a church where a second- generation congregation is active.

Who Am I?

During the crucial time of shaping self-perception, Korean American young people find themselves in a cultural tug-of-war between multiple worlds. The teenagers' identity becomes threatened when they cannot afford to conform to their own youth subculture. British sociologist J. A. Walter calls the adolescent's identification with the youth subculture a rite of passage, which separates youth from childhood.[5]

Various industries exploit this teenage yearning for belonging and turn it into a multimillion dollar sales pitch toward youth. Many adolescents today feel more economic

---

5. J. A. Walter, *Sared Cows: Exploring Contemporary Idolatry* (Grand Rapids: Zondervan, 1980) 44.

pressure than ever to buy brand name fashions in order to fit in with their peer groups. Advertisements brainwash teenagers into believing the more fashionable they are the more popular they can be. Naturally, fashion is one of the top concerns teenagers have today and it is reinforced by peer pressure. Peer pressure to conform to youth fashion constantly guides youth to shopping malls. Feeling disconnected from their parents, Korean American youth indulge in the peer world. Paradoxically, when they do not receive what they want— intimacy and bonding with parents— they demand freedom and independence from the parents so that they may spend more time with their peers.

Janet articulates the second generation's perspective and recommendation to the parents.

Tools to ease the tug—of—war in an immigrant family

I would suggest lots of communication and understanding. I was never asked why or what was going on with me. That left a huge gap in my relationship with my parents, which still exists. I have gotten to the point where I don't want them to be involved in my life because it is now way too big of an effort. Factual information in my life is very impersonal and I can talk to people about that, but emotional information is harder to give. I would be coaxed into it if I felt that someone really wanted to know.

There are a lot of cultural differences that evolve when you raise children in a different culture. They aren't necessarily bad or good, but different. Talk about what the differences may be and why they may exist. It promotes an environment where everyone will feel safe to talk about his or her feelings and you make an investment in someone as a person. Sometimes societal or cultural boundaries need to be pushed aside and you just need to love someone.

After all, heart-to-heart communication transcends linguistic and cultural barriers. Despite the language barrier Janet and her grandmother feel a deep connection. The grandmother's loving presence and action touch Janet's lonely heart. Also the youth group became her extended family. That community has now scattered, and yet its memories bring us together. The next chapter will cover how church can fill the emotional and spiritual vacuum in a way that the wandering, silenced generation can find their identities and gifts.

Helpful Steps of Communication:
Creating a Sacred Space

Communication does not have to rely on the same menu constantly. In a two-language family where deep emotional issues cannot be articulated verbally, ritual can provide special time and space to evoke unattended feelings. Ritual can embody both parent's and children's needs simultaneously. Yet, modern families lack family rituals where everyone can come together and connect. Even mealtime is sacrificed to television or other activities that leave family members on their own. Unless parents take leadership and schedule common family time together, home turns into a boarding house where people come in and out according to their own schedules. Two important family rituals can strengthen and bridge the immigrant family:

weekend dinner and family devotion. I have found that youth feel secure and content when their parents make an effort to understand their children and involve themselves in their children's lives.

Reflection Questions on the Ritual of Foot Washing (John 13:1-17)

1. In what setting does Jesus begin washing the disciples' feet?
2. What is going through Jesus' mind and heart?
3. Why does Jesus wash his disciples' feet?
4. How do his disciples respond?
5. What does Jesus communicate through washing their feet?

Application: Ritual of Top Down to Inside Out

During a retreat both first and second generations came together one night in a huge room. They were seated with their families. Those who were alone joined other families. The fathers were invited to come to the front to get the water bucket. They had to line up at the front. As they took the bucket of water to their family members, they were advised to wash the youngest child's feet first and the wife's last. When the husband was finished, the wife washed the husband's feet. As the fathers silently washed their children's feet there was emotional release. Family members were hugging and crying, releasing long-held feelings. After everyone finished, I invited people to come forward and share their experiences. To my surprise, elders of the church and other men came forward first, and shared their powerful emotional unleashing. The second generation looked content as they experienced emotional connection with their parents.

Jesus communicated his love for the disciples in such an

intimate setting of evening table fellowship. The complex emotions of Jesus, for which words were not adequate, are expressed in the ritual of foot washing. He expressed his love for the world through the ritual. Furthermore, his actions shifted his disciples' hierarchical lenses. The reenactment of Jesus' ritual at the church retreat brought patriarchal hierarchy down, and the family as a unit encountered who they were as persons, not by their positions.

My husband and I filled the emotional vacuum of many youth by becoming surrogate parents. We listened to tearful stories until late at night, celebrated their transitions with special rites of passage, threw footballs, sweated out on the fields, and opened up our house to many table fellowships, thereby connecting deeply with the youth. A true sense of community brought forth leaders among them, and thus we as pastors sharpened their strengths and offered them chances to use their God-given gifts.

Chapter 4

Immigrant Church as
Home Away from Home

If we do not understand that the enemy is within, we will find a thousand ways of making someone out there into the enemy, becoming leaders who oppress rather than liberate others.

—*Parker J. Palmer, Let Your Life Speak*

Ill Soo Kim explains that for Korean immigrants, the Korean church is an extended family.[6] The Korean immigrant church has been a lifeline for the Korean immigrants by providing jobs, emotional and social support, fellowship, and a leadership model. It provides a home away from home for the majority of Korean immigrants. In the midst of changes it functions as a cultural haven for the immigrants. However, the unique spiritual needs of the second generation, living in two worlds, have not been properly met. With the emergence of the English congregation in the past ten years, the dominant model has been one that must fit under the first generation's umbrella.

A Cultural Sanctuary

Church A originated from a church split. Half of the original congregation followed Pastor Oh and started the new church. Its congregation consists of about 400 attendants at

---

6. Ill Soo Kim, *New Urban Immigrants: The Korean Community in New York* (New Jersey: Princeton University press, 1988) 199.

Sunday morning worship and about 150 in the afternoon service. The church has a fourteen-year history. Except for the senior pastor, who founded the church, the pastoral leadership of Church A has constantly changed. This has greatly affected the quality of the congregation's spiritual life. The second generation, more than the first generation, experiences severe cultural, structural, and language barriers in the first-generation-centered church.

The Church as an Extended Family

The immigrant church as an extended family exhibits cultural and generational tensions that also exist within immigrant families. Therefore, the younger generation's attempt to depart from the first-generation church is considered an attempt to break away from the family. The moment an adolescent obtains a driver's license it becomes a challenge to keep him or her in their parents' church unless it has a thriving English ministry.

Two young adults, Ruth and her brother Paul, reflect on their family devotion and the strict observance of the Sabbath on Sunday. As young adults they are in a stage of questioning and re-interpreting their inherited faith. Ruth questions God's grace.

Ruth was five years old when her family immigrated to Los Angeles. Her family's educational aspirations were high since both parents achieved higher education in Korea. Ruth and all her siblings achieved the highest degrees and fulfilled parental expectations. Majoring in social science at a graduate school, Ruth questions the core doctrine on God's grace in relation to her identity.

Why do I need grace to be accepted by God?

> Because I feel powerless, I try to gain power by control.
> I become judgmental. I place myself in a little box and
> I put other people in a box so that I feel in control.
> I don't accept myself as the way I am, and I don't accept
> others for who they are either. I project who they are.
> It's hard for me to accept grace. Why does God not
> accept me the way I am? Why do I need grace in order
> to be accepted by God? Grace bothers me. I am not
> able to trust God. Living by faith is very difficult for
> me. My mother lives with faith.

A sense of powerlessness permeates the 1.5 "neither/nor" generation, which also contains a strong potential to be the bridge between the first and second generations. Prior to arriving at a bicultural identity, the 1.5 generation undoubtedly undergoes a strong sense of loss in a neither/nor stage. Ruth, in her liminal stage, powerfully articulates why God's grace feels like another approval rather than unconditional love. Expanding the parental and conventional boxes, Ruth tries to identify who she is, yet without arriving at what she would become. In this earnest search for belonging Ruth goes through a stage of un−belonging. Her parents' spiritual discipline, which is unlike that of many other chaotic immigrant families, provided her with explicit family rules and expressions of faith with which she had to wrestle (Philippians 3:7−11). Not many parents provide such clear family spiritual discipline loaded with family values.

What holds this family together is the parents' tearfully devout commitment to Christianity and sacrificial loyalty to the immigrant church. Ruth's parents have instilled Korean and

Christian values in the children through family devotion, which at times was met with challenge, but simultaneously benefited all the children by helping them to retain the Korean language. Especially when the children reached college age, they began to see their own family values through the mainstream lens. Then their own family values and rules, rooted in the church, stood out like sore thumbs. Ruth's younger brother, Paul, tells about his struggle with the Sabbath day rule, which conflicted with his college lifestyle a great deal.

Observance of the Sabbath day

> Because of strict "Sabbath day" family rules on Sundays, I could not be involved in Boy Scouts when they camped out on weekends. Also, if I had a final to take on Monday, I would go to sleep early on Sunday and awaken at midnight so that I could begin studies at 12:01 Monday morning—all in order to avoid breaking the "Sabbath day" law of not studying on Sundays. I was just splitting hairs, wasn't I? The actual Jewish Sabbath day was from sunrise to sunset. So I could have started studying at sunset! Wow! What my parents and the church have told me was their own tradition, not the Sabbath day law. The Jewish Sabbath is actually on Saturday, not Sunday! In fact, Jesus broke the Sabbath traditions by healing and allowing his disciples to pick grain on the Sabbath!

As a young adult, Paul began questioning his parents' fixed familial and Christian values, which shaped and provided the family with stability in the midst of unstable life as immigrants. He and his siblings began to grow out of the religious boxes of their parents. The same tension that arose between the Jews and Jesus around the interpretations of the Law of Moses emerged within Paul's family.

The steadfastness of the parents' modeling of consistency deserves praise. By keeping the spiritual center they rigorously strengthened the family unit, but not without challenges. Unlike Carol's resistance to the family devotion, Paul did not outwardly protest his family's sacred rules. While Paul showed a sign of sadness about missing out on the opportunity to join the Boy Scouts, the family devotion also benefited him by retaining his understanding of the Korean language and giving him a spiritual foundation. Although he missed out on a transitional ritual, Boy Scouts, his family devotion provided a ritual of continuity.

Ruth is twenty five years old and enrolled in a graduate school. She finally made a decision to venture into the faith community beyond that of her parents. It broke her parents' hearts. For them, Ruth's need to depart from their church was a visible sign of breaking away from the church family, the extended family. In this context, it is quite normal for Ruth's parents to oppose their daughter's departure from the church. Besides, as parents, they wanted to see their grown-up children be visible in the church by entering leadership roles. Social pressure from the clan is ceaseless. Ruth had to turn deaf ears to the people in the church who were close to her parents. Eventually her parents gave up on the idea of having Ruth return to their home church.

In the process of a cultural push and pull, Ruth's parents have many reasons to be rewarded. All of their children reached the American dream as professionals. Two became medical doctors and one gained a Ph. D. Her parents' hard work and sacrifice contributed to the children's success in mainstream American life. When the parents finally let go of their children, the children returned home far more enriched mentally and spiritually.

Imprisoned by Tradition

Tradition offers continuity in the midst of disruptive changes, and for this reason it is very important to immigrants. In the midst of surrounding changes, immigrants can easily cling to tradition—denominational, cultural, or familial—like a security blanket. However its emphasis on uniformity and conformity can hinder the church from becoming the diverse *body* of Christ. Not only intergenerationally, but also intragenerationally diverse expressions of faith are discouraged and the cultural tug–of–war within the church splits the body of Christ.

The following cases reveal how Christianity is taught in the immigrant family. Not many families create such a spiritual center. Yet, in those that do, the second generation's spiritual needs and expressions often are not heard because they are based on a purely Korean cultural form.

Monocultural Family Devotion

Carol, a junior–high girl, expresses her frustration with her father. Carol's family is active in Church A. Carol faces cultural differences with her parents in family devotions. Carol's mother shares how they lead family devotion.

We used to read three chapters of the Bible and one chapter of Proverbs every night in Korean. It seemed too boring for the kids. So we changed it to one chapter of Proverbs. The other day, Carol was talking with her friend on the phone after 8:00 in the evening in front

93

of the TV, which bothered me. After the phone conversation, it was time for our family devotion. My husband asked Carol to read first and she refused. My husband got upset and scolded her for talking on the phone long and watching TV. He forced her to read the Bible.

All of this emotional turmoil took place around family devotion, which is needed for creating sacred space for the family. Unfortunately, the way it is designed and enforced in the Korean language does not address or meet Carol's needs. She tried to avoid family devotion by escaping on the phone. The problem results from the rigid one-sided enforcement that exists within the family, as they all endeavor to remain Christian.

In this kind of setting, family devotion becomes oppressive rather than spiritually uplifting. Rigid rules leave the recipient empty and ripe for rebellion. The father's anger only aggravates the adolescents. It is not the contents of the Bible itself that Carol rebelled against, but the forms that her parents used. One-sided, passive-aggressive, indirect communication styles in this family turn problems the size of snow flurries into a blizzard.

The problem created by Carol's father in this episode is that he tolerated his daughter's violation of the rule (talking on the phone after the set time for devotions) then erupted when he was hit again with her disobedience (refusing to read the Scripture). The more he tried to assert his authority the less powerful he became. Carol's father feels out of control in dealing with his daughter. He feels angry that he is powerless, and he explodes. Carol thinks that her father is extremely irrational and resists him all the more. When proper dialogue is not allowed or modeled, the child has to escape or internally resist parental authority.

The problem can be minimized if parents adopt an incarnational approach to their children, instead of demanding that their children enter into their world. The moment the gospel is presented in obscure foreign forms its meaning is lost. The children were not consulted in the process of deciding on family devotions. What was meant for spiritual nourishment turned out to be a dry well.

Clashing Expressions of Faith

The following cases depict how the second generation's view of Christianity differs from that of the first generation. Intergenerational differences in faith clash within immigrant families, in these cases around an adolescent's informal dress on Sunday.

Does God Care What I Wear?

Sooyon, a very bright high-school girl, faced sharp conflict with her mother on Sunday morning as the family prepared to go to church. Her mother complained, "How can you wear that to church?" Sooyon shouted back to her mother, "You all believe in God in your brain, but we believe in God with our hearts."

The divergent faith assumptions come down to whether one believes God with the heart or with the brain. Sunday's fashions apparently project the image of God. The mother's Confucianist image of God portrays a strict, formal heavenly father while the daughter's reflects a heavenly daddy who is easily accessible. Sooyon's critical response to her mother is perpetuated by a long history of observing her parents' formal behavior as meaningless hypocrisy. Sooyon's casual outfit is impolite in the eyes of the Confucian hierarchy, which Sooyon wants to defrock.

Jack Balswick and Dawn Ward call attention to the difficulties that the modern family faces, especially when the children reach adolescence. The family is especially likely to experience a fragmentation of consciousness when children reach their teenage years and begin to compare their family's system of morality with that of their friends. Parents are put into the position of having to defend their view of morality against real or imagined positions of the morality existing in the minds of the members of their children's peer groups.[7]

If the mainstream modern family struggles with a generational gap, then immigrant families in between cultures undergo far more struggle with unidentifiable, unpredictable cultural clashes. As expressed by all of the young people who poured out their hearts, the second generation's quest is to be accepted and understood in a world where their experiences are made up of nothing but *"neither/nor"* from both cultures. They fall short of being Korean and/or fall short of being American. In a land where they did not choose to become guests forever, the second generation want the parents to at least "affirm" their being without demanding them to be someone completely foreign.

When Christianity is embraced in a top-down culture, it is expressed hierarchically. Furthermore, in the new immigrant context, religious authority offers the allure of filling the sense of loss in the immigrant experience.

---

7. Jack Balswick & Dawn Ward "The Church, The Family, and Issues of Modernity," Consultation on a Theology of Family. Nov. 19-20, 1984, (Pasadena: Fuller Theological Seminary) 27.

Do as I say, not what I do

> My parents, especially my mom, tell me how to be a
> Christian, tell me how to act, but they never follow
> their own advice about Christianity. For instance, when
> my sister and I get into an argument, my mom always
> tells me to back down first, then ignore her; but when
> she argues with Dad, she never backs down first. She
> just keeps on arguing. My parents just don't set good
> examples for us children to follow.
>
> When my parents and I get into an argument, they
> don't want to compromise, they don't want to
> understand, they don't want to have an open mind
> where me or my sisters are concerned.

Parents are put in a defensive position when adolescent children
question their deep-seated beliefs. This paralyzes any
opportunity for communication, which already is difficult
because of the language barrier. The key to opening up a
dialogue is for parents to show openness prior to judgment and
give guidance instead of advice. As long as the parents' priority
is to defend their values at the expense of learning their
children's values, they lose the authority to parent. When family
communication breaks down children run away from home
emotionally, if not physically.

Abrupt social and cultural changes within the immigrant
families cause cognitive, affective, and evaluative discords
between the parents and children. Therefore, consensus through
dialogue is difficult unless the nine/tenth of the iceberg
submerged under the water surfaces and is examined. The clash
taking place on the one/tenth visible surface of the iceberg
cannot promote the mutual understanding that is needed
desperately in intergenerational dialogue.

Class Barriers in the Immigrant Church

The immigrant family must find its own substitute community in a country where not many extended families and social connections are established. The ethnic enclave is an example of how immigrants form their social networks and offer help to the new arrivals financially and emotionally.

The flip side of the immigrant church, centered on ethnicity not residence, is a sharp class gap. Unlike residence-based American churches, the immigrant church is made up of many different classes. It sensitizes class consciousness within the church, visually demarcating the disparity between the haves and have-nots. The criteria for making this distinction consists of duration of residency in the U.S., the type of car one drives, fashion, children's education, the amount of offering to the church, hobbies, and leisure activities. The class line divides the congregation sharply among those who can afford time and money for leisure and those who cannot.

One's social status also determines one's power in the church setting. Because Korean immigrant churches are ethnicity based rather than geographically based, the class barriers complicate congregational dynamics. The immigrant church is the only place other than the family for releasing stress from living a life as a guest.

Acting Elder Kim, a new immigrant in his fifties, makes a fuss about being alienated even though the church offered him the opportunity to attend the session of the Presbyterian church. Kim's experience of disparity between the life of a nobody in a new place and his desire to be somebody causes him to make the church his target. Pouring out all of his ideals and not having them met by the church, Kim pulls the trigger whenever he wants at whomever he wishes to target. Following are the details.

98

Feeling Too Powerless to Own Responsibility

Some old-timers in Church B went to play golf and did not invite Elder Kim. Kim, who already feels alienated as a newcomer, became furious and released his anger by scrutinizing every little thing in the church. He stirred up the entire church in order to get the attention he wanted.

The degree of Kim's anger indicates how inadequate he feels in a new land. Kim now has to work in a blue-collar job rather than a white-collar job, which frustrates him greatly. His whole past identity as middle class is at stake. Because he is new to this country, Kim depends on the church to fulfill all of his social expectations. When he is socially excluded even in the church through its in-group and out-group it intensifies the pain of social alienation, which he already experiences daily through language and cultural differences. The only public setting where Kim can express his anger confidently other than in his home is in the church because he can express himself in his native tongue. Thus, the immigrant church becomes the sole bearer of the first generation's stress-release mechanism.

The following examples indicate social pressure within the church to maintain a leadership position, which is externally defined by *offering* power.

Tithing and Social Power

Dan, a college student in Church A, expressed his anger during a Friday night Bible study.

One day my father borrowed money from a relative in order to "tithe" to the church, even though he was not providing for the needs of his own family. This was at a time when my family was going through a tough financial time. He stopped helping me with my tuition in college. My father, an elder, had to save his face by keeping the church's rule even though he had nothing to tithe.

A desperate father who cannot provide for his family makes a bold move to at least release himself from shame in the only public setting, the church. Although the father's main issue might have been saving face, due to his leadership position, a very complex social dynamic is mirrored in this story. The father represents a very pervasive Korean folk worldview, shamanism. That is, God can be appeased by human action through sacrifice and offering, a practice that is also evidenced in the Hebrew Bible. He believes that God will bless him through his offering of tithing by turning his business around. Educated in American schools, Dan had no idea where his father was coming from. Rightly so, Dan was upset and bothered by his father's action, over which he had no influence. One of the Korean church's traditions is to publicize the names of everyone who gives offerings of all different kinds. As an immigrant, the father's last−ditch effort to hold onto his dignity as a man was to meet the requirement of a very visible responsibility − tithing.

Five years down the road, Dan's sad story was transformed when his life turned around through spiritual renewal. Despite harsh criticism of his father in the past, Dan gave in to the flip side. He learned a lifelong lesson from his father−the priority of faith in God. The father's uncompromising faith even in an impossible situation is noteworthy for its risk taking. Looking at life through different lenses than his father, Dan, as a college student, had no category to help him understand his father's action. As an adult, he now looks back and appreciates the self−sacrificial dimension of faith through a unifying spirituality.

Social Fabric Within the Church

College group members' social lives often turn into the parents' gossip materials. David's family is among the long-standing members of Church A, and his father is a member of the session. To his parents' disgrace within the community, David attends a community college, not the expected University of California, Los Angeles. David is frustrated because whenever he goes out with college group members in the church, it turns into a whole church matter. David says:

> Whenever we go out, fellow college students in the church make me call around to mobilize every one. Even the pastor thinks that I influence his son, Sung, to goof around too much. Sung would never call anyone but simply joins us. During the cell group meeting, the adults criticize college students and spread gossip against us.

As leaders in the church, David's parents also become the targets of criticism when their son is accused of leading other college students in socializing and playing. Unfit for the first generation's ideals—to study all the time—David is blamed for everyone's social life. Although college students rebel against the stiff first-generation values, the criticism affects them internally. Internalizing disapproval from his parents and adults in the church, David escapes all the more into his peer group at the church, creating a self-fulfilling prophecy. This fuels the gossip channel among the adults in the church. Lacking ownership and trust, powerless parents quickly find scapegoats for their own family matters. They are afraid that their own college daughters and sons may follow the path of David, who spends more time socializing than studying. Sung has been burnt many times by the congregation as the pastor's son and therefore has mastered the skill of ducking. He knows when to be invisible and when not to. David takes the brunt of the adults' disapproval of the college group's social life. He even feels distant from his buddy Sung. "Ever since he came back from his visit to Korea, he became very snobbish. He is so arrogant. He thinks that he is the best."

The second generation is prone to swing back to Korean culture, which they resisted in their own family and the church, when they have a chance to experience it in different ways. For example, Sung, who visited Korea, came back more connected with the Korean culture beyond that of his micro context in Los Angeles. Sung probably felt a primordial connection that he was not conscious of prior to the trip. David feels the experiential gap with his close buddy, who now acts differently after coming through the rite of passage—a trip to Korea.

The Vicious Cycle of Leadership Style

Some 1.5 generation immigrants graduate from mainstream seminaries. Often, however, what they learn in seminary they find hard to apply in their ministry in the Korean American church. Lacking cultural and theological identities, many 1.5 and second-generation emerging leaders find it difficult to integrate theological knowledge within their ministry contexts. Lacking leadership role models, younger generation leaders are apt to copy the same first-generation leaders they criticize. In fact, the harsher one criticizes, the more he or she is inclined to recycle the dysfunctional leadership style. The following case took place during a youth retreat sponsored by Church B. The guest speaker, a seminarian, was invited to preach.

Korean preaching dressed in English

Pastor Choi went on preaching for three hours without ceasing. The youth group started squirming. All of a sudden, Choi started condemning the whole group. He sounded like the first-generation pastor who condemns from the pulpit. Shocked by Pastor Choi's sudden blaming and condemnation—"You southern Californians are so slick, so smooth, but I can see right through you"—the youth group torturously sat through the sermon.

Frustrated by the lack of response from the youth, Pastor Choi on the spot began blaming and condemning. He sounded as though he was impersonating his own father. Choi obviously felt the huge cultural gap, as he was preaching in a very Korean style to a more Americanized second generation. Although he spoke in the English language, the contents and style of his preaching were extremely Korean.

God's Transforming Grace Amid Cultural Discord

To everyone's surprise, despite strong discord among the group and the guest preacher, the Holy Spirit worked miraculously during the prayer time. Pastor Choi was more gifted in leading prayer than in preaching. As he led the prayer fervently, students who had never prayed in public started praying so powerfully that it spread to everyone in the room. A very genuine renewal of hearts and reconciliation took place through prayers that lasted more than two hours and yet felt like a minute. Prayers sounded like they dropped gracefully from heaven. True confession and reconciliation were addressed to the group and to the guest preacher, Pastor Choi, and vice versa. As an ongoing fruit of this renewal event, the whole youth group was ready for mission outreach. The Navaho Indian Reservation in Arizona became an annual mission of the youth group.

Despite condemnation and misunderstanding, the second generation was just as capable of experiencing the outpouring of the Spirit. The heated energy of the conflict in the room was converted into the flaming energy of renewal. Conflict became the energizer that God used to open up their wounds and heal them.

After the retreat, the youth shared their testimony during the adult worship service on Sunday, and God used the unexpected (the younger generation) to transform the lives of the first generation. As the youth group responded to God's call for mission to the Navahos', their lives were further transformed. The stark contrast between their lives and the Navahos' caused the youth group to realize how much they were steeped in materialistic values. They were eyewitnesses to dire conditions of poverty at the Reservation. Also, for two consecutive summers, four students from the youth group raised funds and went to Japan as short-term missionaries. Many of the youth, who are now college students and young adults, play key leadership roles in many different churches in southern California.

Church Beyond Homogeneity

Just as the first generation needs a cultural haven, the younger generation also needs a place where they feel at home.

Different from the first generation, the 1.5 and second-generation live their lives as permanent guests, not by their own choice but by that of their parents. It affects who they are and how they live their lives. More acutely than their parents, the second generation feels that they are not hosts but guests in this country, even though they grew up here. This is why even the emerging generations find the immigrant church significant for their well-being. Charles, who is 1.5 generation, shared what the Korean diaspora church meant to him during his father's constant moving. "Due to my father's occupation during my student years, I moved quite often, and as a result, I attended eleven different churches in my lifetime . . . so far," he said. It is the Korean diaspora church where he found a sense of community and a haven from the society where he was perceived as an "outsider" or "foreigner." Korean churches met his need to be both Korean and Christian. However, as much as Charles appreciated Korean immigrant churches as places of sanctuary, he also felt a deep inner conflict with them.

Charles grew up in this church; his parents took on leadership from the church's embryo stage. His father's visible leadership position in the church made it almost impossible for Charles' exodus. However, once he became an adult and had his own family, he somehow managed to transfer to a different church. Charles reflected on his experience at Church A.

A monocultural, one-sided church

I attended my parents' first-generation church while growing up. As the needs of the second-generation believers became apparent, we started an English ministry and I was placed in a leadership position. I poured everything I had into that ministry. After five years I left because the church could not understand who we were, what we needed, and how we struggled. They were unable to understand and respond to the changes in our own Korean community in the midst of a rapid transition into the next generation. Neither were they able to change in response to a rapidly changing society.

Charles' case mirrors the microscopic history of the second generation's struggle to overcome a cultural tug-of-war in the immigrant church and in their homes. Charles, now in his late thirties, takes a key leadership role in the English congregation at an intergenerational church in a suburb of Los Angeles. He reflected on growing up in his parents' church, which marginalized English-speaking groups as illegitimate.

The very lenses the first-generation leaders wear determine the second generation's ministry. They can either ignore the second generation or empower them. Knowing that the second generation needs a place where it feels at home, Charles had devoted much time and energy to building the English-speaking congregation at Church A. However, it was as though he was pouring water in a broken jar. When Charles found out that there was no glue that could repair it, he painfully decided to leave the church despite his parents' opposition. He wanted to find a Korean immigrant church where he could serve and nurture the younger generation. He wanted to be involved with a church where his own children could be accepted for who they are and grow spiritually without having to fight endless cultural battles.

Added to the familial pressure was the church's lack of intention to understand the needs of the younger generation. The first-generation-centered leadership often demanded that the second generation assimilate to the first generation's cultural expression of faith and regard exclusively their faith as sacred. The younger generation was often forced to attend Korean-speaking worship, which indicated English worship was not considered legitimate. Also, the youth pastors who advocated for the English-speaking group were often marginalized. The first generation leadership wanted the youth pastor to be their messenger to the second generation, not the other way around.

Finally after a long period of trial and error, Charles found a church where both generations respected differences and served each other.

Church with Mutual Respect

As a bilingual, bicultural person, Charles felt stifled by many Korean immigrant churches' monocultural perspectives. Most churches he attended were similar to his father's church; yet that is where he also felt ethnic homogeneity. This paradoxical relationship ended when Charles found the Korean immigrant church that did not push the second generation to the margin but instead embraced it. In his words, "It is a church where the reasons why we exist are clearly communicated and understood."

As church leaders, one of our vision statements is for the church to be a place where first and second generations grow together. The key is "together." Both generations know and understand this vision, and we are prayerfully working hard toward this common goal. Through mutual respect and genuine concern for one another, the church is truly experiencing the oneness that is revealed in the scriptures.

In the midst of Charles' wilderness of searching for an authentic church community, God's grace and Charles' persistence prevailed. Nowadays, as immigrant history proceeds, the number of Korean American second generation's leadership has reached critical mass. Many young professionals have become parents themselves. More and more second-generation churches are being planted. The English congregation under the first generation's umbrella is gaining their legitimacy through financial independence. On the other hand, more and more of the younger generation becomes unchurched as the immigrant church continues to practice control rather than empowerment. Charles lamented, "So many young second-generation Korean Americans are leaving the church and abandoning the faith of their parents."

During his search for the caring church, Charles visited many Korean immigrant churches that have "English ministries." He found out the reasons why more and more of the younger generation is leaving the church. Charles found the key problem of "English ministries" was that they merely adopted the English language. He reported that the first-generation churches started with the shallow understanding that English ministry meant ministering to the second generation the same way they minister to the first generation, but just switching to the English language. It is similar to a Korean missionary going to Africa and ministering to the Africans in their language but applying the "Korean style" of ministry—and wondering why the people do not respond to God's message.

The immigrant church's leadership transition from the first generation to the 1.5 generation has begun. It is encouraging that the intergenerational church, like Charles', is now prevalent and flourishing. It took attending ten churches in his thirty-nine years to find one in which he felt mutuality between the generations and to which he can dedicate the rest of his life.

Charles' church is one where 1.5 and second—generations are understood and cared for. He is also of the 1.5 generation, completely bilingual and bicultural.

Differences Respected

Yes, we are different and our needs are unique, despite our Korean heritage. My church understands this and touches our lives in a way that a first—generation ministry (even with their "English ministry") has never done. It is a church where we have *mutual respect* for one another. Many Korean churches still see the English ministry as an immature form of ministry. A church I attended in the past made sure I attended the Korean worship because the English worship wasn't given complete sanction. I pray that I can serve my church as long as I live and see my children being grounded in faith.

Mutual respect is preached numerous times from the pulpit and yet never practiced. Charles finally experienced intergenerational dialogue and cooperation, not just rhetoric, but reality, in Church Z. The first—generation leadership in Church Z is noble because they invited a 1.5 bilingual, bicultural leader to be their pastor. They are behind Pastor Chung and intentionally invest their time and energy for intergenerational harmony and reaching out to the younger generation. Once people move into action beyond rhetoric, then it is possible to have a healthy intergenerational church. In this church an English—speaking congregation is legitimate. Their worship and leadership count as much as the first generation's. It took ten years of waiting for Charles to find such a church, until bilingual and bicultural leadership began emerging.

Still, many second–generation immigrants experience what Charles left behind. Jarring differences in the way both generations understand worship and faith clash every Sunday morning at home and at church.

What Can the Church Do
as a Community to Minister to Immigrant Families?

It is the church's role to teach unconditional love. The church isn't here to judge but to help the sick. Christ taught us that cultural rules are not what God is bound by. God is full of love and understanding that no one can fathom. The church can try to understand their body, young and old, and bridge the gap between them.

In the Korean church there are Korean members and there are Korean–American members. The "Korean" style of relating is not going to work with the second generation. I think the church needs to hear and observe how the second generation is asking for love. There needs to be an understanding that different people will respond to different things. Being a child of God means constant change, creativity, and being moldable to the Lord's change.

Although providing a place for ethnic cohesion is an important function of the church, the 1.5 and second generations express a need for more than an ethnic enclave or cultural haven. Young adults want the church to provide spiritual nurturing in a way that they can understand and be understood. Beyond ethnicity, both the first and second generations need to come and quench their spiritual thirst. Jesus said, "If anyone is thirsty, let him come to me and drink. Whoever believes in me, as the Scripture has said, streams of living water will flow from within him" (John 7:37–38 NRSV).

Helpful Steps:
The Church as the Body of Christ
(1 Corinthians 12:12-27)

For the sake of the health of the body, all of its parts need to be well attended. Both Jesus and the Apostle Paul used this body analogy to describe Christian identity and unity. On the evening of the Passover, Jesus offered his body as a lamb: "Take it; this is my body . . . This is my blood of the covenant, which is poured out for many" (Mark 14:22, 24 NRSV). Jesus laid down himself for us to be whole.

Reflection Questions

1. According to Paul, what action is necessary to make all the different parts of the body whole?
2. What parts of the whole are ignored or neglected in your church?
3. What steps are needed to bring the neglected parts of your church body together?

Application: Becoming the Body of Christ
(Parents and Youth Night)

Rarely in the church do both generations come together and interact. The following ritual is helpful to bring both generations together to relate.

Part I: Dinner

Have the second generation prepare a special dinner for the first generation during the Mother's Day week. Decorate the room beautifully. Usher parents to the seats. Serve them. Many mothers have trouble being served because their role is switched. Make sure that they do not run into the kitchen.

111

Have a youth, not an adult, pray for the meal. Then play soft praise music in the background during the dinner.

After dinner, have assigned clean—up crews to bus the dishes. Again, resist the mothers' unconscious helping mode.

Part II: Parents—Youth Game

Instruction: Begin singing and transition into the Parents—Youth Game adapted from the Newlywed Game. Prepare two sets of six questions for both parents and youth. Write them out on construction paper with colorful markers. The questions should begin with light questions and move to deeper issues over which both youth and parents clash. The categories should be Mother/Daughter, Father/Son, Mother/Son, Father/Daughter. The overall game is between children and parents. When the question is given, the parents and children simultaneously lift up their answers, which they have written on construction paper. Reward the family with good intergenerational communication and encourage the family in need of more communication. Have the youth brainstorm in writing the questions. They enjoy coming up with questions.

Sample questions to parents:
1. What is your son's/daughter's favorite food?
2. What is your son's/daughter's favorite music group?
3. Who is your son's/daughter's best friend?
4. What college does your son/daughter want to go to?
5. What does he/she want to major in?
6. Who is your son's/daughter's hero?

Sample questions to youth about the mother:
1. What is your mother's favorite perfume?
2. What is your mother's favorite color?
3. Who is your mother's favorite character in the Bible?
4. Where did she first meet your father?
5. What was her favorite subject when she was in junior high?
6. What is your mother's hobby?

Sample questions to youth about the father:
1. What is your father's favorite food?
2. What is his favorite music?
3. What is his favorite book of the Bible?
4. Who was his role model growing up?
5. When was the last time your father took you out for a meal?
6. What is your father's favorite sport?

During the game, everyone gains insights and has fun at the same time. Parents are able to see the different ways other families deal with family issues. For example, around children's college choice and major, serious conflict may arise. Dealing with such conflict with humor in community breaks the ice and offers nonthreatening learning opportunities.

Chapter 5

Leadership:
From Rotation to Transformation

A leader is someone with the power to project either shadow or light onto some part of the world and onto the lives of the people who dwell there. A leader shapes the ethos in which others must live, an ethos as light—filled as heaven or as shadowy as hell. A good leader is intensely aware of the interplay of inner shadow and light, lest the act of leadership do more harm than good.

—Parker J. Palmer[8]

Like dysfunctional families, many churches repeat dysfunctional patterns—even patterns that destroy them. Rather than learn from previous mistakes and make changes, churches and families repeat familiar habits and then wonder why life in the body of Christ does not improve. This chapter addresses key issues on leadership that serve either to enhance life together or to wound the people of God. Some typical leadership dynamics will be addressed so that church leaders may see weaknesses as potential strengths. Healing cannot take place in a community without leaders who are equipped, humble learners. I will also document a ministry that effectively reaches wandering Korean American youth who are outside of the church.

---

8. Parker J. Palmer, *Let Your Life Speak: Listening for the Voice of Vocation* (San Francisco: Jossey—Bass Inc, 2000) 78.

Authoritarian Leadership

Church A's ethos is extremely otherworldly. It stresses the return of Christ and the denial of the present. The world is seen as an evil place to be shunned. Therefore, Pastor Oh, the senior pastor, preaches on vertical commitment and obedience to God more than on horizontal love. There is no room in Church A for understanding the cultural realities in which immigrants live. Pastor Oh emphasizes piety and uniformity. Any diversion from the uniform rules is considered sacrilegious. Ironically, amid a strong denial of this world, materialism is visually displayed as a symbol of power. Those who have money are acknowledged by being appointed to various leadership positions.

Three Pillars of the Korean Church

Coercive leaders view critical thinkers as threats to their power, and they do their best to isolate them. The following case illustrates how critical thinking is discouraged. One of the lay leaders in Church A, Mr. Kim, articulates the problem of the Korean churches under the rubric of the "three pillars of the Korean Church." According to Kim, these are (1) numbers, (2) building, and (3) money. He laments, "During the Japanese occupation, the Japanese kept Koreans ignorant. That was how they made Koreans obey. Korean church leaders are doing the same thing." The three pillars unfortunately represent many immigrant church realities.

Hunger for an Authentic Spiritual Message

Disagreement with the leadership is discouraged from the pulpit in the name of unity, a code word for uniformity. Since the needs of the congregation are not the focus, people who want to apply faith to their issues often suffer from a huge gulf between truth and reality in congregational life. Many of them fill their spiritual thirst through Christian television, radio preaching, and famous Korean preachers' tapes brought from Korea. Several women in the church exchange sermon tapes in secret for fear of being blacklisted by the leaders in the church.

In light of Parker Palmers warning, many first-generation immigrant pastors project shadows rather than light. Their own woundedness is projected from the pulpit onto the congregation. There is a fine line between representing God's words and playing God. That boundary can be easily blurred. Spiritually hungry and physically tired people who work more than fifty hours a week want to be refreshed and renewed so that they may start the new week in a fresh way. However, as one of the women in the church said, "I am more exhausted on Sunday than weekdays at my work."

Loyalty Burn Out

Often a small number of very devoted people tend to serve all the church functions no matter how large the size of the congregation may be. These committed members are constantly at work, but they receive little nurturing from the church. Wendy, a bilingual young adult, has devoted her time and energy to church work for five years and she is burned out.

She teaches Korean language class on Saturday, and a class in English for youth on Sunday. She is a president of the young adult group. Her Korean loyalty keeps her serving the church even though she is exhausted. The church bureaucracy constantly puts brakes on her American progressive and innovative sides. Every detail has to be approved by the pastors and leadership team. When the young adult leaders were preparing for an interchurch-sponsored young adult rally they had to go through an elaborate approval process and paperwork for every decision. The four other sponsoring churches did not. In Wendy's words, "I was totally paranoid about every little thing when I planned with the other church officers, and they stared at me."

Wendy was most frustrated in serving Church A by excessive bureaucracy based on overprotection. Wendy, a 1.5 generation immigrant, is susceptible to the Korean core value of loyalty. Wendy unconsciously responds to the hierarchy with loyalty. On the other hand, her American side questions her blind loyalty and splits Wendy within. Her loyalty works as a brake, stopping Wendy every time she tries to listen to her creative side, which wants to accelerate. In fact, she tried to escape all her frustration by working increasingly harder at the church, only to become spiritually burned out. Five years of an internal, cultural tug-of- war within Wendy and within the church exhausted all her energy. What keeps Wendy faithful in Church A? Wendy's strong sense of belonging-ness, loyalty, and *jeong* (emotional attachment) give her a love-hate relationship with Church A.

A Surrogate Preacher

Preaching symbolizes power and hierarchy in Church A. An English-speaking service for the second generation has existed for less than five years. It is only for junior and senior high students. The only difference between the adult service and the English service is the language. A frustrated youth pastor shared his struggle about not being able to write his own sermon for the youth.

The form of the youth worship is exactly the same as the adult's. We have to use the same Bible verses, the same hymns, and the same sermon, but translated in English. The public prayer has to be done by the elder who comes in for that program and leaves. I am not allowed to write a sermon myself for the youth group. Pastor Oh hands his sermon to me on Sunday morning to be translated into English and to be delivered that same morning. Ironically, I am blamed when the messages are poor. However, it is Pastor Oh who wrote it. Pastor Oh responded to the criticism by telling the session members to find someone with good English who could translate his sermon simultaneously so that those who do not understand Korean can join the main service and listen to his sermons in English.

Pastor Oh believes that he is training the youth pastor by having him translate his sermon rather than allowing him to write his own sermon. Through the hierarchical and theocratic lens, this makes total sense. On the other hand, for the younger generation leader who ministers to the second generation it poses a serious dilemma between obedience and ministerial integrity. The youth pastor knows the world of the youth and yet must be a mouthpiece of the senior pastor, whose sermon is written for the first generation. The first generation world is superimposed onto the youth, demanding obedience, as experienced in the family dynamic.

Furthermore, the classic case of blaming the victim plays out in this leadership style. Reluctant to face his own dark side, the pastor projects it onto either his staff or his congregation. By exemplifying the pattern of controlling and blaming, the mood of the church becomes increasingly stagnant. Afraid of looking within, such leaders keep their schedules full and run around locally and globally. They feel fulfilled when their schedules are full. Despite good intentions and passion for world missions, pastors may be escaping their real homework by making their already busy schedule busier through worldwide travel.

When the pastor postpones the inner journey due to a heavier outward journey, the church becomes chaotic and often must face a mass exit of people or a church split. Pastoral leadership of this kind breaks apart the body of Christ and the extended family. Coercive power accompanies plenty of resistance and only lasts while the power is strong. Robert K. Greenleaf prophetically warns, "The trouble with coercive power is that it only strengthens resistance. And, if successful, its controlling effect lasts only as long as the force is strong."[9]

Pastor Oh's leadership style initially focused on the immigrant community's needs by reaching out to the needy and by picking up new immigrants at the airport. He visited people in need and comforted them. However, once the size of the congregation increased to more than 300 members, the leadership style shifted from servant style to autocratic executive style.

Pastor as Mediator for God

One of the most common functions of the Korean pastor is that of mediator for God. In accordance with the Korean hierarchical worldview, the congregation believes that their business will succeed if the senior pastor comes and blesses their

9. Robert K. Greenleaf, *Servant Leadership: a journey into the Nature of Legitimate Power and Greatness,* (New York: Paulist Press, 1977) 42.

grand opening. Such pastors utilize this folklore, declaring that they are the presidents of all businesses in the congregation and that they will visit and bless each business. The associate pastor buys into this perspective and openly preaches, "If anyone serves God, God gives that person three blessings—first, a material blessing, second, blessing of children, and third, long life." While pastors assert their power as mediators for God, many sitting in the pews who are suffering financially or physically feel their burden get heavier rather than lighter.

The Asian authoritarian leadership style robs the spiritual well-being of the people, whom God entrusted to good care. It demands loyalty derived from paternalistic authority, which does not tolerate the slightest sign of critique. There is mutual dependency in the continuation of such leadership for more than two decades. The congregation, even though it resists, lacks energy and a locus of power. Feeling disempowered, it lacks courage, as in the case of dysfunctional family dynamics. In fact, many families entertain the thought of exiting from such churches. However, they fear that they may not find a better church.

The autocratic leadership style tends to persist in the immigrant context, causing the community to become exclusive and reactionary against mainstream society. This is exhibited when the first-generation leader makes the youth pastor translate the sermon and deliver it in English to the youth group. The only access to the mainstream culture for many first-generation Korean pastors is the English-speaking group in the church. By controlling them they feel that they have more control over the society at large.

Passing the Torch

As the first–generation leaders reach retirement age, they seem to cling to their position more tightly. This very issue has become a social issue in Korea because more and more megachurch founding pastors pass their torches onto their sons. The founding pastors demonstrate a strong sense of ownership of the church to which they have devoted their entire life. Understandably, they have difficulties passing the torch to someone else who will inherit their hard labor. When a pastor nears retirement, several good candidates groomed to replace the pastor come and go. Each time this occurs, the congregation feels a tremendous sense of loss.

While there seems to be merit in devoting all of the energy to ministry, it also creates a huge vacuum in the retiring pastor, whose whole identity has revolved around work and ministry. The pastor cannot adjust to the thought of leaving this position of leadership; his life loses its source of meaning without followers.

Follower Mentality

Under the strong hierarchical leadership, members of the congregation turn into passive pew sitters, resistant followers, and placaters. Among the placaters, some offer the leader what he wants in order to gain power by access in the church. Among resistant followers some use negative emotions such as public displays of anger and successfully place themselves at the center of attention. Similar to the Israelites in the wilderness, church members may be willful, reluctant, reactionary, grumbling, or passive, and they feel lost when they actually face decentralized leadership. The chain of control is so tight that the followers are accustomed to grumbling and complaining without expecting changes. Complaining becomes a cog within the dysfunctional system.

Laissez-Faire Leadership

Unlike Church A, Church B's leadership is passive and laissez-faire. Pastor Doh, who obtained his theological training in America, is fluent in English and thus more assimilated to American culture than most of the church members. The congregation of Church B is steeped in Korean hierarchy, and they do not like Doh's leadership style.

Pastor Doh tries to encourage lay leadership and seeks a democratic style in the decision-making process. He encourages ideas and projects that are initiated by the people and brought to him. This is perceived by the congregation as laissez-faire rather than supervisory or dictatorial leadership. He sees the importance of people's sense of ownership of the church by giving minimum direction and providing maximum freedom for group decisions. This is a departure from the typical hierarchical Korean style leadership. He wants to get things done from the bottom to the top while the congregation wants the reverse. Doh strongly believes that people would be more enthusiastic about activities that originate from themselves, not from him. He wants the committees to have total autonomy and expects them to give him the reports with their own initiative. He generally does not intervene in the process.

The congregation wants a superstar pastor they can follow, but they have a de-centralized leader who delegates. They feel a need to follow. But when they have a dictator-like leader as the pastor, then they desire a democratic leader. Moving from dictatorial to democratic leadership styles is difficult. The leader has to know and understand what stage the majority of the congregation is in. The following camp example depicts a lack of equipping the leaders.

Delegating Without Equipping

The annual church camp preparation was assigned to a layperson, Deacon Song. Although Song is a deacon, he had no experience in leading about sixty people on a camping trip. Pastor Doh was supposed to lead several worship services because it was a three-day campout. Pastor Doh never checked on any of the plans made by Song. Doh, after arriving at the campsite, found out that Song did not even come up with a schedule. The whole camp was disorganized and chaotic. Since younger women were in charge of food, the older women complained about the lack of food and the way the food was prepared.

When Pastor Doh tried to encourage a sharing time immediately after his message, one very impatient lay leader interrupted and said, "Let's finish the worship service first." Two new visiting families commented that they had never experienced anything like this.

In response to the complaints, Pastor Doh became critical of layleaders, including Deacon Song, even though he had not given him any guidance or supervision. The attitude of the laity was that Pastor Doh was ultimately responsible for the failure of the camp meeting. If the camp meeting had been successful, Pastor Doh's leadership would have been recognized. Delegation without closer guidance and supervision becomes disastrous, as in the case of the camp meeting. The test of good leadership depends on how the leader deals with unexpected chaos.

Lack of Homework

During a preparation meeting for a special renewal week, Pastor Doh decided on a theme for the upcoming meetings.

123

However, one of the lay leaders did not like the theme Doh came up with. Doh opened it up to the floor for brainstorming. He did not give any introductory ideas for deciding the theme. He was asking people to raise their hands for theme ideas on the spot. This irritated one person, who stood up and said, "You'd better decide the theme in prayer at the staff meeting."

Pastor Doh, clueless about the underlying expectations of the congregation, was hurt by the church member's sudden public attack. He thought he was being democratic in opening up for brainstorming. However, the congregation expected the pastor as the leader to take responsibility and to prayerfully consider what the sheep needed and offer guidelines prior to opening up to the floor. Theocracy was Pastor Oh's leadership manifesto while Pastor Doh relied on democracy. When the congregation is under theocratic dictatorship, they want democratic leadership. When they have democratic leadership, they miss theocracy. Most Korean immigrants long for a balance of both leadership styles. Diversifying the leadership style without turning to either extreme is much needed.

Church B is composed mainly of extended families with kinship ties, making the single family feel out of place. Extended families bring their conflicts into church. Most of these revolve around monetary issues, such as lending and borrowing from each other. As in tribal villages, there is no clear separation between work, church, and private lives. This at times pushes emotional buttons during the church meetings. Easily the most visible figure, the pastor becomes the target of the emotional roller coaster of the church members, who are under enormous financial and cultural stress. This is why immigrant church pastors need to work on their inner lives, lest they become trapped between the two poles of victimizing or being victimized. This unhealthy polemic between the leadership and congregation is eventually costly and may even split in the body of Christ.

When the Church Divides

Church D was formed by members who left the original church because the founding pastor refused to retire. The majority of the leadership team, along with associate pastor Yoo, left the church. Most young adults who grew up in the original church also left and joined Church D. Friendships were broken between those who remained and those who exited to Church D.

After five years, the same leadership team, which left the original church due to its autocratic leadership style, still operates under that style. Only the building where members worship changed. Rotating what they are familiar with from the original church, the congregation experiences the same intergenerational conflicts, only now a younger pastor takes up the autocratic role in Church D. Pastor Yoo operates by the same leadership style, and so does the leadership team, because it worked right up until the pastor's retirement in the original church. Now, several young adult families have started to leave Church D, although their parents are committed to keeping its business as usual. Church D struggles with the same church dynamics and issues that caused it to split from its original church.

A Model for Church Splitting

While church splitting is a very stressful and painful process, one particular Asian American church models it modestly. Two pastors, after a decade of team leadership, grew apart theologically. However, the way the two leaders modeled the process of separation of the extended family, the body of Christ, is very impressive.

The two leaders of Church E wanted to do their best to minimize the pain of many family members in their church when the senior pastor and associate pastor went their separate ways. Numerous consultations, meetings, and prayers took place during the time of transition. One last hurdle was to decide which congregation would be staying and which would be leaving the church building in which they invested time and resources, and in which they held fond memories. The senior pastor, after a long delay, suggested to the associate pastor that they cast lots in deciding who would stay in the church building. The associate, who was more innovative and had younger followers but less financial security, ended up winning the draw and stayed. The senior pastor had to leave his church building behind.

Both leaders, born in America, balanced American and Asian cultures and sought the best of what each culture could offer. The congregation was made up of second, third, even fourth and fifth generation Asian Americans. Many family units made up Church E, from the older generation to the younger generation. The senior pastor demonstrated a very wise leadership move in the way he decided to cast lots. This way neither of them could be the target of criticism or gossip. The two of them continued their relationship as they went their separate ways because they parted on good terms. Both congregations now have thriving ministries in the Los Angeles region.

Authentic leadership is rare in an age where a leadership crisis is visible everywhere. Although technology speeds up communication, intergenerational communication and reconciliation cannot take place unless parents and pastors are equipped to be open minded enough to embrace the new and the young. There have been numerous empty promises and rhetoric, but few people have walked their talk effectively. Korean American churches ought to embrace the immediate mission of reconciling first and second generations, because the individual family unit under the stress cannot carry out such work.

A Model for Effective Youth Ministry

One of the most important missions of Korean immigrant churches is to equip leaders who build bridges across generations and cultures. In the Los Angeles area there are more and more creative ministries outside of the church. Pastor Kim started out ministering to gang members, runaways, and high school dropouts. Without the boundaries of denomination and local churches, Kim saw the needs to minister to the misfits and the rejected. Kim's philosophy and approach to counsel young people is important to address here because it offers a model for bridging cultural, emotional, and spiritual needs of the Korean immigrant community. Kim shared.

When I served as a Los Angeles County juvenile counselor for five years, I met many Korean American youth who could have been easily restored from being placed in a county juvenile center. I started alone. I chose not to be affiliated with a denomination because their exclusive backgrounds and political dynamics only hinder the ministry. Since pastors have lost their credibility among Korean Americans, recovering the credibility from the people as a pastor took me five years. What would a pastor do? Many people are disappointed by the conventional church's approach to broken people: "Get anointed with Holy Spirit. Receive prayers, and serve the church."

The reference to a lack of a pastor's credibility indicates a serious leadership crisis within the Korean American church. Although there are a great number of churches and pastors, unfortunately there are very few exemplary churches and leaders. According to Kim, Korean American youth who join gangs do so out of a lack of belonging. In their uprootedness, joining a gang becomes a crucial social survival skill and a crucial rite of passage. It fills their emotional vacuum and meets their social needs.

Kim also points out that the Korean parents' overprotection slows down the mental maturation, even though physical development advances. Mental maturation lags behind physical development by two years. Part of the effectiveness of his ministry is that people visit his center as a last resort after seeing pastors and counselors in vain, without much expectation. Therefore, they do not have any expectations from Kim. He takes them by surprise. Kim lays out his approach to the troubled youth.

The Approach to Counseling
1. Meeting with clients without any presupposition, no matter what their backgrounds may be.
2. Building trust by meeting regularly. Once trust is built, more than ninety percent of the problems are solved when youth come from typical Korean immigrant families.

3. Providing table fellowship and assurance.
4. Encouraging them and rebuilding their broken
   self-confidence.
5. Calling them on the telephone regularly.

Kim deals with self-conscious youth who are bound by labels by accepting each one without any bias. The troubled youths are refreshed by this genuine human-to-human encounter. Kim's educational center now deals with 1,500 cases annually and is expanding its support network. More than 100 dropout students attend the educational center and gain confidence to pursue their dreams. There is also a parenting educational process facilitated by parents who share their testimonies and experiences.

Helpful Steps:
Leadership in Crisis, Rotate or Transform?

> *If we do not allow ourselves to face and feel pain, we run the risk of entombing ourselves in a plastic bubble where our lies about life shrink our hearts and limit our vision . . . Without our tears, we have no hope of healing because we do not begin to confront the anguish . . . If we do not weep on the personal level, we shall never understand humanity around us. If we do not weep on the public level, we are less than human ourselves.*
>
> *—Joan Chittister*[10]

In the Hebrew Bible we can find two noticeable cases in

---

10. Joan Chittister, *There is a Season*, (Maryknoll, New York: Orbis Books, 1995) 89-90.

which leaders slipped into their dark sides. One is King Saul and the other is King David. Saul was confronted by the prophet Samuel and David by the prophet Nathan. However, the ways in which each prophet confronted the king and the ways in which the two kings responded contrast sharply. The former was unable to weep and the latter wept seriously.

Reflection Questions:
Learning from Saul's Case (1 Samuel 15:12-35)

1. In 15:12 what does Saul do?
2. How does Saul deal with the evidence (the bleating of sheep and lowing of cattle) of his partial obedience to God (15:14−15)?
3. What does 15:17 reveal about Saul's dark side?
4. What was Saul's reply to Samuel's confrontation in 15:19−21?
5. What is Saul's bondage in 15:24?
6. Why does Saul rush Samuel for forgiveness in 15:25?
7. What is the downfall of begging for an instant forgiveness?

Reflection Questions:
Learning from David's Case (2 Samuel 12:1-15)

1. How does David respond to Nathan's story in 12:5−6?
2. How is Nathan's confrontation different from Samuel's?
3. How does David respond to Nathan's straightforward confrontation in 12:13?
4. Why does David suffer an instant consequence of his sin after he was assured of God's forgiveness in 12:13−18?
5. How does David handle his pain in 12:16−17?
6. Why is there a difference between David and his servants in facing the death of his child in 12:18−23?

7. Contrast David with Saul in the way they deal with their dark sides.

Application:
'Do Not' Leadership Principles from Saul and David

1. Do not seek approval of followers but love them.
2. Fear not confrontation.
3. Do not deny the truth when it is spoken.
4. Do not scapegoat the powerless.
5. Do not use God to cover up your mistakes.
6. Do not rely on your self.
7. Do not seek approval from your congregation.

'Do' Leadership Principles: Learning from King David

1. Accept confrontation even if it brings shame.
2. Weep over your own injustice.
3. Confess your sins to God.
4. Retreat to God from work.
5. Take time to search your soul and heart.
6. Learn from your mistakes and failures as a human being.
7. Separate your identity from your leadership position and role.
8. Connect with God's grace within you.

Chapter 6

Family and Church
as Healing Communities:
The Inside-Out Church (John 4)

Good leadership comes from people who have penetrated their own inner darkness and arrived at the place where we are at one with one another, people who can lead the rest of us to a place of "hidden wholeness" because they have been there and know the way.

—*Parker J. Palmer*[11]

So far we have listened to the voices of first, 1.5, and second generations that are engaged in a cultural tug-of-war in their homes and churches. The first four chapters of this book were filled with stories of pain and success, breaking out of silence, struggling parents, emotionally abandoned children. Old-timers, newcomers, well adjusted and maladjusted people in the new land paint a unique segment of American life in Los Angeles. What stands out most is the turbulence among generations attempting to make sense of intimate and yet distant, delicate and yet resilient relationships within families and churches. Feeling empty at home, immigrant parents and their offspring remain intimate strangers, loaded down with unfathomable expectations toward one another. The tug-of-war

---

11. Parker Palmer, *Let Your Life Speak: Listening for the Voice of Vocation* (San Francisco: Jossey-Bass Inc., 2000) 80-81.

at home repels young people away from their families and into their peer groups. Parents, feeling powerless, react to their children, only to receive a counter-reaction from their children. Those most capable of critiquing their parents, their own adolescent children, lack no data to dismiss their parents' misunderstandings either overtly or covertly.

In this chapter, I will explore some steps to empower wounded parents so that they may be equipped to listen to their own pain and thus to their children's. The helpful steps section found at the end of each chapter will be elaborated further in this chapter.

We will begin with the concept of dialogue. Too often, the term has been cheapened or used as a cop-out to avoid authentic transformation. To be able to come to the dialogue stage, one has to invest time and energy in inner work. Encountering the stranger within is a prerequisite for an authentic dialogue.

Inner Dialogue, a Precondition for Inter-dialogue

In the Gospel of John, chapter 4, Jesus progressively models authentic dialogue, which transcends various barriers. Jesus finds a way to connect with a vulnerable woman by treating her as his host, rather than his guest. This text has bearing upon immigrants who live forever as guests within mainstream society. Jesus treats the downtrodden woman as an equal in God's sight. He seeks help from the woman, who feels as though she is utterly other even among her own people. It is the internalized sense of powerlessness that wounds the self and others.

Because we live in an extremely externally defined and driven world, such meaningful dialogue is rare. Life in the fast lane thrusts anyone off the track of the very inner centeredness needed to maintain sanity. Following are some ways that Korean immigrants and the immigrant church can bind the wounds and comfort the brokenhearted.

Vulnerability As Strength

Although some may argue about the gulf of time, space, and culture between the text and today's context, some fundamental principles of Jesus become a meta−narrative that applies to all humanity, beyond time and space. No one can deny, as explicated in this book, that we live in a broken world full of wounded people. Technological advancement cannot replace the power of the loving human touch exemplified by Jesus.

Diverging from the cultural standard, Jesus encounters a vulnerable woman through his own vulnerability. As he sat down by the well, the Samaritan woman came to draw water in the heat of the day, expecting no one else to be around. From a position of weakness, without a bucket, Jesus approaches the woman and asks, "Will you give me a drink?" (John 4:6−7).

Jesus does not strike up a conversation with a formal greeting or a discussion about the weather. He immediately treats her as someone who could help to quench his thirst. After all, she came to draw water. However, this simple act of asking for a drink is significantly multifaceted and transcends human prejudices. By asking a favor from a Samaritan woman, Jesus redefines who she truly is and can be. He repositions her from her disposition.

For the woman at the well to be treated as a host is a reversal of roles. The woman's response reveals the unconventional nature of Jesus. In total shock, she reverts the question back to Jesus, "How can you ask me for a drink?" (4:9). Her question discloses both shock and anxiety. Too frequently, empowerment is imposed from the top to the bottom, which merely perpetuates a vicious circle of injustice.

Jesus' curriculum, however, is both open and contextual. His teaching, therefore, takes place in the synagogues, fields, homes, and even at the well when he is exhausted and in need of a drink. It is not might that thaws the icy walls of gender, race, class, and religion. It is through vulnerability, which an externally driven culture defines as weakness, that Jesus bridges the most difficult ideological gaps.

Tired and thirsty Korean immigrant parents can identify with the tired Jesus and learn from him. We can discover vulnerability as a source of power. Just as Jesus positions himself as a guest and becomes a liberator, immigrant parents as guests in the mainstream culture can reposition themselves as liberators. By redefining their powerlessness, in contrast to the conventional values, parents can discover a source of power to journey inward. One of the most important mental shifts Korean immigrant parents need to make is to recognize that our own barriers, whether external or internal, can be our very sources of empowerment. Turning the empty wheel of the vicious cycle only aggravates the dysfunctionality of family and church. The first generation must own their power to re-educate themselves and their offspring.

It is crucial that immigrants accept immigrant life as an ongoing pilgrim's journey rather than seeking to be a host to overcompensate their marginal status. The conventional top-down perspective in life will continue to sap the very spirituality that sustains life. But living a life from inside out will cause a new fountain of spirituality to spring up from within.

Like the Samaritan woman, our children may be shocked and raise questions when we jump out of our conventional box and show them our vulnerability. Amid the shock comes the opening of hearts. With open hearts the power of human dialogue begins. An authentic encounter between the two parties unmasks the intimate strangers within ourselves and also within others. When our young people scream, "Our parents don't want to understand us; they do not even know who we are," they are crying out for dialogue that enhances mutual understanding. They are not crying out for a one-way, dead-end-street admonition. They want to make sense of their world by connecting with the first generation, even though they appear to hang out only among themselves. They need both worlds to understand who they are and where they came from so that they may know where they are heading—even when reacting strongly against Korean culture. That strong negative energy is also a sign of a flame, which, if gently guided by the wisdom of the loving adult, can transform the whole city, as the Samaritan woman turned her village upside down after her encounter with Jesus.

Conversation is futile when the two parties shut the doors of their hearts and try to communicate. Why do we have to repeat that which has only been proven to do harm? Why do we have to obsess about controlling in the name of love and care when it continues to backfire? What do we fear? With some trial and error, Jesus unmasks the woman's fear and pain and gently guides her toward a journey inward beyond the external world of prejudices. It is this conscious and unconscious fear that entraps God-given potentials.

Unmasking of Fear and Pain

Once Jesus progressed in the dialogue to the point where the woman began to see herself as a subject, he moves the woman to a journey inward. At this time it is she, not Jesus, who asks for the water. "Sir, give me this water so that I won't get thirsty and have to keep coming here to draw water," she asks (4:15 NRSV). The beauty of the dance of dialogue in the story strikes at this point. What could have been met with serious resistance instead manifests the authenticity of speaking the truth and thus transformation.

Jesus modeled his vulnerability, and now the woman is able to deal with her most vulnerable self. Confronting Jesus with questions instead of a drink, the Samaritan woman's request is also met with deeper challenges. Jesus discloses her soft spots and directs the woman, "Go, call your husband and come back" (4:16 NRSV).

The most important aspect of the woman's liberation process comes from how Jesus deals with the woman's response, "I have no husband" (4:17 NRSV). Rather than confronting her, Jesus affirms her reply, "You are right when you say you have no husband. The fact is, you have had five husbands, and the man you now have is not your husband. What you have just said is quite true" (4:18).

Why does Jesus affirm her twice when he assumes that she already had a husband? Perhaps Jesus is revealing to her that since her present husband is not her husband she needs to move forward. Responding to Jesus' double affirmation, the woman also affirms Jesus as prophetic (4:19). In her most vulnerable moment of self–disclosure, her eyes are open and she begins to connect Jesus with the Messiah (4:25). Her eyes have seen the Messiah. Freed from the bondage of fear, she admits to the truthfulness of Jesus' words. In return, she is finally able to affirm herself, and thus we witness a woman in powerful action—turning the village upside down with the good news.

How can we be set free from our fear? Life led by fear, whether conscious or unconscious, perpetuates worrying, protecting, and controlling. Eventually one has to shut oneself off from social contact as the Samaritan woman did prior to encountering her true self through Jesus dialoguing with her. With a very good reason, many first-generation parent's fear over their children's social world and their need to control disrupts their developmental cycle. By shutting down their hearts, parents do not have any access to their children's world and feel all the more out of control.

Here are some steps parents can utilize to be liberated from the old wine, which only tears new wineskins.

Pain as a Teacher
1. Face fear and it will guide you like a teacher.

True spirituality sends us down a road toward truth—wherever that may lead. In the words of Parker Palmer, "It will understand that fear, not ignorance, is the enemy of learning, and that fear is what gives ignorance its power. It will try to root out our fear of having our ignorance exposed and our orthodoxies challenged. . ."[12] Fear of the unknown is distorted and exaggerated. The exaggerated feeling of fear paralyzes livelihood of oneself and surrounding people. Fear drives people into denial. The power of denial deadens the living person by paralyzing the God-given resurrecting power of encounter. A startling irony today is that the very encounter people hunger for is beyond their reach.

---

12. Parker Palmer, *To Know as we are Known: Education as a Spiritual Journey* (San Francisco: Harper San Francisco, 1993) xi.

2. Be friends with your fear.

Otherwise it grows beyond our reach. Not by worrying or protecting, but by befriending fear, one begins a journey of liberation. As you begin attending to your fear you will find a stranded friend within you. As you embrace that abandoned friend in you, you will be able to listen to the cries of the emotionally abandoned second generation. As the first generation is willing to chip away the rusty pain inside, the sharp pain of healing will be the connecting point with the second generation. The pain of healing is life generating, while the cost of escaping is life degenerating; it demolishes life. As the forbidden woman is awakened and becomes a messenger of the good news, the first and second generation can embrace the differences.

3. Do not jump into a fixing mode.

Life is an ongoing process. One of the futile attitudes of parents and leaders in the church is to fix the second generation. The quick-fix mode impairs any possibility for dialogue because it turns the second generation into an object rather than a subject. The powerful transforming moment of the Samaritan woman occurred when Jesus treated her as a subject. He interacted with her as one created in God's image. Fixing turns a potential dialogue into a monologue, and causes the listener to become an object while the subject does the one-way street release. A basic assumption on which Freire operates is that a person's ontological vocation should be a subject who takes action and transforms the subject's own world, and in the process "moves towards ever new possibilities of a fuller and richer life individually and collectively."[13]

---

13. Panlo Freire, *Pedagogy of The Oppossed*, (New York: The Seabury press, 1970) 13-14.

4. Experience the power of dialogical encounter.

The Samaritan woman becomes liberated from object of oppression to subject through a dialogical encounter with Jesus. Jesus says, "Indeed, the water I give him will become in him a spring of water welling up to eternal life" (4:14). Jesus poured out the gift of living water unto her and her spirit was regenerated. She became the full-blown person she was supposed to be. This is what every human being wants and deserves to become. Freire is right in asserting that no matter how a person may have been silenced, the person may be renewed through dialogical encounter.[14]

5. Tune into Your Interior Well.

The entire dialogical encounter portrays a most beautiful dance of reciprocity initiated by Jesus and followed by the woman, poetry in motion reaching the peak of human potential. The exterior theological discourse from a distance is transformed into an interior spiritual encounter. At this moment the woman discovers her true self; she is able to tap into her interior well. The external, utilitarian well becomes a fountain within. The journey toward an amazing transformation begins. She no longer shies away from people but turns the whole village *upside down* as she herself is turned *inside out*. Spirituality no longer functions at the cerebral level but is now embodied.

Dialogical encounter questions even the deep-seated orthodoxy and our sacred cows. For such an engagement to be possible, re-examining and re-membering is required. It demands the plunge into an intimate, transforming process, as demonstrated by the Samaritan woman, who rediscovered

---

14. Ibid., 13.

herself and thus discovered her mission in life. As she came in touch with who she really was apart from the societal definition, she was able to shout the truth, which she experienced with Jesus. No longer did she hide because of shame but instead ventured out into the very community from which she was hiding. An authentic encounter with Jesus liberated the woman from her false script, and as she searched deep within she was able to become a liberator of her neighbors.

6. From Top Down to Inside Out

Be aware of the oppressive top-down life script.

Be aware of the emptiness of living outside in.

Begin to listen to your children.

Tap into your inner well, which is granted by God and readily available.

Listen to God's guidance.

Take action when you feel peace about it.

Inter-Dialogue: Dialogue as Encountering

Jesus affirms and challenges the Samaritan woman and she becomes whole. People today thirst for such an encounter. Jesus models an intimate process of encounter through which a downtrodden woman rediscovers herself through God's given grace. The dialogue breaks through all the taboos of American culture, including race, class, gender, and religion. A woman, alienated due to ideological entrapment, is liberated and recovers her true self. Through loving dialogue Jesus models an intimate encounter with the other, defined by human categories of culture, race, gender, religion, and region.

Allowing him to explore her deep-seated issues, the Samaritan woman continued her discourse with Jesus. In her anxious moment of discourse, she actively uncovers her own deep-seated issues. The more the woman engages in the dialogue, the closer her encounter with Jesus becomes. Jesus brilliantly thaws the woman's frozen self-perception, which has been shaped by conventional prescriptions. She stepped out of her "insecurely secure" boundaries and thus experienced truth embodied.

The debates on the exterior barriers between Jews and Samaritans, males and females, previous and present prophets, and regionalism, no longer matter. Likewise, all the barriers we named in immigrant homes, churches, schools, and society at large, are not too big to be dismantled. Authentic educational processes such as Jesus demonstrated can also be embraced by the suffering parents, pastors, and congregations, as long as we all let go of the rugged outside-in script. Living instead the inside-out script, we will allow humility, reciprocity, and intimacy to become our strengths. Leaders will stop placing blame and will own responsibility, thus redefining upside-down power. Parents, children, and pastors are in fact all hungry for such dialogical encounter, but this cannot happen until the inner work is done.

Many people today suffer from alienation and lack of intimacy and are fearful of vulnerability. We heard this through the voices of immigrants and their offspring in the previous chapters. The poor in the inner city suffer from lack of money, and the rich in the suburbs suffer from having too much money but not enough human touch in their spacious homes. Each household sets up its own altars on huge television screens. In contrast, both parents and churches need to become prophets at the well.

142

Inside-Out and Upside-Down Leadership as Bridge Building

The road to educational renewal demands a willingness to be remolded like clay in the potter's hands. It demands a turn from mere intellectual rigor and a return to its integration of interior and communal processes. Through soul searching and inner work, a true inter-dialogue becomes possible.

In our broken homes and churches there are many women and men who need to replenish their spiritual wells within with fresh and living water. The prophet Jesus ignited the spirit of a prophet within the woman. Immediately she was moved to act, and she turned her village upside down as she tuned into her life inside and out. Parents, pastors, and congregations need to come together to be equipped as educators and mentors who guide and lead our young from within. Unleashing the bondage to the insatiable quest for expansionism and materialism means thawing a frozen belief system that assassinates the living organism.

A Model Intergenerational Church

Charles has been actively involved in his new church, Church D, for the last three years. Located in a suburb of Los Angeles where the Korean American presence is strong, Church D faced a turning point when their membership was reduced from 400 to 80 three years ago. During their grid-lock situation, the first generation realized that they ought to invest themselves for the future. They invited as their pastor a 1.5 generation man who symbolizes the future. Pastor Chung, young and energetic in his late thirties, brought visible change through a building project finished in his second year. Inspired by Nehemiah's vision, Pastor Chung poured out his energy in the church building project. The church had purchased a lot long ago but could not pull through the building process. Being bilingual and bicultural, the pastor organized the group and did a great deal of footwork himself.

Pastor Chung also announced at the beginning of his ministry, when there were only two families, that he would start an English Congregation. In three years of his leadership, the English congregation grew to 15 families and its number now is equivalent to the first generation congregation. Charles shares the real experience of mutuality between the two congregations.

We now have our voice and decision making power for the English Ministry. In the past at my parents' church, the first generation sent one session member to represent English ministry matters. When that one session member sits during the session, he used to be outnumbered and could not represent the English Ministry to the exclusively first generation session. They would decide personnel matters for the English Ministry without considering our voice. They would select an English Ministry Pastor who would devote to the first generation worship, visitation, early morning service, and wear himself out with no energy left for the English ministry.

In this new Church, the English Congregation hosted a table fellowship for the first generation at one member's house. We had no agenda other than simply getting to know one another and share fellowship and prayer. I have never had such an experience in the past. There are such strengths in our parents, especially their hard work and sacrificial love. Those parental strengths do not carry over to church. But in this church we can appreciate what the first generation has done in

144

sustaining the immigrant church and investing their resources for us. We of the English Congregation express our gratitude and learn their strengths as we sit at the common table.

What Charles experienced in Church D is what all of the second generation desires. I could hear in his voice that wounds from the past frustration with the first generation were being healed. What makes an intergenerational church like Church D possible?

1. Crisis can be an opportunity. In the midst of a dead-end stage, Church D not only dreamed for the future but also followed through on their decision by inviting a 1.5 generation from a different state to be their pastor. This was a major paradigm shift for the first generation. They took the risk during the time of crisis.
2. Instead of repeating the same mistake continuously, Church D learned from its past mistakes and assessed the contextual factors surrounding their church and the larger context.
3. The congregation was healthy enough to discern a good qualified leader. The fact that they chose Pastor Chung for the job is commendable.
4. The first generation allowed Pastor Chung to envision and lay out a ministry plan instead of trying to control him.

A principal factor in church D's success was Pastor Chung's quality of leadership and his ability to act as a bridge builder.

1. He was able to see in what direction Church D needed to head.
2. He was able to inspire the congregation through preaching and teaching, biblically focusing on Nehemiah's vision and plan.

3. He labored hard, and empowered others, in the project of a new church building. The property sitting empty near the university had been a symbol of Church D's leadership vacuum.
4. He built the new church building as a visual symbol of the newness.
5. He proved his leadership to both congregations as the number increased.
6. He gained people's confidence and thus infused confidence in them.

Why are churches like Church D so rare while the search for such a church is so pervasive?

Just as in the case of a dysfunctional family, churches can also recycle dysfunction in the way they make decisions. Rotation, instead of transformation, is often the dominant characteristic. I am so pleased to present Church D, a church that embodies learning and not merely the standard protectiveness of old ways. It models intergenerational bridging through rich table fellowship and dialogical encounter. Mutual respect, reciprocity, affirmation, and togetherness fill the broken vessels that had been torn apart. It is so powerful when two differing generations decide to dialogue and learn about each other. Mutual transformation through building relationships creates close community. Such community contains the following ingredients.

Recipes for Heart—to—Heart Dialogue
Listening without judgment
Affirming differences instead of condemning
Bridging gaps
Mutual transformation
Mission of reconciliation

In summary, this chapter presented guidelines for intergenerational dialogue based on Jesus' dialogical encounter with the Samaritan woman. From an authentic intergenerational church case, mutual respect, understanding, and a deep sense of reconciliation and community are illustrated.

Having served in both church and seminary settings, I have discovered the power of transformational learning when it touches the heart of the people. Yet it only occurs when false beliefs that breed fragmentation and deprivation within institutions are broken down.

A Model for the Church as a Healing Community

If anyone is thirsty, let him come to me and drink. Whoever believes in me, as the Scripture has said, streams of living water will flow from within him. (John 7:37–38 NRSV)

Against our will, because we had already bonded with the youth group in Church G, my husband and I were assigned to Church A. After one month in Church A the top leadership made decisions to persuade us to transfer to Church A. It was a rocky start, as one can imagine, unlike our experience at Church G. Theological incompatibility and cultural differences between the church and us as leaders were huge. We came in with a fixing mentality due to our negative assessment of the church.

Our attitude was conveyed both verbally and nonverbally. We were met with strong resistance, and the ministry turned into conflict mediation between some college students and us.

We served that church for two years and moved onto the

next, Church B. We were determined not to repeat the same mistake. This time we spent our initial energy on learning about Church B and its history. We applied an anthropological approach and a learner's attitude rather than a problem—solver's approach.

The approach worked well in Church B: When we first arrived, the youth group was bored and indifferent. They were spectators going through the motions on Sunday. During the first social gathering, my husband and I and twelve teenagers were in a van heading to a youth's house for a social. Both my husband and I were in shock over the group's silence during the van ride. The group's cultural dynamic was polemic: the American—born second generation who did not speak Korean and four newcomers who were struggling to learn English were mixed together. No wonder they were silent, not knowing how and what to communicate.

Once we reached the youth's home, we played icebreaking games, which they had never done before. The language barrier no longer mattered when everyone participated in the silly games. We carefully chose games that did not require much language, but did require physical exercise. The youths were laughing out loud, screaming, and giggling, which transcended surface demarcations of culture. The group began to relate to one another and started hanging out. The youth group became a safe and fun place for social and spiritual growth. Some of the parents opened up their houses on Sunday afternoons for fellowship.

Friday Night Bible Study

Friday night worship, inductive Bible study, and table fellowship provided special time and space where the needs of the youth and college group were met intimately and holistically. The Bible study connected students' experiences and biblical stories. When the sharing became intense and deep, I closed the Bible because the Bible stories had come to life. One of the dilemmas in leading the Bible study with the second generation is lack of materials. Neither Korean nor English Bible study curriculums seemed to address the second generation's realities. We decided to write our own inductive Bible study questions. We also taught students key principles of exegesis and encouraged them to write Bible study questions. To our joy, these Bible study leaders were very gifted in writing questions that reflected their own life settings. Naturally students who used to show apathy in learning about the Bible became excited as if they discovered a gold mine. The Bible study connected students' experiences and biblical stories. When the sharing became intense and deep, the Bible stories had come to life. For example, one of the high school students, Min Sun, burst into tears while studying the passage on the Samaritan woman. "The way I was treated, I felt like that Samaritan woman today," said Min Sun. "While working at the ice cream parlor this afternoon, a huge guy came in and yelled at me. How come you don't take my order right, huh? I was so scared that I could not say anything."

The rest of the group started sharing their similar experiences with tears and laughter. Naturally we moved into praying for one another until our pain diminished. After our Bible study we took turns cooking and sharing meals together at the church. This ritual of spiritual sharing with nurturing table fellowship every Friday night bonded us closely. We all experienced intimate family life together.

Creative Worship

Another highlight was Christmas and Easter body worship that was choreographed and directed by a high school student, Jackie. Jackie had high energy with amazing creativity. Our worship came to life through body worship and in front of the entire congregation, parents saw how gifted their children were. The advantage of the body worship was its transcending language barrier in inter-generational worship. Parents were able to connect emotionally with the children during the worship in such a way never before experienced.

Experiential Mission

Teenagers are able to handle challenges beyond what their parents can handle. During the overnight inner city mission, it was parents who needed to be persuaded to allow them to participate, not the youth. This particular homeless project in downtown Los Angeles invites church groups to stay overnight at the hotel for homeless people. They slept on the floor in an unfurnished hotel room. In the morning, one by one they paired up and found a homeless person and took the homeless out for breakfast. During the breakfast our students learned to lay down all of their stereotypes that the news media had distilled in them. Many in our group came back came back transformed from their encounter with the homeless. They were surprised that some of the homeless had college degrees and that they could intelligently discuss social and political issues.

As the youth came back inspired, they had many stories to tell to the congregation. I thank God for the first generation Pastor who offered us generous access to the adult worship setting. It was during the monthly intergenerational worship service that the adults could see the spiritual and numerical growth that took place with the second generation.

Spiritual Renewal through Retreats

God works in mysterious ways. One summer the student leaders helped to organize a "dry—eyed" retreat, since students tended to be overly emotional at retreats and returned unchanged. Unfortunately, we had a most boring guest speaker for the retreat, but he had a gift of leading prayer. During the prayer time, our shyest girl started praying so powerfully and prophetically that it felt like straight from heaven. She was so out of character that she shook the place. Then our most narcissistic guy stood up and asked for forgiveness to a newcomer who was on the other side of the room, saying that he had been cruel to him at the retreat. Again, he was completely out of character. Finally, our most suffering person, Janet, whose parents had just joined a sect and who had just broken up with her longtime boy friend, prayed in tears, "I'm not crying because I'm sad, I'm crying because I'm happy." Again, here was someone totally out of character. This was not of human origin, but God's doing. Unlike a scheduled revival, God poured God's grace upon us when we least expected it, during a "dry—eye retreat." The prayer meeting lasted more than two hours and felt like a moment. We laughed and danced and prayed all night. The public repentant prayers led to more repentance and the Spirit of God overwhelmed all of us. The group embraced God's call for mission. The three who were out of character and had boldly prayed became our mission leaders. This again revealed the authentic nature of the revival. The three went to Japan the next summer and came back and inspired the entire church for mission.

Navaho Native American Mission

Since not everyone could go to Japan, we took the youth

group to the Navaho Native American Reservation in Arizona. We chose the Native American context because Korean Americans did not share in the oppression of the Native American. Furthermore, the need at the Reservation was so great.

When we first arrived at the Reservation in Arizona, Native Americans, both young and old, looked puzzled. They had never been visited by people other than Caucasians. Moments later all the children started crawling onto our students backs and developed instant rapport.

Our students led vacation Bible school and cultural exchange took place. Again it was our group who benefited more from the mission experience than what we offered to Navahos. One of the most materialistic persons in our group was talking about his dream car and dream house in the van on the way to the Reservation. On the last day, as we reflected around a campfire, with tears in his eyes, he said, "I never knew that people with nothing could be so happy." Here again was someone out of character, touched by the relationships he built with poor people. He was amazed to see how content Navaho children were despite their bare minimum conditions, often playing in the dirt. Students turned Navaho mission into an annual event and they took full responsibility.

We experienced spiritual renewal and vitality whenever we step out in faith and serve beyond race, class, gender, and religion. The Spirit of God stretched our minds and hearts as we went out on a limb. God's spiritual blessing filled our life together and spiritual vitality spread within our fellowship and beyond our boundaries.

International Mission

It was important as spiritual leaders to continue to stretch the hearts of the people of God. God inspired some students to short term overseas mission. From the medium—size church, mainly composed of lower middle class, sending four students to Japan for two summer short term mission experiences was extraordinary. The four who volunteered wrote a mission fund raising letter. Yet, they were pessimistic about the $10,000 they had to raise during the time after the L. A. Riots when the Korean immigrant community was hit hard with financial loss and emotional grief. Yet, all of them raised more than they needed to go. Again they experienced faith that stretched beyond the ordinary.

As we built a close—knit fellowship among youths that were more like those from Galilee rather than Jerusalem, God's ministry progressed and unfolded. The youth group has now scattered to many different churches and many serve as key leaders. We still get together whenever we can, cherishing the formative years of our lives shared so intimately and meaningfully. From a "theology of hanging out" we became a church family and extended our circle to the inner city homeless, Navaho Native Americans, and Japanese. One of our mission leaders, Janet, transferred to a college in Arizona and studied further on Native American studies. Another, our "shyest" one who had opened our revival through prayer, went back to Japan and lived for four years teaching English and doing ministry. She now serves in a mission organization in the Philippines.

One of the most important principles we had in ministry was to equip leaders and liberate youth from being passive pew sitters to active experiential learners. As we provided them with ample opportunities to exercise their God–given gifts, we experienced becoming a body of Christ.

In summary the following principles were key to the ministry of reconciliation and peace making inside and out.

1. Build a safe place through the ministry of hanging out, table fellowship, ice breakers through games, and sports.
2. Connect the biblical stories intimately with Korean American stories.
3. Dig the Word of God deeply through inductive Bible study.
4. Discern gifts of the students.
5. Equip key leaders to exercise their gifts.
6. Delegate areas of ministry slowly.
7. Plan two annual retreats for spiritual renewal.
8. Send out missionaries both locally and globally.
9. Feed testimonies back to the intergenerational worship.

Conclusion

America has benefited from the influx of immigrants. Its openness to new ideas and new people has brought vitality, advancement, and cutting edge innovations. Closed minds stifle the human spirit and creativity, eventually leading once cutting edge institutions and cultures to the waters of stagnation.

In this book, I have examined how migration impacts the Korean immigrant family and church as institutions. Due to the language barriers of the first generation, Korean immigrants tend to live as a still pond rather than a flowing stream. In the closed-in pond of family and church, many younger generation people, who have one foot in mainstream institutions and the other in family and church, undergo cultural pushes and pulls.

By telling the stories of both generations, this book seeks to identify key issues in order to bridge the huge gulf between generations. I hear the voices of the caring first-generation parent and church leaders whose approach to the second generation backfires and baffles them. Their good intentions are not comprehended by the younger generation, whose realities are different from that of the first generation. I also hear the cries of the second generation, who feel alone in family life because their parents do not fully understand them. Instead of dialogue, family conversations revolve around commands for obedience or feelings of neglect. The second generation wants Korean American churches to give them a voice and to include them in the decision-making process. Yet, they experience typical paternalism in church life and in the family.

Thus this book emphasizes a dialogical encounter modeled in the Gospel narrative of Jesus' encounter with the Samaritan woman. Jesus' modeling of the authentic dialogical process transcends time and space and can be applied regardless of American or Korean culture. Human beings are created to seek meaningful, authentic relatedness.

In a context of rigidity of both family and church, a new openness that Jesus modeled in his interaction with the Samaritan woman will bring the two generations together. Creative ways to bridge and reconcile two generations are shared throughout the chapters with helpful steps. The dark sides of family and church life are shared in order to shine light and bring healing. They enhance our self-understanding in family and church so that we all may own our dark sides rather than project them onto others and thus further wound already wounded people.

Leadership issues have been emphasized so that leaders may reflect upon their roles in first and second generation relations. Since many pastors today suffer from chronic burnout, the leaders' journey within has been stressed. The goal of this book is accomplished if the reader commits to bridge-building leadership in parenting and pastoral roles. The ongoing art of balancing outwardly driven lifestyles with the inward journey of parents, pastors, and the congregation will usher in a new era of peace and healing, which Christ modeled for us.

자녀와 부모의

세대차 좁히기

Cultural
Tug of War

*The
Korean Immigrant Family
and
Church in Transition*

이영지 지음
강금희 옮김

차 례

감사의 말

이 책은 실제 삶에서 일어난 이야기들을 토대로 하여 저작한 것이다. 나를 믿고 마음 깊은 곳에 파묻어 두었던 아픔과 갈등을 털어놓은 귀한 분들에게 말로는 도저히 표현할 수 없는 감사의 마음을 전하고 싶다. 서로 다른 두 세대가 서로 깊이 이해함으로써 치유를 경험케 하고자 하는 목적 때문에 자신들의 삶의 깊은 부분들을 관대하게 나누어주신 분들을 존경하며, 그래서 가명을 사용하였다.

이 책에 묘사된 이야기들이 결코 한인 이민가정과 이민교회 전체를 대표하지는 않는다. 하지만 특정한 사람들의 이야기들 속에 이민가정, 이민교회가 겪는 공통분모가 있으리라 본다.

특별히 감사의 마음을 전하고 싶은 사람은 나의 남편이며 사역의 동반자인 폴 허틱 목사다. 한국의 선교사, 한인 2세 사역자로서 그들과 함께 땀 흘리며 축구공을 던지고, 테니스를 치며, 아이스링크에서 부름 볼을 하면서 진정한 공동체로서의 교회를 경험케 한 그의 노력과 헌신에 감사한다. 학생들을 태우고 사막을 가로지르는 선교여행, 여름철과 겨울철의 수양회를 통해 2세들의 영성과 지도력, 품성을 계발하고 활용했던 사역이 우리 부부 인생의 가장 의미 깊은 순간들로 기억된다.

이제 막 사춘기에 접어드는 딸 레아를 키우면서 우리가 경험했던 잊을 수 없는 교회 공동체를 딸에게 계속해서 제공하지 못하는 아쉬움이 있다.

예수 그리스도의 복음의 기본은 불변성을 지니고 있지만 상황과 문화에 따라서 복음의 표현성은 다양하다. 만약 이 책이 일종의 이민교회 목회의 모델을 제시함으로써 차세대 목회를 위하여 작은 불꽃이 된다면 우리 이민교회를 섬기고자하는 본인의 뜻이 이루어진다고 믿는다. 1세와 2세가 함께 음식을 나누며 친교할 수 있는 이민가정, 이민교회를 그려보면서 이 일에 기꺼이 동참하여 본인들의 삶을 제공해 주신 무명으로 남기 원하는 분들에게 다시 한번 뜨거운 감사를 드린다.

또 한 분 기억하고 싶은 분은 폴 히버트 박사님이다. 소리 없이, 대변자 없이 갈등하고 있는 2세들을 언급했을 때 기꺼이 중요성을 인정하고 격려해 주시고 박사논문을 지도해 주신 자상한 멘토이시다. 이제는 고인이 된 그 분의 아내, 프란시스는 여성 지도력을 위해 끊임없이 힘쓰고 노력했던 분이다.

비록 혼자서 컴퓨터 키보드를 두드렸지만 이 책의 주인공들 때문에, 비록 몸은 멀리 떨어져 있지만 우리가 함께 나누었던 귀중한 공동체를 가슴 깊이 느낄 수 있었다. 각 이야기마다 내면의 깊은 우물을 담고 있는, 진리를 추구하는 아름다운 삶이 반영되어 있기 때문이다.

특별히 부모님께 감사한 마음을 전하고 싶다. 용기와 어려움을 극복할 수 있는 모델을 보여 주시는 아버지, 그리고 쉬지 않고 기도하시는 기도의 어머니께 감사를 드린다. 둥지에 안주하기보다는 날을 수 있는 날개를 갖도록 격려해 주시는 사랑을 나는 항상 기억한다.

마지막으로, 이 책 원고 교정에 힘써 준 유나이티드 신학대학원의 비서인 베티 스터틀러에게 감사한다.

추천의 글

한국의 역사를 살펴보면 19세기까지는 별로 민족의 이동이 없었다. 백제가 망하면서 일본으로 망명한 사람들이 있었고, 임진왜란 때 일본에 전쟁포로 몇 만 명이 끌려가 살게 되었다. 그러나 그 외에는 별로 민족의 이동이나 이주가 없었다. 그런데 20세기에 들어서면서 갑자기 많은 한국인이 해외에 흩어져 디아스포라 코리안으로 살아가게 되었다. 지금은 세계적으로 600여 만 명이 해외에 거주하며, 이것은 한국 인구의 10%가 넘는 수이며 남북한 인구를 합해도 거의 10분의 1에 해당하는 숫자이다. 특별히 미국에만도 한인 이민자들이 200만을 헤아리게 되었다. 아마 다른 아시안계 이민자들과 남미계 및 아프리카와 유럽을 다 합한다면 미국의 이민자 수는 참으로 놀라운 것이 되리라 생각한다. 미국은 역사적으로 살펴볼 때 한 마디로 이민의 나라이다.

한인 이민사회에서 가장 심각한 문제들 중의 하나가 가정문제라고 말할 수 있다. 고향을 떠나 새 땅에 이주하여 적응해 가는 과정에서 가족간의 많은 갈등이 일어난다. 부모와 자녀, 부부 문제, 그리고 형제자매간 또는 고부간의 문제 등이 심각하게 발생하는 것을 본다.

그런데 이 책의 저자 이영지 교수는 자신이 경험한 20년간의 한인 이민교회 사역을 토대로 이민의 삶이 가정에 미치는 영향이 무엇인가를 잘 분석해 주고 있다. 저자는 이 책에서 1세 부모들과 1.5세와 2세들의 경험을 토대로, 미국이라는 새 땅에서 부모들이 어떻게 자신들의 역할을 이중문화권에서 감당하고 수행해야 할 것인가를 잘 설명해 주고 있다. 특별히 2세들이 부모에 대해 어떻게 보고 있는가를 설명해 줌으로 부모들에게 많은 도움과 도전을 주고 있다.

무엇보다 이민교회와 이민가정이 많은 상처를 안고 사는 1세로부터 2세에 이르는 모두에게 치유의 공동체가 되어야 할 것을 주장하고 있다. 한 마디로 가정은 우리 사회의 기초요 보루이다. 사회의 번영과 평화도 가정에서 시작된다. 그러므로 가정의 가치와 중요성은 아무리 강조해도 다함이 없는 줄 안다. 우리는 모두 가정을 기키고 가정을 행복하게 가꾸어 가야할 책임이 있다. 이 점에서 이 책은 한인사회뿐만 아니라 비슷한 경험과 아픔을 겪고 있는 다른 소수민족들에게도 많은 도움과 지침이 되리라 믿는다.

박희민 목사

서론:
문화간의 징검다리

이 책은 저자가 한인 이민교회에서 20년 동안 젊은 한국계 미국인들과 더불어 나눈 목회 경험에서 우러나온 책이다. 이 책은 가정과 교회생활에서 일어나는 1세대와 2세대, 즉 차세대에 대한 이야기를 담고 있다. 내가 1세대라고 말할 때는 부모들을 가리키고, 2세대라 할 때는 그들의 자녀들을 일컫는다. 하지만 나는 그들이 언제 새로운 나라에 도착했는가에 따라 1.5세대라는 용어 또한 사용하며, 아울러 1.2, 1.3, 1.4 . . . 세대도 언급할 것인데, 이는 미국에 도착한 때의 나이가 동화 과정에 영향을 미치기 때문이다.

지난 20년간 한인 이민교회에서 목회를 한 본인의 경험을 뒤돌아보게 만든 이 책은, 나에게 기쁨과 아픔이라는 강렬한 감정들을 봇물 터지듯 불러 일으켰다. 두 개의 다른 세계에 살면서, 나는 가깝고도 여전히 먼 두 세대간을 잇는 다리가 되고자 애써 왔다. 아픔의 깊이 만큼 보상으로 느낀 기쁨 또한 매우 컸었다.

내가 한인 이민교회와 목회 인연을 맺게 된 것은, 미국에 맨 처음 도착했을 때로 거슬러간다. 1981년 미네소타 주에 있는 트윈 시티에서 한국계 미국인 차세대와 함께 일하면서 나는 너무나 다른 두 개의 문화 속에서 갈등을 느끼며 살던 젊은이들에게 관심을 갖게 되었다. 1984년 캘리포니아 주 로스 엔젤레스로 이사를 하자 그러한 세대차이는 내게 더욱 더 명백한 것이 되었다. 이 책의 대부분의 이야기들은 로스 엔젤레스와 트윈 시티에서 섬겼던 20년간의 본인의 목회 경험에 근거하여 쓰여졌다.

이민 와서 경제적으로 생계에 매달린 부모들은 그들의 사춘기 자녀들을 한국문화의 범주 속으로 강하게 잡아끌거나 혹은 자녀들이 스스로 강구책을 찾도록 내버려둔다. 그러한 과정에서 자녀들은 학교와 사교 활동을 통하여 주류사회의 생활양식과 미국적인 사고방식에 동화하라는 강력한 압력을 받게 된다. 이에 대처하려는 수단으로 때때로 2세들은 양쪽 문화에 맞추고 적응하기 위해 어쩌면 두 문화에 적응할 수 있는 인격을 형성해야 할 필요를 느끼게 된다.

나는 교회의 허락을 받고 차세대 학생들이 특별 전도 프로그램을 진행하고 있을 때, 1세 행사에 참석하라고 강요당했던 일을 기억하고 있다. 담임목사와 지도자들은 대학생부가 그들의 행사를 취소하고 1세대의 부흥회에 합류할 것을 종용하였다. 대학생부의 절반 이상이 한국말을 못하는 상황이었다. 극소수만이 그 날 밤 본당으로 들어갔고 나머지는 뿔뿔이 흩어져 버렸다.

영어권 2세들과 함께 효과적으로 일한다는 것은 사역 담당자 자신이 1세 지도자들 눈에 자동적으로 어린아이로 취급당하는 듯했다. 순종이 강요될 뿐 쌍방간의 대화는 가능하지 않았다. 교량 역할을 하는 지도자가 된다는 것은 종종 만족을 느끼지 못하는 두 세대가 양쪽에서 쏟아 붓는 좌절감을 처리하는 대상이 되기도 했다. 그것은 1세, 1.5세, 2세간의 상충된 기대 사이에 끼어 꼼짝하지 못하는 것을 의미했다.

2세 목회자가 겪는 실제적인 시험은 영어 회중 숫자가 증가하기 시작할 때 일어난다. 숫자를 증가시키지 못하면 비난을 받고, 숫자가 많아지면 통제를 받게 된다. 수적인 성장이 이루어지면 교회 지도자들은 감독하고 싶어한다. 교회 지도자들은 완전히 통제할 수 없는 2세대를 간섭하기 시작한다. 영어 회중에게 가해지는 압력은 견뎌내지 못할 만큼 커져서 사역자들을 사역에 집중하기 아주 어렵게 만든다. 그러므로 특별히 1,000여 개의 한인교회가 있는 로스 엔젤레스 지역의 경우, 한인 이민교회의 2세 목회자들의 이직률은 종종 매 6개월마다 일어날 정도이다. 이 사역은 고통스럽지만 그래도 아주 필수적인 것이다.

나의 경우, 타개책이 생겼을 때 고통이 가치로 변하기도 했다. 나는 교회에서 가족들이 함께 모여 분위기를 부드럽게 하는 게임을 하였던 밤을 기억한다. 신혼부부 게임을 "부모-자녀"간의 게임으로 개조하여 부모와 자녀가 교회 환경에서 처음으로 서로 자유롭게 웃으면서 의사를 소통하도록 했다. 흔히 일어나지 않는 이러한 순간들이 나에게 생명수를 제공하여 주는 우물의 역할이 되기도 했으며, 미래를 위한 소망을 안겨주기도 했다.

그러나 나는 또한 어떤 어른이 야구 모자를 쓰고 왔다고 새 신자를 쫓아내어 버렸던 일을 기억한다. 그 어른은 새로 온 사람이 갱단의 일원일 것으로 추측했는데, 왜냐하면 그 새 신자가 눈에 익은 얼굴이 아니었고, 그가 보기에 익숙한 옷차림새를 하지 않았으며, 야구 모자를 쓰고 있었기 때문이다. 내가 이 책을 쓰면서 갖는 목표 중의 하나는 그런 상황에서 발생하는 오해를 줄이는 것이다. 앞으로 전개될 장에서는 사례 연구, 원칙, 그리고 문화적인 세대차이를 뛰어넘어 참된 공동체가 되는데 필요한 요긴한 정보가 제공될 것이다.

내 남편과 내가 관여했던 가장 보람된 사역들 중 하나는 우리가 어떤 청소년부를 대상으로 5년간 사역했던 B교회였다. 그 교회는 로스 엔젤레스 교외에 위치해 있었는데 교인들은 중상중산층에서 중하중산층에 속하는 중산층, 미국에 온 지 오래된 사람과 새로 온 사람들이 섞여 있었다. 사람들이 그들의 삶을 형성하는 데 가장 중요한 시기인 청소년기에 우리는 젊은이들을 성경공부와 제자 훈련, 그리고 선교를 통해 그들을 영적으로 양육시켜 주고 영성을 개발시켜 줄 수 있는 특권을 가질 수 있었다. 매년 나바호 인디언 거주지에 갔던 선교 여행은 청소년들이 갖고 있던 물질적인 문화 가치관에 도전을 주었다. 주일 오후에 함께 식사를 한 후 저녁 프로그램을 가졌던 행사들은 서로가 친숙해질 수 있는 공동체를 형성해 주었다.

1년에 두 차례 가졌던 수련회 역시 모든 사람의 신앙을 새롭게 해 주었다. 금요일 밤에 가졌던 귀납적 성경공부는 (구체적인 사실로부터 일반적인 명제를 유도해 내는 방법) 학생들의 지도력이 개발되는 기회를 제공해 주었다. 사역자가 2세대에게 해줄 수 있는 가장 중요한 것들 중 하나는 오랜 시간을 그들과 함께 나누면서 질풍노도와도 같은 그들의 삶에 안정감을 제공하여 주는 것이다. 우리는 안전한 장소를 만들어 주고, 학생들을 믿어 주고, 제자가 되도록 훈련시켜 주고, 권한을 위임하여 주고, 신앙을 함께 나누고, 선교를 하면서 지도자를 양성하는 사역을 하였다. 나는 B교회의 목회 모델을 마지막 장에서 자세히 나누려고 한다.

1 장

이민이 가족의 삶에 미친 영향은 무엇인가?

고향이란 심장이 있는 곳,
하지만 나의 심장은 열 세 조각으로 쪼개져서
오직 한 조각만 북미에 있네.
여전히 "미국은 심장 안에 있다"는 것을 부인하면서
이 곳을 내 고향이라 주장해야만 하는 걸까 하고
의아해 하면서 말야.
나는 여전히 미국이 행한 모든 것 때문에
미국을 벌하려고 싸우는 중인데 . . .
우리 민족과 다른 사람들에게 해를 끼친 것을
복수하려고 하는 중인데.
그것이 분노에서 지핀 것인지
사랑에서 지펴진 것인지 확실히 모르겠네.
난 다시 시작할 수 있을까
주사위를 다시 던질 수 있을까?
이 곳은 내 고향이 이랬으면 하고 바라던 곳이 아냐.
이 곳은 전혀 내가 상상해 왔던 곳이 아냐.
왜냐하면 권리를 주장하려면
그것을 낫게 만들게끔 충분히 사랑해야 하거든.
그러나 과연 나는 무슨 비전을 가지고 있나?
나는 거의 포기했는걸.

—데보라 리

(미출판된 시, "고향"의 일부를 저자의 허락을 받고 사용하였음.)

전 세계적으로 이동이 가능해진 현대 가정은 이루 상상할 수 없는 도전에 맞부딪친다. 많은 가정이 무너졌으며, 이 순간에도 더 많은 가정들이 그런 지경에 놓여 있다. 과거보다 많은 어린이들이 파산된 가정에서 자라나고 있다. 가정생활이 이미 도전을 받고 있는 상태에서 다른 문화를 가진 나라로 이민을 하게 되면 가정은 더 많은 어려움을 겪게 되는데, 이는 가족 구성원들마다 문화에 적응하는 속도가 다르기 때문이다. 문화 적응 과정에 있는 이민가정은 가족 개개인이 변화에 적응하는 정도가 다르기 때문에 극심한 갈등에 맞부딪치게 된다. 1세대는 새로운 땅에서 뿌리 없는 삶에 직면하게 되는 반면, 아이들은 일상생활을 하면서 아주 대조되는 세계, 즉 가정과 학교라는 두 세계에서 줄다리기를 경험하게 된다. 피상적으로 보면 많은 이민자들이 소위 "아메리칸 드림"을 이룬 것처럼 보일 것이다. 그들은 큰집에서 살면서 좋은 차를 소유하고 있다. 하지만 내면적으로는 많은 이들이 청구서와 지불서 때문에 고생할 뿐 아니라 찢어지는 듯한 내면의 삶으로 인해 아파하고 있다.

이방인으로서의 삶을 살면서, 한때 아주 가까웠던 가정은 가깝지만 낯선 이들이 되어 표류하기 쉽다. 생존의 방편인 경제 활동으로 인해 이민가정의 에너지는 소진해 버려서 감정적으로 지탱시켜주거나 감정을 배출할 만한 곳이 거의 없게 된다. 다음의 사례는 어떻게 이민이 어른들과 그들의 청소년 자녀들에게 영향을 미치는가를 보여준다. 테리, 영주, 그리고 미진의 이민 경험은 사춘기 청소년들이 급속도로 변화되고 있음에도 불구하고 완고하게 변하지 않는 가족의 다이나믹으로 인해 갈등을 겪는 모습을 생생히 표현하고 있다.

기억에 잠겨있는 테리

테리는 친밀하고 행복했던 한국에서의 가정생활의 기억에 파묻혀 살고 있는 대학생이다. 테리네 가족이 한국 시골에서 로스 엔젤레스로 이주했을 때 테리는 아리따운 12살 소녀였다. 시골 정서에서 로스 엔젤레스와 같은 대도시로 적응하는 데는 도시에서 도시로 이주하는 것보다 훨씬 많은 적응을 필요로 한다. 테리의 사례는 사춘기 초기에 있는 소녀가 전혀 다른 삶의 정황에 적응하느라 겪는 갈등을 담고 있다.

아주 밀접하게 가까운 가족

우리 가족은 그다지 부유하지도 유명하지도 않았지만 아주

166

밀접하게 가까웠어요. 우리 아빠는 시골에서 자랐기 때문에 고등교육의 기회를 제대로 받지 못하셨지요. 그러나 독서를 통하여 독학을 하셨어요. 상대방의 얼굴도 보지 않은 채 중매쟁이가 아빠와 엄마를 중매해 주었어요. 다행히 좋은 중매였어요. 우리 아빠는 엄마를 진짜 사랑하였고 잘 인도해 주셨지요. 매일 밤 우리는 함께 앉아서 과일을 먹거나 또는 기타에 맞추어 노래를 불렀어요. 사람들은 우리 가족을 부러워했지요. 우리는 그렇게 사이가 두터운 가족이었답니다.

학교에서의 서먹한 사교생활

그러다가 우리는 로스 엔젤레스로 이민을 오게 되었어요. 우리가 처음 도착했을 때 한 달 가량 비가 왔어요. 나는 비가 지긋지긋했어요. 거리는 지저분했고 우중충했어요. 나는 학교와 급우들을 견딜 수 없었어요. 한국계 미국인들은 모두 이상한 패배자들처럼 보였어요. 우리 학교에는 한국인 갱이 있었어요. 나는 파티에 가서 사람들이 욕을 하고 나쁜 일을 하는 것을 보았어요. 내 친구들은 부모에게 거짓말을 하고 파티에 왔지만, 아빠는 나를 파티 장소에 데려다 주면서 내가 하는 것에 관심을 보였어요. 파티가 끝난 후 나는 우리 가족에게 일어났던 모든 일을 말해 주었어요.

이민자들은 미국생활에 다양하게 적응한다. 테리의 경우를 보면, 이민 오기 전에 살았던 시골생활 패턴이 로스 엔젤레스와 같은 대도시에서의 새로운 생활과 아무런 공통점이 없었음을 우리는 알 수 있다. 이민 당시 언니들보다 나이가 어렸던 테리가 학교에서 접한 문화의 충격을 이해하거나 말로 표현할 능력이 없었던 것이 그를 힘들게 만들었다. 그나마 테리가 혼돈에 가득 찬 새로운 삶의 상황에서 안정감을 느낄 수 있었던 것은 아버지가 보여주었던 애정의 덕을 힘입어서였다. 또한 서로 사랑하는 부모의 관계도 자녀들에게 새로운 땅에서 안정감을 제공해 주었다. 테리와 아빠와의 관계는 많은 차세대 젊은이 아버지와 말을 하지 않고 거리감을 두고 사는 것과는 달리 예외적이다.

교외에서의 외로운 생활

중학교 마지막 학년에 접어들면서 나는 나와 생각이 비슷한 두 소녀를 만나게 되었어요. 우리는 밤을 꼴딱 새면서 집과 학교에서 겪는 갈등과 우울증에 대한 애기를 나누곤 했지요. 말할 것도 없이 우리는 공부를 하지 못했어요. 심지어 내가 공부를 하고 싶어도 친구들이 학과공부에서 나를 불러내곤 했거든요. 나는 아빠에게 코리아 타운에서 먼 곳으로 이사를 가자고 졸랐어요. 우리에게 경제적 여유가 많이 있는 건 아니었지만 어쨌든 아빠는 교외에 집을 사게 되었어요. 우리가 교외로 이사를 한 후 가족이 따로 차를 몰고 다른 방향으로 가야 했어요. 우리가 코리아 타운에 살 적에는 모두 한 차를 탈 수 있었는데 말예요. 나는 나이가 제일 어렸기 때문에 집에 혼자 있을 때가 많았어요. 나는 가족 모두가 일터에서 집으로 돌아오기 전에 저녁을 지어야 했어요. 가족간의 긴밀성이 무너진 것처럼 느껴졌어요. 나는 식구들에게 불평을 했지만 그저 변화를 받아들이라는 말을 들을 뿐이었어요. 식구들이 뿔뿔이 흩어지는 것을 보는 일은 내게 힘든 일이었어요. 그러던 어느 날, 갑자기 아빠가 쓰러지셨어요. 너무 충격적이었어요 (그녀는 눈물을 떨구었다). 머지않아 아빠는 돌아가셨어요. 나는 너무나 슬퍼 좌절감에 빠졌어요. 학교에서 나도 잘할 수 있다는 것을 보여드리지도 못했는데……내가 실수한 것을 만회할 기회조차 없었는데……불쌍한 엄마는 상실감을 결코 극복하지 못했고요.

내가 처음 테리를 만났을 때, 테리는 2년 전에 있었던 아버지의 비극적인 죽음 때문에 아직도 슬픔에 빠져있었다. 일곱 식구들 중 막내로서 테리는 아버지의 귀여움을 독차지했었다. 그녀는 아버지의 사망 이후 대학교까지 마칠 동기 부여를 거의 상실하고 있었다. 아버지 사망 후 봉제 공장은 모든 식구들의 노동력을 필요로 했기에 테리 역시 일을 해야 했다. 그녀는 기계적으로 강의실에서 일터로, 그리고 교회로 표류하고 있었다. 그녀는 아버지에 대한 추억에 잠기거나 한국에서 유대관계가 두터웠던 가족에 대한 향수를 느끼는 것 이외에는 어떠한 한 가지 일에도 정신을 집중하지 못했다. 가족이 따로 차를 몬다는 것은 어떻게 보면 그룹 생활에 가치를 두고 있는 한국적 사고 방식에서 개인에게 가치를 두고 있는 미국적 개인주의로 가족의 다이 나믹이 변화한 것을 상징적으로 의미했다.

미연의 사례 역시 테리와 마찬가지로 로스 엔젤레스에 적응하는 데 있어 유사점이 있다. 그러나 미연이네 경우는 이민가정에서 아버지와 자녀들간에 일어나는 좀더 전형적인 다이나믹을 드러낸다.

부재하는 부모

미연을 포함한 여섯 명의 가족은 1987년 한국에서 미국으로 이민을 왔다. 그녀의 부모는 청소업에 종사했는데 십대의 자녀들을 거의 돌보지 못했다. 그들은 육체 노동으로 녹초가 되어 귀가하곤 했기 때문이다. 십대의 자녀인 미연과 미진 자매가 대부분의 가사 일을 한다. 이에 반해, 17살인 맏딸 쥰은 언어와 문화의 장벽에서 도피하는 수단으로 파티와 남학생들에게 지대한 관심을 두고 있다. 가족은 쥰을 포기한 상태라 그녀에게서는 아무런 도움도 기대하지 않는다. 자매들간에도 주류 문화와 어떻게 내적으로 또 외적으로 상호작용을 하는가에 따라 이민에 대한 반응이 다르게 나타난다. 어떤 일관된 규칙이 없으면 가족생활은 아주 혼란스럽게 된다.

탕녀

맏딸 쥰은 정기적으로 학교를 빼먹으면서 비행을 저지르는 청소년들과 어울린다. 쥰은 한때 영어 에세이 문제에 한 구절을 계속 반복하는 것으로 답을 써냈는데 그것은 "나는 당신을 사랑합니다. 나는 당신을 사랑합니다……"였다. 그녀는 종종 밤늦게 귀가해서는 집안을 발칵 뒤집어 놓는다. 어느 날 아버지는 그녀를 한 대 때렸는데 이는 쥰의 화에 불을 지른 격이었다. 그녀는 얻어맞으면서 아버지에게 큰 소리로 대들었다: "더 때려, 이 바보야". 몇 대 더 맞자 쥰은 여러 날 동안 집에 들어오지 않았다. 다른 사람 집에서 하룻밤 자고 오겠다던 것이 열흘이나 머무는 것으로 바뀌었다.

미진은 쥰이라는 존재가 사라지자 다른 가족이 오히려 평화로웠다고 한다. 쥰이 나타내 보이는 미국생활에 대한 부정적인 적응 태도는 아버지가 화를 내거나 때린다고 해서, 혹은 엄마가 고함을 지르거나 야단친다고 해서 고쳐질 성질의 것이 아니다. 17살 짜리 소녀가 새로운 자유와 독립에 마음을 빼앗겨서 반항하는 것에 부모가 그런 방법으로 대처하기에는 역부족이다. 쥰이 미국생활에 적응을 잘 못한 것은 그녀가 미국에 이민 왔을 때의 나이에서 원인을 찾을 수 있다. 나이가 어린아이들은 영어를 훨씬 빨리 습득하고, 또 공부하는 데 흥미를 주기도 한다. 부모들은 청소년의 비행을 처리하기에는 준비가 되지 못한 상태이다. 집 나간 탕녀와도 같은 쥰에게 부모가 진이 빠져 버렸기 때문에 다른 아이들은 얼마나 많은 잡일을 하든지 간에 부모에게서 방치되었다. 미연과 미진은 부모가 자기들 삶에 무감각하다고 반감을 가지고 있다. 그들은 부모로부터 적절한 지도를 받지 못한 채 오히려 가족을 돌보는 역할을 하고 있다.

나를 인도해 줄 이는 과연 어디에 있는가?

미연은 엄마가 가정에서 일을 시킬 때 자세하게 일의 내용을 말해 주거나 인도해 주지 않는다고 불평한다. 미연의 말에 따르면, 엄마가 거의 자동적으로 그들에게 허드렛일을 시키는 식이기 때문에 미연이 피곤할 때나 별로 할 기분이 아닐 때는 힘들다고 한다. 그녀의 아버지는 냉담하고 방임적이다. 그는 매일 밤 텔레비전이나 한국 비디오를 보는 것으로 도피한다. 셋째 딸인 미진은 슬프게 말한다. "우리 부모님은 우리와 전혀 시간을 함께 보내지 않아요. 그들은 일하느라 너무 바빠서 집에 오면 너무 피곤해 해요. 우리는 저녁을 먹고, 그리고 돈에 대해 얘기하거나 많이 고함을 지르는 것 이외는 거의 의사 소통을 하지 않아요. 나는 그게 싫어요."

새로운 학교에서 낯선 사람 취급을 받는 미진은 보살핌과 사랑에 목말라하고 있지만, 그녀의 가정이 아무런 결속 없이 산산이 부수어져 있다고 느낀다. 부모들은 오랜 시간의 육체 노동으로 인해 녹초가 되어 집으로 돌아와 더 이상 아이들이랑 씨름할 만한 아무런 에너지도 남아 있지 않다. 그들은 아이들이 필요로 하는 지침을 주기에는 육체적으로 감정적으로 너무 지쳐 있다. 짬이 나면 그들은 자신들이 이해할 수 있는 한국 텔레비전과 비디오를 보는 것으로 복잡한 현실로부터 도피하고 있다. 언어와 문화의 장벽으로 하여금 미진의 부모들은 한인 공동체에서 벗어나지를 못했다. 부모들이 일상의 생존에 사로잡혀 있는 동안 사춘기 청소년들은 학우들이 가하는 조롱을 견디어 내야만 했다.

눈물이 그렁한 채 미진은 처음 로스 엔젤레스에 도착했을 때 있었던, 잊지 못할 학교에서의 경험 한 토막을 이야기한다: "어느 날 나의 학우 한 명이 내게 말하기를 그의 말을 따라 해 보라고 했어요. 그래서 그렇게 했죠. 모두가 웃음을 터뜨렸어요. 나는 그들이 왜 웃는지 이해하지 못했어요. 한 여학생이 내가 욕을 따라 했다고 가르쳐 주었지요." 그녀가 집으로 돌아왔을 때, 그녀는 "집에 가서 스스로 문을 열고 들어가야 하는 아이"였기에 아픔을 함께 나눌 사람이 없었다. 지쳐있던 그녀의 부모는 미국학교에서 가장 상처 입기 쉬웠던 첫 해 동안에 육체적으로 감정적으로 그녀와 함께 하지 못했다. 일단 그녀가 가정의 역할을 제대로 하지 못하는 가정에서 감정적으로 한계를 느끼게 되자 그녀는 감정을 아예 전부 포기해 버렸다.

둘째 딸 미연은 15살이라는 나이에도 불구하고 가족의 해결사로 지정되어 있다. 미연은 가정경제를 꾸려가지 못하는 좌절감을 토로하는 아버지의 아픔을 함께 나눈다. 미연의 부모는 아이들을 인도할 만한 기술이 부족할 뿐만 아니라 사실상 청구서를 지불한다든가 혹은 다양한 양식을 작성하는 등 영어가 필요할 때 오히려 자녀들에게 의존하였다. 이는 아버지로 하여금 그의 자녀들에게 의존하게 됨으로써 그가 가진 가부장적이고 계층적인 가치와 충돌이 생기게 된다.

아버지와 은행 사이의 저당물

우리 아버지는 미국과 거래할 때 한국식으로 할 것을 고집해요. 나는 이미 어떻게 하면 아버지께서 잃은 신용을 회복할 수 있는 지에 대한 정보를 수집했어요. 나는 이러한 은행 거래에는 별로 경험이 없기 때문에 돈 문제로 아버지의 조

수 역할을 하는데 아주 부족함을 느껴요. 설상가상으로 아
버지는 은행에서 요구하는 정당한 과정을 따르기보다는 당
신 방식대로 일을 처리하도록 나에게 명령하기 시작했어요.
나는 아버지가 자기가 저지른 실수를 나더러 고치라고 요구
할 때는 너무나 화가 나요. 나는 자주 아버지와 은행 사이에
끼이게 되지요. 나 스스로가 어른이 하는 일에 대해 경험이
부족하기 때문에 이런 일을 하면서 부족한 느낌을 많이 가
져요.

한국에서는 단순히 아버지라는 위치 때문에 저절로 아버지에게 권
위가 주어진다. 반면 미국에서 자라나는 아이들은 아버지가 그들 스
스로 권위를 획득하기를 기대한다. 그래서 이민가정에서는 권력, 역
할, 그리고 권위에 대한 이해에 커다란 장벽이 있음을 경험한다. 아버
지가 그의 권위를 주장하면 할수록 그는 아이들을 쫓아버리는 격이
된다.

미연이 아버지의 경우, 딸에게 그의 실수를 해결해 달라고 요구하
는 것은 그가 가장 피하고 싶었던 일이었을 것이다. 커다란 언어와
문화의 장벽에서 오는 미국 체제에 대한 좌절감 이외에도, 미연이
아버지는 청소년 자녀에게 문제해결사 역할을 의뢰해야 하는 참을
수 없는 상황에 처하게 되었다. 그는 자기 때문에 어색한 위치에 놓이
게 되어 버린 바로 그 딸에게 그의 내적인 좌절감을 쏟았다. 아버지로
서의 권위를 빼앗긴 그는 제 힘으로 어찌 할 수 없는 십대 소녀인
딸에게 강압적으로 그의 힘을 행사하고 있다. 자신의 필요와 좌절에
에워싸인 아버지는, 그가 한국적인 체계에 고집스레 매달리는 것이
어떻게 딸의 성장을 저해하는지 재고할 여유조차 없다. 은행 체제가
어떻게 돌아가는지 잘 알지 못하는 15살 이민자인 미연은 은행 거래
에 관한 자신의 통역을 의심하는 아버지를 불쾌하게 생각하고 있다.

갑자기 미연은 경제적인 책임이 없으면서도 아버지의 경제적인 부
담감에 책임을 지고 있다. 부모, 자매, 그리고 경제에 대한 염려로
가득 찬 채 미연은 그의 사춘기를 회피하게 되었다. 때 아니게 어른들
세계로 들어올 수밖에 없었던 미연은 지금 청장년이 되었지만 대화할
수 없는 가족과 멀리 떨어져서 가정 밖에서 그녀는 방황하고 있다.

셋째 딸 미진은 내성적인 성격의 소유자로 역시 유리되어 있는 가족의 삶 때문에 슬픔을 느끼고 있다. 그녀는 B교회에 다니는 3세대가 함께 사는 대가족 가정을 부러워한다.

기성세대에 대한 부러움

2세대는 또한 사회 계급 장벽에도 아주 예민하다. 저소득층의 학생들은 고중산층 출신의 학생들을 부러워한다. 미진은 중학생이다. 미진과 그네 식구는 4년 전 로스 엔젤레스로 이민해 왔다. 그녀가 속한 청소년부에 속한 다른 학생들은 새로 뽑은 일제 차를 몰지만 그녀는 아주 오래 된 중고차를 몬다. 다음은 미진이 처음 SAT시험을 본 후 그녀의 가족 배경에 대해 느낀 솔직한 감정이다.

> 나는 쥬디가 부러워요. 그 애 부모는 고등교육을 받았고 자녀 교육도 적극 지원해 주시거든요. 그러나 우리 부모님은 내 학교생활에 전혀 관심이 없어요. 그들은 항상 돈 문제로 씨름하고 빚에 쪼들려요. 나는 부모님에게 용돈을 받지 않으려고 아주 애를 써요. 그렇지만 그들은 여전히 가난해요. 아버지는 청구서를 제때 갚지 못해서 신용 기록이 엉망이지요. 엄마는 영어 탓이래요. 나도 쥬디처럼 똑똑하면 얼마다 좋을까요.

미진은 부모님이 자신의 삶에 좀더 관여하기를 바라고 있다. 보살핌과 인도 받기를 그리워하는 미진은 겉으로 봐서 완전하게 보이는 다른 아이들과 그 가족의 삶을 이상화하고 있다. 미진에게 있어 미국에서의 삶이란 가족이 지녔던 결속감을 상실한 채 사실상 홀로 자라야 함을 의미한다. 그녀는 새로운 문화에서 친구를 사귀기가 어렵다. 그녀는 집에서도 학교에서도 어디서나 다 외롭다. 그러나 미진은 학교생활을 이해하지 못한, 스스로도 어려워하는 부모에게 자신이 지닌 요구를 표현하기란 걸맞지 않다고 느끼고 있다. 그녀 역시 가족과 마찬가지로 분노와 혼란을 함께 경험하고 있다.

역할이 역전됨

미진은 방과 후에 참여하는 활동이 거의 없다. 내성적이고, 수동적이고, 그리고 아직 문화 충격에 빠져 있는 미진은 학교에서 친구를 사귀기가 어렵다. 방과 후에 친구들과 함께 하는 활동으로 시간을 채우지 못해 심심함을 느끼던 미진은 한국인이 소유하고 있는 옷가게에서 일을 시작했다. 머지 않아 부모가 막노동으로 일하던 직장에서 해고를 당하게 되자 미진의 파트 타임 일이 가족의 중요한 수입이 되었다. 우습게도 미진이 아버지에게 "용돈"을 주기에 이르렀다. 어느 날 그녀는 말했다.

> 내가 아버지에게 용돈을 주고 난 후 나는 아주 마음이 불편했어요. 아버지에게 돈을 주어야 한다는 것이 아주 이상야릇하게 느껴졌어요. 그러자 언니가 아버지에게 돈을 달라고 했어요. 글쎄, 아버지는 내가 준 바로 그 돈을 언니에게 주더군요.

미진이 밥벌이를 하는 역할을 맡게 되자 가정생활에 혼란을 느끼게 되었다. 그녀는 가족들과 함께 좌절감을 나누면서 그녀가 느끼는 분노가 무엇인가를 완전히 파악하지 못하고 있었다. 그녀는 바로 자신의 정체성에 혼란을 느끼고 깊은 상실감을 느낀 것이었다. 아버지에게 용돈을 드림으로써 미진은 딸의 자리를 잃어버렸다. 그리고 아버지가 탕녀 언니에게 방금 전에 미진이 주었던 돈을 줌으로써 아버지 행세를 하자 미진은 다시금 버려진 느낌을 받았다.

배신, 버림받음, 혼란, 이러한 단어들이 미진의 새로운 이민가정을 묘사하는 단어이다. 미국 상황에서 청소년의 경제력이 가지는 위력은 한국에서는 미처 들어보지 못한 것이다. 돈 문제를 둘러싸고 가족간에 역할이 뒤바뀌자 겨우 14살인 미진은 혼돈하게 된다. 그녀는 어느 것 하나 제대로 하는 게 없는 듯이 보이는 아버지에게 분노를 느낀다. 미진에 따르면, 아버지가 좋아하는 것이라곤 스포츠나 여가를 즐기는 것인데 특히 낚시나 여행을 좋아한다고 한다. 그녀는 가족이 지고 있는 빚에 대해 걱정하면서 아버지가 시간을 빈둥거리며 보내는 것을 보면 마음이 쓰리다. 이런 종류의 사건이 이어지면서 미진은 감정을 느끼는 것을 아예 포기해 버리게 되었고, 끝내는 방황하는 삶을 살게 되었다. 슬픔은 점차 분노로 변하고, 분노는 마침내 무감각으로 변하게 되었다.

내적으로 뿌리를 제대로 내리지 못한 미진은 다른 사람들의 삶을 마치 자기의 삶인 양 모방하면서 살게 되었다. 그녀는 비행기 승무원이 되어 한국과 로스 엔젤레스를 오가는 직업을 택하였다. 그리고 표류하는 삶에 지치게 되자 별로 잘 알지도 못하는 남성과 결혼을 갑자기 서둘렀다. 그리고 그녀의 의지와는 반대로 이제는 시집 식구들과 한국에서 억지로 살게 되었다.

이 가족의 십대 아이들이 갑작스런 문화 충격을 경험하고 각기 다른 과도기 단계에 있었기 때문에 가족이 겪는 스트레스가 엄청나다. 그러나 이들이 가족간에 생긴 갈등을 처리하기 위해 도움을 청할 곳을 찾기란 쉬운 일이 아니다. 대가족이 있다는 것이 도움이 되지만 그들 역시 마찬가지 문제로 갈등을 겪고 있기 때문이다.

힘없는 아버지

집에서 아버지의 권위가 없어지고 가부장제가 하락하게 되자 아버지의 역할에도 진공상태가 생겼다. 그는 단지 경제적인 필요를 공급하는 역할로 전락하고 만다. 아버지 됨은 그가 돈벌이 역할을 아내와 공동으로 분담해야 하는 때부터 쉽게 위협을 받는다. 여기 15살 된 자넷이 경제적인 문제를 설명해 준다.

> 우리 아버지는 전혀 돈벌이를 못해요. 그저 빈둥거리고 놀뿐이죠. 엄마가 일을 시작했지만 일 주일만에 해고당하고 말았죠. 정작 돈을 벌어야 할 사람은 아버지이지만 엄마가 돈을 벌고 있어요. 나는 아버지에게 화가 나요. 그는 기분이 나쁠 때가 많고 온 가족의 속을 뒤집곤 하죠. 나는 아버지를 피해 다녀요.

자넷에게 있어 강한 아버지 상은 가족을 위해 돈을 버는 사람이다. 이러한 근본적인 일을 할 수 없을 때 아버지로서의 역할을 상실하게 된다. 전형적인 한국 아버지들의 역할은 가족을 먹여 살리는 일이 주로 되어 있다. 자녓의 아버지가 가족을 먹여 살리는 역할을 하지 못하게 되자 아버지 상을 상실했기 때문에 자녓은 불안해한다. 아버지로서의 권위를 상실한 자녓의 아버지는 신경질을 내게 되고 가족들은 그를 두려워하게 된다. 그뿐만 아니라 자녓의 어머니가 하는 일도 안정된 일이 아니다. 그녀는 상황에 따라 자주 해고를 당한다. 이러한 환경도 가족에게 두려움을 줄 뿐만 아니라 스트레스를 더하여 주게 된다.

부모와 2세대 자녀간의 현저한 차이 중의 하나는 한국 부모들은 외관에 관심을 갖는 반면, 자녀들은 내적인 것 즉 감정적인 보살핌과 이해를 원한다는 사실이다. 그러므로 2세들을 대상으로 하는 목회는 관계를 확립해야 하고 그들에게 거의 대리 부모가 되어 주어야 한다. 그것은 많은 밤들을 함께 웃고, 놀고, 그리고 함께 우는 것을 포함한다. 우리의 가정을 그들에게 공개하여 주었을 때 그들은 자신의 문제와 기쁨을 나눌 필요가 있을 때마다 지나가는 길에 우리 집에 들릴 수가 있었다. 음식을 함께 나누며 친교를 하면서, 또한 젊은이들이 그들의 고질적인 문제와 이야기를 나눌 때에 우리들의 영혼을 살찌게 해 주었다. 그들은 질풍노도와도 같은 시기에 그들의 이야기에 귀 기울여 들어주고, 그리고 약간의 지도를 해줄 수 있는 누군가를 그리워하고 있다.

교육 수준이 낮은 한국 부모들이 자녀들의 삶을 방임해 두는 데서 문제가 생긴다면, 교육 수준이 높은 한국 이민자와 자녀간의 갈등은 부모의 과잉 보호에서 발생한다. 그러나 모든 이민가정이 정착 과정에서 고통을 받는 것은 아니다. 어떤 사람들은 아주 빠른 길로 상류상회를 향하여 간다. 아래의 사례는 아메리칸 드림을 성취한 "성공한 가족"을 묘사하고 있다. 미연의 가족과는 달리 찰스의 가족은 미국 상황에 아주 잘 적응했다. 넓은 안목을 가지고 자녀들과 함께 로스엔젤레스에 영구적으로 거처를 정하기 이전에 여러 곳을 여행했으며, 이는 그들이 비교적 수월히 적응할 수 있도록 도움이 되었다.

아메리칸 드림의 매력적인 이미지

찰스는 아메리칸 드림의 이미지를 잘 보여주는 가족 출신이다. 찰스는 4명의 아들 중에서 둘째이다. 아들 모두가 부모들이 기대한 대로 고등교육을 다 받고 성공했다. 찰스의 부모는 아들들의 직업적인 성공에 도움을 받으며 살고 있다. 이제 부모가 된 찰스는 자신이 성장하던 때를 회상한다.

외부적인 성공, 내적인 공허감

상류계급이 사회적으로 성공한 부산물로 부를 쌓는 반면, 중산층의 특징은 개인의 수입에 크게 의존하고 있다는 것이다. 그래서 중산층은 그들이 상승할 수 있는 유일한 수단을 교육이라고 본다. 교육의 목적은 단지 물질을 획득하기 위한 도구로 전락한다. 1세대 중에 아메리칸 드림을 성취한 사람들은 대부분 자녀들을 교육시켜 성공시킨 사람들이다. 부모들은 자녀들의 교육을 보조하여 성공시키기 위해 그들의 삶을 희생하고 열심히 일했다. 자녀들이 직업 전선에서 성공하는 것이 한국 이민자들의 아메리칸 드림이다. 자녀들이 성공한 것을 지켜보며 그들이 힘들게 노동한 결과를 즐긴다.

이러한 부류의 사람들은 생존에 급급한 사람들과는 다른 종류의 문제들로 어려움을 받는다. 상류급으로 사는 것에 생의 목적을 두고 열심히 일한 사람들은 즐거움을 희생하거나 연기하며 살았다. 일단 아메리칸 드림을 성취하고 나면 그들은 공허감 때문에 어려움을 당하거나 아니면 신체적으로 너무 쇠진해서 자기들이 성취한 것을 즐길 여력이 없음을 알게 된다.

사교 성향의 2세대와 성적을 최고로 생각하는 부모들

자녀들이 사춘기에 이를 때가 되면 한국 부모들은 자녀들의 사교생활을 두려워하게 된다. 그들은 사춘기 자녀들이 집에 있으면서 주말에도 공부하기를 원한다. 부모들이 일주일에 7일간 주말도 없이 오랜 시간 동안 일해야 하기 때문에 그들은 주말이면 늦게 귀가하는 자녀들의 사교생활을 이해하기가 어려워한다.

교육만이 사회적으로 높아질 수 있는 유일한 방법으로 생각하기 때문에 이민자 부모들은 자녀들의 교육을 위해 헌신한다. 한국 이민자 부모들의 가장 큰 보상은 그들의 자녀들이 아이비 리그 학교에 입학하는 것이다. 자녀들의 성공과 지위를 자신들이 성공한 것으로 생각하기 때문에 한국 이민자들은 자신들의 꿈이 육체 노동에 의해 산산이 부수어지는 것을 마다하지 않는다. 부모들이 교육에 크게 가치를 부여하는 것을 한국계 미국인 2세 자녀들이 받아들이기 힘들어한다는 사실은 놀랄 만한 일이 아니다. 그들은 삶에서 유일하게 성공으로 이르는 길은 열심히 공부하는 것이라고 믿는다. 왜냐하면 그들은 부모들의 삶의 양식을 본받고 싶지 않기 때문이다.

명예와 수치

엘리트를 길러낸다는 교육에 대한 한국인의 집념은 가문의 이름에 명예를 가져오거나 수치를 가져오게 한다. 명예와 수치는 한 동전의 두 개의 다른 측면이다. 부모들이 자녀들을 통해 명성을 얻으려는 바람을 표현할 때에 종종 2세대에게 부담을 주지만, 자녀들 대부분은 부모들의 압력으로 인하여 덕을 보게 된다.

11학년 세릴은 학교 다니는 목적을 성공에 두고 있다.

> 올 A를 바라는 게 무슨 잘못인가요? 나는 올 A를 받는 것이
> 필요해요. 그러면 나는 성공할 수 있고 나의 삶은 안정될
> 것이니까요. 나는 우리 부모님께 너무 화가 나는데 그들은
> 내 성적표에서 B가 한 개 있는 것만 보고 그 나머지가 모두
> A인 것은 보지 못했으니까요.

많은 한국계 사춘기 청소년들은 부모들이 생존을 위해 고생하는 것을 보아왔기 때문에 재정적인 안정은 필수적으로 생각한다. 안과 밖으로 변화가 많은 삶을 사는 세릴은 안정감을 갈구한다. 그녀는 집에서 성적 때문에 부모로부터 받는 압력이나 학교에서 경쟁으로 받는 스트레스 때문에 종종 교회에 우울한 표정으로 온다. 외동딸인 그녀는 부모의 관심을 분산시킬 형제자매조차 없다. 예술 학교에서 만나는 동기들의 세계와, 형제가 없이 부모와 조부모 밑에서 전형적인 한국식으로 사는 세계는 세릴의 세계를 양극단화 시키고 있다.

세릴이 올 A를 받고 귀가하면 그녀는 부모로부터 물질적인 보상을 받는다. 그러나 그녀가 부모의 기대를 만족시키지 못하면 그들은 경제적인 힘을 사용하여 더 잘할 것을 종용한다. 돈으로 보상하는 것은 오직 그녀에게 옷을 사고 싶은 욕구에 불을 지를 뿐인데 이는 이미

세릴이 스트레스에서 도피하는 방법이 되었다. 오늘날의 청소년들은 구매력이 대단해서 그들 자신을 물질적 상품과 동일화한다. 아주 어린 나이에 물질적인 것은 지위와 힘을 상징하고 있다. 학업 성취를 소비주의를 사용하여 보상함으로써 교육은 슬프게도 물질적으로 성공하기 위한 수단으로 축소되고 말았다. 이제 12학년이 된 세릴은 자신의 자아나 부모를 만족시키기보다 미래의 편안한 삶을 위해 A를 받고자 애쓰고 있다.

종종 세릴은 자신이 성취해야 할 학력 수준과 성적을 최고로 생각하는 부모가 주는 과다한 외부의 압력 때문에 우울증을 보인다. 10학년 때의 어느 날, 세릴은 2주 동안 계속하여 주일에 우울하고 반항적인 모습을 보였다. 그들은 몸을 꾸부린 채 서로 멀리 떨어져 앉아 있었다. 그들의 몸가짐은 그들의 감정을 말해 주고 있었다. 성경을 읽는 동안 그들은 귀신들이 앉아 있는 것 같았다. 질문하는 학생이 하나도 없었다. 그들은 무관심을 보이기로 서로 짜고 앉아 있는 것 같았다. 나는 성경 읽는 것을 그만 두고 왜 그들이 그런 표정을 하고 있는지 궁금하였다. 알고 보니 그들은 모두 성적표를 받았던 것이다!

압력밥솥과 같은 가정

다음은 교회에서 가장 우울해 보였던 세릴과 나눈 전화 통화의 내용이다.

나: 교회 마치고 어디 갔었니?

세릴: 엄마 친구네 집예요. 그 아줌마가 처음 미국에 왔을 때 우리 집에 계셨거든요. 지금은 아파트로 이사를 가셨지만요. 아줌마네 아이들 세 명이 한국에서 왔어요. (세릴의 음성으로 보아 엄마 친구네 집에서 즐거운 시간을 지낸 것 같지 않다.)

나: 기분이 어때?

세릴: 좋아요. 나는 괜찮아요.

나: 나는 이번 주 내내 세릴 생각을 했단다. 오늘 널 밖으로 불러내려고 했는데.

세릴: 오, 그래요? 그러신 줄 몰랐어요.

나: 네가 지난 주 내내 아주 기분이 저조해 보이더니, 오늘은 "정신이 딴 데 가 있는 것" 같아 보이더라.

세릴: 성적표를 받았는데 B가 하나 있었거든요. 우리 부모님들은 다른 점수는 모두 A인 것은 칭찬할 생각은 않고 B 하나 있는 걸 집어냈어요.

나: 너의 사교생활은 어떠니?

세릴: 사교생활을 할 틈이 없어요. 나는 매일 세 시간씩 무용 연습을 하는데 왜 아직 무용을 계속하는지 그 이유를 모르겠어요. 시간을 낭비할 뿐이란 생각이 들거든요. 나는 창피스럽게도 아픔, 두려움, 경쟁이란 감정들을 느껴요. 나는 그다지 학교를 좋아하지 않아요. 학교는 인기를 경쟁하는 곳 같아요. 내가 듣는 모든 수업시간에 모든 사람들이 서로에 대해 경쟁심을 느끼지요. 선생님들은 모두 편애를 일삼아요. 선생님이 나를 예뻐하는 수업 시간이 되면, 급우들이 내게 와서 이렇게 말해요. "왜 오늘 그 남자 선생님이 널 계속 바라보니?" 선생님이 나를 좋아하지 않는 수업시간에는 나는 외톨이가 되는 것 같아요. 나는 이런 건 내가 거쳐야만 하는 단계라고 생각하고 이런 단계가 얼른 지나가기만 기다릴 뿐 그다지 신경 쓰지 않으려고 해요. 나는 아주 슬플 때면 이야기를 하지 않아요. 우리 학교에 한국계 미국인 남자애가 있었어요. 그 애는 장남이었지요. 그 애 부모가 얼마나 그 애를 심하게 닦달했던지 그 남자애가 자살을 해버렸어요. 그 부모는 그가 어떻게 느끼는지 이해하지 못했지요. 이제야 죄책감을 느끼고서 나머지 세 아들은 덜 닦달한대요. 그 애는 이야기를 나눌 만큼 충분히 가깝게 느끼던 사람이 하나도 없었어요.

나는 저녁에 세릴에게 전화한 것을 무척 다행스럽게 생각했다. 나는 거의 습관처럼 주일 오후면 그녀와 전화로 이야기를 나누곤 했는데 왜냐하면 그녀는 비교적 연로하신 부모님께 난 외동딸이었기 때문이다. 형제자매들과 영어로 고민을 나눌 수 있었던 다른 청소년들과는 달리, 세릴은 집에서조차도 고립감을 느끼면서 홀로 투쟁하고 있었다. 부모가 주는 압력을 형제자매와 나눌 수 있는 다른 청소년들과는 달리, 세릴은 모든 부모의 기대를 한 몸에 들이키고 있었다. 그녀는 부모들 스스로가 이룰 수 없는 꿈을 대신 성취해야 했다. 그녀의 이야기를 들으면서 나는 그 날 주일 아침 청소년부의 분위기를 이해할 수 있게 되었다. 세릴은 내가 귀기울여 들어주는 것을 믿을 수 있다고 판단하자 마음속에 담고 있던 모든 이야기들을 나누었다. 그녀는 그녀가 살고 있는 두 세계—아주 보수적인 한국가정과 극단적으로 자유로운 학교생활—를 양쪽 다 이해하는 어른과 서로 의사 교통하는 것을 그리워하고 있었다. 그녀는 어떤 때는 자기 집에서 손님인 것처럼 느낀다.

베버리 힐스 학교로 옮겨가기

K엄마는 40대 초반이며 로스 엔젤레스에 있는 A교회에 다닌다. 그녀는 유달리 상류층에 속하기 원하는 야심을 갖고 있으며 딸 지희가 미국에 온 지 3년밖에 되지 않았음에도 불구하고 베버리 힐스 고등학교에 보낸다. 엄마는 호의적인 의미에서 딸의 문화 장벽을 단지 하루아침에 뛰어 넘게 하려고 했다. 그녀의 딸 지희는 거기서 엄청난 문화와 계층간의 간격 때문에 겨우 한 학기만을 견뎌냈다. 그녀는 동료들이 사는 베버리 힐스의 생활양식에 적응하지 못했고, 친구를 사귀는 데도 아주 어려움을 겪었다. 지희는 부자들을 증오한다고 말하면서 부유한 그네들과는 아무런 상관도 갖고 싶지 않다고 했다. 지희는 다른 학교로 전학시켜 달라고 부모에게 간청했다.

자기 자신의 야망에 눈먼 K엄마는 딸 지희를 아주 이질적인 환경 속으로 몰아넣었다. 그럼에도 불구하고 K엄마는 자신의 딸을 통해 상류층의 세계를 들여다봄으로써 부부가 경영하는 소규모 사업체의 현실을 어쩌면 번쩍이는 베버리 힐스의 현실을 통해 상쇄하고 싶어했다. K 엄마의 지위와 권력에 대한 갈구는 그들 부부가 가진 직업의 지위가 한국에서의 배경과 비교가 되지 않는다는 점에서 이해할 만하다. "외모로 드러나는 자아 의식"에 매우 민감한 중년의 나이가 된 그녀는 미국에서 엘리트적인 삶에 가까이하길 원했다. 이렇게 외부적으로 드러나는 자아 의식(체면)은 한국인의 세계관에 깊이 자리잡고 있는 것이다. 내적인 것이 외부적인 것이 되기보다 외부적인 것이 내적이 되는 삶은 사람들로 하여금 진짜 삶을 버리고 부자연스런 삶을 살도록 하는 올무가 된다.

결혼 관계의 변화

한국 남자들은 미국에 적응하는 데 여자들보다 더 힘들어하는 것 같다. 공공연한 남성 중심적인 삶에 익숙해져 있던 많은 한국 남자들은 이민생활에서 심각하게 문화적으로나 사회적으로 고립을 직면하게 된다. 이와는 대조적으로 외부활동이 제한되었던 여성들은 미국에 와서 본인의 사회 경제적인 힘을 키우게 된다. 그래서 결혼이 가지는 역동성이 변해 버렸다. 예를 들어, 부부가 둘 다 수입을 갖게 되는 구조로 인해, 이전에는 압도적으로 남자들만이 가졌던 사회 경제력을 여성들도 갖게 되고, 이는 부부 관계의 다이나믹스에 영향을 미치게 된다. 더 이상 남편들이 독점을 할 수 없게 되었다. 아무리 남편이 가부장적 가치에 매달린다고 하더라도, 이러한 매일 매일의 새로운 삶의 경험은 그가 생각하는 대로 되지 않는다. 유교 전통에 따라 칼같이 나누어졌던 성별 역할도 도전을 받아, 문화적 적응에 따르는 스트레스를 가중시킨다. 결혼한 부부의 다이나믹에 영향을 미치는 가장 주목할 만한 변화는 부인의 힘이 증가하고 경제적으로 독립하게 되는 것이다.

그러나 어린 시절부터 깊이 새겨진 개인의 내적 가치는 외부적인 생활양식의 압력에도 불구하고 쉽사리 변하지 않는다. 부부간에 경제력을 나눔에 따라 가부장적인 결혼생활의 힘의 역동은 철저히 도전을 받게 된다. 그러므로 이민가정의 행복은 얼마나 부부가 변화하는 힘의 역동을 잘 조절하는가에 따라 달려 있다. 이렇게 하려면 부인보다는 남편 쪽에서 보다 많은 적응을 필요로 하게 된다. 이러한 변화에 따르는 반응과 거부감은 다양하게 나타난다. 아래에 나오는 부부의 이야기는 부인의 경제력이 자신을 앞지르게 되자 남편이 느끼는 어려움을 묘사하고 있다. K씨는 자신이 마주치고 싶지 않았던 것과 대면하게 되었다.

내 아내가 나와는 의견도 나누지 않고 딸을 위해 그랜드 피아노를 구입했습니다. 어느 날 내가 일터에서 집으로 돌아왔는데, 엄청나게 큰 그랜드 피아노가 거실에 놓여 있더군요. 나는 무슨 일이 일어난 거냐고 아내에게 물었습니다. 그녀는 아무렇지도 않게 대답하더군요, "수잔이 필요하다기에 피아노를 사주기로 결심했어요."

그는 스스로가 무력함을 내적으로 크게 느꼈다. 이 사례는 K씨로 하여금 남편으로서, 그리고 아버지로서의 위치가 아주 깊은 곳에서부터 흔들리며 잡아 채이는 느낌을 갖게끔 했다. 아내의 경제력은 그의 것을 넘어섰으며, 게다가 그에게 알리지도 않고 딸에게 피아노를 사준 아내의 행위는 가정에서 가장으로서의 역할과 정체성을 앗아가 버렸다. 그가 잃어버린 권위의 상징인 피아노가 거실에 전시되어 있어 그는 이 문제를 부인할 수도 없다. 남편과 아버지로서의 역할이 이 한 사건에서 배제되었다. 여성의 힘의 상승은 부부 관계의 다이나믹에 변화를 가져온다. 미국에서 소수민족으로 이미 하락된 사회적 지위에 적응해야 하는데, 이에 덮친 데 엎친 격으로, 한국 이민자 아버지들은 가정에서도 또한 무력함을 느끼게 된다.

그러나 힘이 변화되는 다이나믹 속에서 부부가 가진 오래 묵은 가부장적 가치는 새로운 가치와 예측할 수 없는 것으로 서로 엉키게 되기도 한다. 여성들은 새로이 얻은 경제력을 즐기면서도, 다른 한편으로는 그녀들의 남편이 한국에서 가졌던 사회적인 힘을 그리워한다. 그녀들의 남편들이 한국에서 엘리트 대학 졸업장을 땄음에도 불구하고 드라이 클리닝 비즈니스를 하는 것을 보고, 부인들은 우울증에 빠진다. 그 결과, 그들은 손으로 하는 육체 노동에서 별다른 직업적인 만족을 느끼지 못하고 괴로워한다.

사회적으로 변두리 인생이 된 남편

A교회에 다니는 수잔 엄마는 자녀 양육 세미나 이후에 자녀 양육 소그룹을 시작했다. 40대 중반인 수잔 엄마는 소그룹 모임 중에 남편과의 관계에서 느끼는 좌절감을 표현했다. 그녀는 "우리 남편은 미국에서는 너무 패자 같아요. 사소하게 오고가는 이야기 같은 것은 할 줄을 몰라요"라고 말했다. H엄마와 미세즈 김이 재빨리 수잔 엄마와 동의하면서 그녀들 역시 남편에 대한 권태를 토로하였다. 그녀들은 남편들이 너무 비사교적이라고 투덜거렸다. 미국생활에 덜 동화된 두 여인은 가족들과 함께 보내는 오락 시간이 거의 없는 듯이 보였다. 반면, 수잔 엄마보다 훨씬 일찍 미국에 온 H엄마와 미세즈 김은 테니스를 친다든가 결혼기념일이나 생일 같은 때에 외식을 하면서 남편들과 자주 오락 시간을 갖는 경향이었다.

정신없이 일하고 아이들을 기르고 하다가 이 엄마들은 이제야 겨우 뒤를 돌아볼 시간을 갖게 되었다. 청장년이 된 자녀들은 나날이 독립심이 강해지고, 남편들은 사랑한다든가, 칭찬을 한다든가, 기념일을 축하하는 긍정적인 감정을 표현하기를 수줍어한다. 이제 중년에 접어든 자신들이 공허감을 느끼고 있다는 사실을 깨닫게 된다. 소그룹에 속한 모든 여자들은 남편에 대해 가지고 있는 뒤섞인 감정들을 서로 나누었다. 할리우드 영화의 시각으로 보면, 표현력이 부족하고 조용한 남편들은 시들해 보인다. 유교적 시각으로 보면, 그네들 남편은 새로운 나라에서 계급, 지위, 사회적인 권력, 모든 면에서 약하고 힘이 없다. 여기서 이들 부인이 속으로 바라는 것은 중년에 접어든 남편들이 지금쯤은 어느 정도 지위를 획득했어야 한다는 것이다.

이 여성들은 미국에서 노동력에 가담했지만 속으로는 문화 속에 내재되어 있는 가부장적 이미지들을 고수하고 있다. 그래서 그녀들의 남편이 자기들이 거부했었던 강력한 가부장으로 보이기를 기대했던 것이다. 두 가지 상반된 가치를 동시에 고수하기란 남편과 아내 모두에게 아주 큰 도전이 아닐 수 없다. 강력한 이미지와 힘없는 현실간에 존재하는 합쳐질 수 없는 간격은 이민 부부의 일상을 복합적으로 할 뿐 아니라 그들에게 배출구를 거의 남겨주지도 않는다.

한국 남편들은 자신들의 힘과 존엄성을 주장함에 있어, 소수민족이기 때문에 내적으로 외적으로 장애에 부딪친다. 내적으로 한때 강력했던 유교적 상이 식구들 사이에서 더 이상 통하지 않는다. 그리고 외적으로는 주류 사회에서 자기네들의 모습은 찾을 수가 없다. 공적으로 드러나는 얼굴과 같은 외부적 가치의 영향을 받은 한국 이민자 남편들과 아버지들은 미국 주류 문화에서 아무 데도 발붙일 곳을 찾지 못한 채, 이 곳에 거주민이면서도 손님처럼 느낀다. 그들이 가진 사회 정치적인 권리를 행사할 수 없이 좁은 소수민족의 이질문화 속에 갇혀 있는 격이 되었다. 더 심각한 딜레마는 그들이 가진 대부분의 정체성이 외부의 세력에 의해 형성되어지고, 그 결과 내부에서 생기는 권위에는 익숙지 못하다는 것이다.

아래의 시는 미국에서 태어난 중국계 여자인 데보라 리가 썼는데 다가오는 세대에 계속해서 미칠 이민의 영향을 그리고 있다.

집

지혜로운 사람은 자기가 어디서 왔는지 아네.
틈새 공간에 있는 궤도에서 길을 잃고,
나는 과연 지혜로워질 수 있을까?
어디를 바라보고, 어디서 시작할 수 있을지,
알만큼 지혜로워질 수 있을까?
중심이 부족한 고통 속에서,
산뜻한 시작이 부족한 고통 속에서,
나의 족보를 기록해 놓은 뚜렷하게 표시된 무덤들,
쭉 늘어선 수많은 삼촌들과 고모들,
그들의 뼈는 이미 재로 화했을 테지.
조상의 납골 단지에 제각기 한 켜씩 재를 더하면서
이름들에 얽힌 말로 전해지는 기억으로만 겨우 연결되는 그들.

틈새 공간 주위를 회전하면서
버려진 우물, 부서진 접시, 뒤집어진 바위에서
나의 조상의 흔적을 찾아보네.
복잡한 시장에서
만원 버스에서
얼굴들을 훑어보네.
과연 얼마나 멀리
얼마나 옛날로
기억을 미쳐야
찾아지기를 기다리거나
혹은 숨어서 남아있는
옛날 이야기들을 찾을 수 있을까?

집을 찾으려 하네.
그러나 주소가 없네.
큰 나무에서 좌회전해야 할텐데
나무는 주차장으로 포장되어 버렸네.
나는 과연 길을 찾을 수 있을까?

나를 이끄는 기분에 맞추어 곡을 흥얼거리면서
집이라 부르는 장소 가는 길을.
느릿한 곡조에 첫 구절을 노래하면
모든 사람들이 알아채고서
함께 노래 부를 수 있는 곳,
이윽고 내가 쉴 수 있는 곳을.

겨우 내가 나의 민족을 찾았다고 생각했을 때
엄마의 말씀,
"이들은 네 민족이 아니란다 . . .
그들은 내 민족이 아냐."
그녀는 계속 계속 말하네.
중국 사람들에 대해 불평을 말하네.
그들이 어떻게 이런 일,
저런 일을 한 줄 알아,
도대체 중국 사람들을 이해하지 못하겠어.
지금껏 나는 우리가 중국인이라고 생각했는데
나는 이제는 더 갈 곳, 갈 곳이 없다는 생각이 드네.
. . . 이제 계속 가는 수밖에 없어,
그리고 나머지 내 민족들을 찾아 봐야지 . . .
나의 민족
나의 친족들,
마치 아메리칸 인디안들이 말하듯이.

찾고, 찾고,
헤매고, 헤매이면서
끝까지 가보는 나의 오디세이
역사로, 과거로, 그리고 미래로,
육지를 가로지르는 것은 우주나 바다보다 훨씬 쉬워.
창문을 응시하면
유리에 비치는 내 모습이 보이고
부엌에서는 익숙한 냄새가 나지만

나는 이제 아네, 나는 머물 수 없다는 것을.
심지어 이 집조차 집이 아닌 것 같이 느껴져.
그래서 나는 여기서도
나는 가야 한다는 걸 알아.
가는 거야, 계속해서 가는 거야.
나의 최고의 본능이 나에게 이렇게 말하기를 기다릴 뿐:
멈춰!
집---->여기임.
그러나 그런 일은 결코 없네
그래서 나는 집으로 가네 . . .
틈새 공간에서 궤도로 돌아가네.
그리고 나는 나를 둘러싼 모든 사람들을 주목해 보네.
나와 달라 보이는 사람들,
그리고 그럼에도 불구하고 약간은 비슷한 . . .
그리고 나는 멈추기로 결정하네.
왜냐하면 언젠가는
이 곳도
다른 어떤 사람의 뿌리가 될 것이기에 . . .
그리고 나는 그들이
바로 나를
찾을 수 있기를 바라네.

—데보라 리

(미출간 시, "고향", 1999년 5월 중에서. 저자의 허락을 받고 사용함.)

여러 가지 문화가 섞인 데서 속에서 자라나게 되면, 그 누구도 우주에서 영원히 궤도를 따라 도는 듯한 그러한 상태에 빠지게 된다. 저자인 데보라 리는 PACTS (Pacific and Asian Center for Theologies and Strategies) 의 이사이다. 그녀가 이 시를 4월에 버클리에서 심장의 고동소리와 같은 드럼소리에 맞추어 읽었을 때 이 시는 바로 내 영혼을 관통했다. 데보라의 시는 고향을 찾아, "틈새 공간의 궤도를 따라 회전하는" 아시안계 미국인의 계속되는 모험담을 진실하게 담고 있다.

도우미: 안에서 밖으로 나오는 권위

"그 때에 제자들이 예수께 나아와 이르되 천국에서는 누가 크니이까 예수께서 한 어린 아이를 불러 그들 가운데 세우시고 이르시되 진실로 너희에게 이르노니 너희가 돌이켜 어린 아이들과 같이 되지 아니하면 결단코 천국에 들어가지 못하리라 그러므로 누구든지 이 어린 아이와 같이 자기를 낮추는 사람이 천국에서 큰 자니라" (마태복음 18:1-4).

묵상을 위한 질문
1. 제자들이 생각하는 권위와 예수님이 생각하는 권위를 비교하라.
2. 어떻게 이 권위에 대한 질문이 가정과 교회에서 1세대와 2세대간의 다이나믹스와 연관되는가?
3. 예수께서 대답하셨을 때 "어린아이들과 같이 되지 아니하면" 이라는 말은 무엇을 의미하는가 (마태복음 18:2)?

적용: 안에서 밖으로 나오는 권위
1. 밖에서 안으로 향하는 삶을 사는 것의 덧없음을 알기
2. 안으로 향하는 것을 배우기
3. 당신 자신 안에 있는 "어린아이"에게 귀 기울이기
4. 내적으로 대화하기
5. 하나님께 귀 기울이기
6. 내적인 권위에 따라 살기

2 장

자녀 양육과 문화:
옛 포도주를 새 부대에 붓기

"사람은 자기 안에서 정면으로 대할 수 있는 것을 다른 사람과도 정면으로 대할 수 있을 뿐이다." 우리가 젊은이들을 정면으로 대할 수 없을 때 우리가 정면으로 대할 수 없는 것은 바로 우리 자신이다. 우리의 비밀, 우리의 타협, 우리의 요구, 우리의 부족함, 우리의 실패, 그리고 우리가 다시 실패하리라는 두려움—이 모든 것들이 젊은 얼굴이 우리 어른들의 눈 안을 깊이 응시할 때 우리 안 깊은 어딘가를 휘저어 으르렁거리기 시작한다.

—마이클 벤투라

"어둠의 시대" (따옴표는 저자가 제임스 볼드윈을 인용한 것임.)

현대의 "닷 캄"(.com) 문화에서 자녀를 양육하다 보면 부모는 많은 도전과 맞부딪치게 되고 미지에 대한 두려움을 갖게 된다. 한편으로 문화가 아주 빠른 속도로 변화하고 있는 것 같지만, 다른 한편으로 인간 문화의 근본은 변하지 않고 여전히 지속된다. 이러한 이유 때문에 가정 안에서 세계관의 갈등은 피할 수가 없다. 이민가정의 경우 세계관의 차이는 더 심한데 종종 두 개의 다른 문화가 서로 대항하기 때문이다. 운이 좋을 경우, 옛 가치와 새 가치는 일시 합하여지게 되는 것이다. 그래서 여러 가지 문화적 관점이 가족을 밀고 당기어 자녀 양육은 아주 도전적인 것이 된다.

1세대 부모들이 가진 오래된 문화적인 가치가 표면에 드러나게 되면 그 가정들은 자녀들이 가진 미국적인 가치와 충돌하게 된다. 많은 부모들은 자녀들이 정규 교육을 통해 미국 문화 가치에 동화하게 되면 자신들이 문화적으로 자녀들에게서 멀어졌다고 실망한다. 그러나 어린아이에게 안도감을 주는 담요 마냥 한국의 옛 가치에만 기대고 있으면, 부모들은 자녀들의 세계 속으로 들어가지를 못하게 된다.

이러한 상이한 가치관의 벽에 부딪치면 미국에서 교육받은 새로운 세대는 양쪽 가치관 사이에 끼어 일상생활을 곡예 하듯 살게 된다. 그래서 세대간의 줄다리기가 불가피해지는 것이다. 계속해서 그들 사이에서 관습을 타협해 나가는 일이 많이 필요한데, 그렇게 하는데 필요한 바로 그 수단인 공통 언어가 용이하지 않은 실정이다.

더 이상 가정이 아닌 집

아이를 키우는데 온 촌락이 다 힘을 모으는 것이 필요하다면, 현대 문화의 유동성은 가정생활에 문제점을 가져다준다. 문화, 공동체, 그리고 역사의 단절은 이민가정을 문화적으로나 사회적으로 진공 상태에 빠뜨린다. 그 진공 상태를 채우기 위해 1세대는 더욱 오래된 가치관을 수호한다. 이러한 옛 가치관은 그들이 고국에서 떠날 때 정돈된 가치관이다. 이렇게 이민자들이 한국에서 이민 오면서 가져온 옛 가치관은 변하지 않고 있는 반면에, 한국에서는 이러한 가치관이 계속 변하였고 또 발전되었다.

이민자들의 고립된 사고방식과는 달리, 한국의 주류 사상은 비록 저변에 있는 세계관은 별로 변하지 않았을지 모르나 눈에 보이는 사회적 문화적 변화는 큰 규모로 발전해 왔다. 그래서 이민자 부모들이 한국에 있는 고향 땅을 방문하게 되면 그 곳에서는 언어 장벽이 없음에도 불구하고 손님인 듯한 기분을 느끼게 된다고 한다.

이 장에서는 이민가정이 인지적이고, 감정적이고, 평가적인 세 가지 문화 차원에서 어떻게 어려운 도전을 극복해 가는지 살펴보기로 한다.

부모들이 보는 2세대

로스 엔젤레스 근교에 위치한 B교회에서 세대간 세미나가 열렸다. 두 세대에게 간단한 질문과 함께 종이 한 장씩이 주어졌다. 부모들에게는 다음과 같은 질문이 주어졌다: "당신이 자녀들에게 바라는 것은 무엇입니까?" "자녀들에게서 어떨 때 좌절감을 느낍니까?" 비슷한 질문이 2세들에게도 주어졌다: "당신이 부모님들에게 바라는 것은 무엇입니까?" "부모님들에게서 어떨 때 좌절감을 느낍니까?" 다음의 것들은 부모들이 염려하고 있는 내용을 담고 있다. 부모들이 잘 모르는 세계에 대해 가지고 있는 불안감은 대부분의 부모에게서 다음과 같이 찾아볼 수 있었다.

왜 우리 애들은 한국 애들처럼 행동하지 않는가?

우리 아이들이 하고 다니는 옷매무새, 머리모양, 반항적인
태도, 말하는 방식 등을 이해하기가 어려워요. 왜 도대체
한국적인 예절, 관습, 역사, 그리고 언어가 좋다는 걸 그들
이 이해하지 못하는지 모르겠어요. 순종심이 없어요. 우리
아이들이 미국에서 자라나고 미국식으로 살기를 원하긴 하
지만, 우리는 그들이 한국식을 따르기를 기대하거든요. 이
런 데서 갈등이 생긴답니다.

우리는 14살 된 딸 하나, 12살 된 아들 하나가 있어요. 내가
관심을 갖는 것은 그 애들이 삶의 올바른 가치를 가져줬으
면 하는 거예요. 그들은 타락한 성향을 아무런 사려 분별없
이 따르면서 우리더러는 고지식하다고 딱지를 붙이거든요.

부모인 우리들은 미국의 관습을 이해합니다. 그러나 우리
자녀들은 그것들을 따르지 않았으면 하고 바라지요. 한국
관습, 미국 관습 둘 다 장점과 단점을 갖고 있어요. 비록
지금은 어렵지만 장기적으로 볼 때는 우리가 자녀를 한국식
으로 기르는 것이 덕을 볼 것이라고 믿어요. 우리는 나름대
로 가장 좋은 방법과 방향을 모색하고 있는 걸요.

나는 자녀들에게 올바로 절하는 법을 가르치지만 왜 그렇게
절을 안 하는지 이해하기가 힘들어요. 나는 우리 아이들이
내성적인 것을 알지만 인사가 왜 그리 어려운 거지요? 게다
가, 우리 아이들은 생각을 깊게 하지 않으려는 것 같아요.
게으른 게지요.

아버지의 한국적인 눈으로 보면, 미국에서 태어나서 자유와 재미를
사랑하는 아이들은 도대체가 성에 차지 않는다. 자기가 자라나던 사
춘기 시절의 잣대에 맞추어 보면서, 아버지는 아들에게 한국적인 예
절이 부족한 것을 염려하고 있다. 미국에 사는 젊은이들에게 한국식
인사는 영 어색하다. 아버지가 몇십 년 전 한국에서 겪었던 경험을

기초로 해서 아들에게 거는 기대는 심지어 한국에서도 더 이상 맞지가 않는다. 역설적으로, 한인 이민자 부모들은 자신들이 한국에서 양육되던 경험에 비추어 자녀들에게 한국적이 되라고 압력을 가하는 반면, 한국에 있는 한국 부모들은 자녀들을 미국화 시키기에 바쁘다. 미국에서 태어난 한국계 미국인 2세대들은 극단적으로 상이한 가정과 학교라는 두 개의 가치 세계 속에서 이리저리 밀리거나 끌리곤 한다. 아버지의 기대와 한국계 미국인인 아들의 현실간에는 동이 서에서 먼 것과 같은 커다란 간격이 불가피해지는 것이다.

사춘기 자녀의 세계는 안팎이 바뀌는 것인 반면, 부모는 자녀들의 외모에만 주로 신경을 쓰고 있다. 아들에게 한국적인 예절이 부족한 것을 보고 좌절을 느끼는 아버지는 자녀의 세계가 어떠한지 배울 좋은 다른 기회들을 외면해 버린다. 자녀의 머리모양, 옷매무새, 예절과 같은 외부적인 사항에 도전을 받은 아버지는 아이들의 내적인 성품을 무시해 버린다. 한국계 미국인 젊은이들의 세계는 두 가지 상충되는 압력에 의해 복합적이다. 즉, 한편으로는 한국적인 방식에 순응하라는 압력이요, 또 한편으로는 그들의 친구들의 세계에 맞추어야 한다는 압력이다. 부모들이 이해하지 못하는 것이 있는데 만일 사춘기 자녀들이 부모들의 충고를 따르면 친구들 사이에서는 어울리지 못하게 된다는 것이다. 그들은 이미 소수민족에 속한 얼굴 때문에 변두리 인생처럼 느끼고 있다. 어떻게 하면 한국계 미국인들이 두 종류의 다른 세계에서 동시에 살 수 있을까?

한국계 미국인 젊은이들이 바라는 것은 판단이 아닌 이해이며, 일방적인 충고가 아닌 대화이다. 어떻게 하면 한국계 미국인이 단일화된 문화의 덫에 빠지지 않고 한국인인 동시에 미국인이 될 수 있을까?

본인이 살았던 한국에서의 사춘기 모습에 고착된 단일문화적인 아버지는 그의 아들에게서 외부적인 모습을 넘어 다른 성품을 보지 못하고 실망했으며, 이는 불행하게도 아들에게 영향을 미친다. 그럼에도 불구하고 많은 부모들이 놀라듯이, 차세대들의 부모들을 향한 분석은 부모들의 것을 능가한다. 그들은 겉으로 보기보다 훨씬 사려가 깊으며, 부모를 분석함에 있어서도 부모의 것보다 오히려 더 예리하게 알고 있다. 슬프게도 많은 부모들이 자신들의 편견에 사로잡혀서 자녀들이 얼마나 내적으로 깊은가 하는 것을 보지 못하고 있다.

부모의 의견 충돌

오래된 가부장제 하에서, 아버지의 지위는 나면서부터 얻는 것이었다. 그들은 "아버지가 되는 것은 무엇을 의미하는가?" 라든지 "좋은 아버지가 되려면" 같은 기본 교과과정을 듣지 않았다. 아버지들이 한국에서 당연한 것으로 여겼던 것들이 새로운 땅에서는 더 이상 통하지 않는다. 이민 환경에서는 언어의 장벽이 이미 터질 듯한 가정의 다이나믹에 스트레스를 더한다. 안으로 밖으로 이중문화의 갈등 때문에 의사소통이 더 많이 필요하지만 불행하게도 공동의 언어가 가능하지 않은 상태이다. 많은 부모들이 영어를 구사하는 능력이 부족하기 때문에 자녀들에게 열등감을 느낀다. A교회에 다니는 수잔의 부모는 그들이 한국에서 엘리트로서 가졌던 지위가 미국에서는 아예 통하지 않기 때문에 자존심이 상한다.

영어 때문에 과다한 힘을 얻는 자녀

우리 아이들이 자기들끼리 이야기할 때 제 남편과 저는 이해하는 척 한답니다. 어느 날 나는 남편에게 아이들이 말하는 것을 이해하느냐고 물어보았어요. 그가 이해하지 못한다는 것을 내가 알아챌 수 있음에도 불구하고, 그는 "그렇다"고 대답했어요. 나는 감히 그를 도전할 생각을 못했어요.

만일 수잔의 부모가 아이들에게 한국말로 말하면 자녀들은 완전히 이해하지를 못한다. 만일 부모들이 영어로 이야기하면 그들은 역할이 바뀌는 것을 경험하게 된다. 부모들은 어린아이 정도의 영어를 하고 자녀들은 어른처럼 영어를 말하기 때문이다. 그들은 베이컨이 이야기했듯이 지식은 힘이라는 것을 가슴 아프게 이해한다. 언어 장벽이 없어도 도전을 받는 판에, 이렇게 낮아진 지위에서 자녀 양육을 하는 것은 부모들이 자신의 권위를 행사하는데 필요한 도구인 영어에 있어서 세련된 표현을 못함으로 인해 아주 스트레스로 다가오게 된다. 수잔의 부모의 경우, 부모의 권위를 유지하는 것이 그들에게는 더 중요했기 때문에 아이들이 무슨 말을 하는지도 모르면서 이해하는 척 하는 것이다.

언어 장벽에 더하여, 한국문화와 미국문화는 자녀 양육의 관습에 있어 커다란 문화적 차이가 있다. 한국식 양육 방식은 언어를 주로 사용하는 명백한 미국 문화에 비하면 보다 암시적이다. 실제로, 직감적으로 상대방의 마음을 읽는 것이 부자관계에서 자주 기대되어진다. 주류 문화의 언어인 영어가 규범이고 한국 언어가 2등급의 언어로 여겨진다면, 영어를 유창하게 말하는 자녀들이 부모보다 더 힘있게 여겨지게 된다. 그러면 이민자 부모들은 낮아진 지위에서 2등급의 언어를 사용하고 문화가 충돌하는 가운데서 어떻게 자녀들을 훈육할 수 있겠는가? 이민가정의 언어 장애는 전통적인 가족의 다이나믹을 거꾸로 엎어놓는다.

어느 날 한 아버지가 B교회에서 점심시간에 대화를 나누다가 탄식을 했다. 최근에 이민 온 김씨는 이렇게 말했다. "내가 돌아갈 수만 있다면 한국으로 돌아가 거지가 될지언정 자유롭게 말하면서 살았으면 좋겠소."

피짜, 아니면 김치?

한국 엄마들은 맛있는 음식을 만들어서 자녀들에 대한 애정을 표현한다. 자연스럽게 엄마와 자녀들의 대화는 먹는 것과 숙제를 중심으로 일어나게 된다. 이러한 전통은 어른이 된 후에도, 그리고 전 생애를 걸쳐 이어진다. 성인이 된 남편 역시 아내가 맛있는 음식을 만들어 내놓을 때 아내에게서 사랑을 받는다고 느낀다. 손님들을 잘 접대하는 것은 한국문화에서 아주 중요하다. 이러한 배경을 두고 볼 때, 수잔의 부모는 아이들의 친구들에게 올바른 음식을 대접하려고 걱정하고 있다. 수잔의 부모는 딸의 대학생 친구들을 잘 대접하고 싶었다. 수잔 엄마는 그녀의 고충을 털어놓는다.

미국화가 많이 된 친구들이 놀러오면 우리는 피짜를 주문하고요, 아직 한국적인 친구들이 놀러오면 라면과 김치를 대접하지요. 한국과 미국 문화 사이에서 이리저리 왔다갔다하면서 일정하게 정해진 기준이 없다는 게 우리가 느끼는 좌절감이랍니다.

딸의 사교생활에 맞추려고 애쓰면서 수잔의 부모는 피자와 김치의 두 문화 사이에서 이리저리 곡예를 하면서 혼란스러움을 느낀다. 그래도 단일문화에 얽매이지 않고 기꺼이 시도하는 노력을 격려해 주고 싶다. 피짜와 김치는 그들이 한국적인지 아니면 미국적인지 삶의 방식을 확실히 하지 못하는 많은 이민자들의 내적인 갈등을 상징적으로 나타내 준다. 그것은 두 개의 다른 세계에서 그 어디에도 완전히 속하지 못하고 살아가는 갈등을 묘사해 준다. 의식의 한계를 감수하면서 수잔의 부모는 그것이 단일문화의 함정으로부터 자유로워지는 것을 의미한다면 기꺼이 두 개의 다른 교차로에서 사는 삶을 환영하고 있다.

의존의 가치

자녀 양육의 핵심에는 애정의 긴밀한 유대관계, 개인을 존중하는 것과 책임감의 한계를 고려해야 하는 문제가 놓여 있으며 이는 문화가 결정하여 준다. 한국적 세계관에 따르면, 자녀들은 부모의 연장이다. 그러므로 미국 문화와는 달리, 개인을 존중하여 주는 것은 한국 문화에서는 그다지 존중되지 않는다. 한국인 부모의 시각에서 보면, 미국 부모들은 감정적으로 거리감이 있어서 그 자녀들은 아주 외로워 보인다. 이 두 가지 중 어느 것도 건강하지는 않다. 너무 의존하게 하면 자녀들을 망치게 되고, 너무 빨리 개인을 존중하다 보면 자녀들에게 감정적인 공허감을 남기게 된다.

로스 엔젤레스에 사는 대부분의 1세대들은 일단 자녀들이 미국에서 정규 교육을 시작하게 되면 자녀들을 통해서 간접적으로 미국 주류 문화를 경험하게 된다. 그래서 이민가정은 집에서 주류 문화를 다루어야만 한다. 다음의 사례는 어떻게 한국 엄마들이 자녀들이 학교를 다니게 되자 문화 충격을 경험하게 되는가를 나타내 준다.

내 아들 같지 않아요!

S엄마는 A교회에 다니는 30대 후반의 여인인데 7살 난 아들과의 관계가 현격하게 변화해 가는 것을 탄식하고 있다. 우리 아들은 학교 다니기 전만 해도 내게 아주 순종적이었어요. 그런데 이제는 더 이상 내 아들 같지가 않아요. 한국말도 다 잊어먹고 이젠 영어만 사용하려고 해요. 엄마인 내게 영어가 유창하지 못하다고 나를 무시하지요. 어느 비오는 날, 나는 아들을 위해 우산을 들고 학교에 갔어요. 그런데 우산

을 가지고 왔다고 내게 막 화를 내는 거예요. 어떻게 이런
일이 일어날 수 있지요? 아들 교육을 위해 미국에 온 내게
이런 일이 있으리라고는 전혀 기대하지 않았는데 말예요.

엄마의 가치관은 그대로이겠지만, 아들은 점점 엄마의 것과 멀어지
면서 학교 문화에 재빠르게 동화하게 된다. 의존성이나 가족적인 가
치보다 아들은 독립심과 개인의 존중성을 배우게 된다. 학교에 우산
을 들고 나타나는 엄마는 아들이 흉내내고 싶은 문화와는 아주 대조적
인 것이다. 그런 상황에서 엄마의 존재는 주목을 받게 되고 아들은
좋은 의도지만 엄마에게 당황함을 느낀다. 그들 중 아무도 잘못이
없다. 다만 상이한 세계관과 상황에 따라 서로 다른 감정을 경험할
따름이다. 엄마는 마음에 상처를 입고 아들은 얽매이는 듯한 기분을
느낀다. 한국 엄마들에게 있어 사생활과 독립성을 원하는 자녀들의
요구는 가정에 반대하는 듯하게 받아들여지고 그래서 기분을 상하게
한다.

남처럼 행동하는 자녀들을 다루기 위해 어떤 엄마들은 정상적인
행동에서 벗어나는 이탈행위를 보이는 한이 있더라도 자신들의 권위
를 아이들 위에 주장하기 시작한다.

마음을 비뚤어지게 하는 권위

사춘기 자녀들의 삶을 어쩌지 못하는 데 대한 두려움에 질린 B엄마
는 딸이 외출 중일 때 마치 스파이처럼 정보를 모으는 데 혈안이 된다
거나, 혹은 딸의 전화 내용을 살며시 엿듣기도 한다. 자녀들은 이것을
알게 되면, 엄마의 행동에 혐오감을 느낀다. 그들은 부모를 완전히
무시하게 되고 그 결과 양쪽 다 서로에 대한 이해의 연결고리를 찾을
수 없게 됨으로써 부모와 자식간을 괴롭히는 커다란 간격이 생기게
된다. 가치관을 전수해 주는 교육이 결과적으로 이민가정에 두 가지
상충하는 가치를 가져다주게 된다. 한국에서 교육받은 부모들은 한국
의 옛 가치관에 고착되어 있는 반면에, 그들의 자녀들은 미국에서의
교육을 매개로 하여 미국적 가치관에 젖어들게 된다. 그래서 차세들
에게는 엄마들이 전화 내용을 도청하고, 일기나 편지를 읽는 행동들
이 견딜 수 없게 된다.

내 아이들은 나에게 속해요

40대인 B엄마는 스스로를 권위적인 부모라고 여기며 그녀의 자녀들은 자기에게 속한다고 생각한다. B엄마는 비밀히 13살 난 딸 캐롤에 대한 정보를 수집한다.

> 나는 내 아이들에게 그들은 부모에게 속한 존재라고 말합니다. 나는 자녀들의 사생활 같은 건 믿지 않아요. 우리들이 자랄 때만 해도 그런 개념이 집안에서 통하지 않았으니까요. 사생활이란 말 자체가 내겐 아주 생소해요. 내 아이들이 밖에 나가고 없을 때, 나는 그들의 일기장과 편지들을 읽어요. 그러면 내가 딸이랑 이야기할 때 그 아이에 대한 정보를 어느 정도 알고 있을 수 있지요. 그래야 나는 내가 발견할 것을 딸아이가 말로 표현하도록 만들 수 있어요.

비록 모든 한국 엄마들이 다 B엄마 같지는 않지만 그녀가 딸의 생활을 엿보는 일이 그리 유별난 일은 아니다. B엄마는 딸과 영어로 의사소통을 하기 전에 한 발 앞서 있고 싶은 것이다. 그녀가 강조하는 "내 자녀들은 나에게 속합니다"라는 말은 자녀들은 자신의 연장이며, 그러기 때문에 엄마와 자녀들간의 경계선이 모호해 지는 것이다.

딸에 의하면, 엄마의 행동은 엿보는 행위이며 자신의 사생활을 침해하는 것이다. 그러한 행위에 대항하여 청소년들은 더욱 더 한국 문화에 반항하게 되는데 그들은 한국 문화를 오로지 부모들을 통해서 경험하고 있기 때문이다. 결과적으로 이러한 반항은 기대에 어긋나는 결과를 초래하게 되는데, 그것은 캐롤로 하여금 자신이 경멸하는 엄마의 행위를 모방하게 되기 때문이다. 캐롤은 눈 하나 깜짝하지 않고 자기가 원하는 것을 얻기 위해 엄마와 게임을 벌인다. 사춘기 딸의 사교생활과 부모의 두려움을 둘러싸고 악순환이 계속된다.

2세들의 사교생활에 대한 부모의 두려움

총기 폭력으로 가득 찬 매스컴은 사춘기 자녀들의 세계에 대한 한국 부모들의 두려움을 가중시키고 심지어는 이 때문에 사춘기 자녀들의 삶을 염탐하는 일을 정당화하기도 한다. 두려움에 사로잡혀 부모들은 비이성적으로 완고해지고, 그 결과 자녀들은 더욱 그들에게서 멀어져 친구들의 세계로 더 가까이 다가간다. 로스 엔젤레스 시에서 증가하는 폭력 때문에 부모들은 제대로 조심해서 자녀들을 보호해야만 한다. 언제 허락하고 언제 말아야 할지를 아는 것은 부모들에게 고도의 기술을 요구한다. 한국 부모들이 그들의 사춘기 자녀들의 사교적인 외출에 대해서 거부 반응을 보이기 때문에 젊은이들은 어떤 식의 사교 생활을 갖기 위해서는 아주 창조적이 되어야 한다.

불신은 비밀을 낳는다

자녀들과 좋은 의사소통 방식을 찾기 전에 B엄마는 비열하게 정보를 훔치고 있다. 사춘기 자녀들이 부모에게서 원하는 것은 부모의 조작이 아닌 보살핌이다. 결과적으로 B엄마는 자신의 선택에 대한 값을 치르게 되는데, 그것은 딸이 원하는 것이 있을 때마다 엄마를 속이려고 하기 때문이다.

캐롤의 부모가 딸의 사교생활을 감독하는 것은 딸이 보이는 흥분의 정도에 기준을 두고 있다. 캐롤의 엄마가 들려는 이야기를 들어보자.

> 13살 난 딸은 아주 교묘하게 자기가 하고 싶은 대로 합니다. 파티에 가고 싶으면 나한데 살살 웃으면서 속이려 들지요. 보통은 폭발적인 성격을 보이진 않아요. 우리가 "안 돼"라고 하면 순순히 거절을 받아들이지요. 그러나, 우리로선 언제가 파티에 보내도 좋고, 언제가 아닌지 안전한 선을 어떻게 그어야 할지 모르겠어요. 만일 파티에 가는데 대해서 지나치게 흥분하는 것 같으면 우리는 가는 것을 허락하지 않아요. 그러나 파티에 가는 것을 허락하지 않고 나서는 마음이 편하지가 않아요. 우리는 이 아이를 너무 외톨이로 만드는 게 아닌가 걱정스러워요. 우리 모두가 도착하고 난 후에 우리 아이를 파티에 데려다 주고, 아직 모두가 남아있을 때 다시 데리고 왔어요. 우리는 너무 유난을 떨고 싶지는 않지만 우리로서도 어쩔 수가 없어요.

엄마와 딸 사이에 불신이 있게 되면 오로지 더한 불신과 두려움에 기반을 둔 교묘한 작전을 쓰게 된다. 당연히 캐롤은 13살의 나이에 사교적인 필요를 채우기 위해 부모에게 교묘한 작전을 쓰는 법을 배우게 되었다. 부모가 그녀의 사교생활을 제한하면 할수록 캐롤은 더욱 더 친구들에게 관심을 돌리게 되었다. 그녀는 부모들이 파티에 정말로 가고싶은 그녀의 마음을 거부하게 되자 점점 더 부모 앞에서 감정을 억누르게 되었다. 부모의 기준이 감정은 숨기는 것이라고 암암리에 딸에게 가르친 결과가 되었다. 이에 반해 캐롤 엄마는 사춘기 딸캐롤이 교묘한 작전을 쓴다면서 다음의 사건을 예로 들었다.

캐롤은 아주 사교적이에요. 친구가 아주 많죠. 전화도 얼마나 많이 오는지 몰라요. 몇 시간을 전화 통화에다 보내지요. 그래서 그 문제로 학교 상담교사를 찾아갔더니 전화 통화하는 시간에 제한을 두라고 조언해 주더군요. 우리는 전화를 사용할 수 있는 시간을 저녁 7시에서 8시까지로 제한하기로 결정했어요. 어느 날 딸애 친구가 저녁 9시에 전화를 했기에 우리는 캐롤을 바꿔줄 수 없다고 했어요. 친구는 숙제에 관한 것이라면서 다급한 목소리로 말하더군요. 그래서 우리는 캐롤을 바꿔주었어요. 다음날 같은 목소리가 똑같은 이유로 캐롤을 바꿔달라고 했어요. 그제야 나는 그녀가 거짓말을 하고 있다는 걸 알았어요. 그래서 우리는 전화가 왔다는 얘기를 캐롤에게 하지 않았어요.

한국 부모들이 사춘기 자녀에 대해서, 그리고 자녀들이 부모에 관해서 가장 많이 불평하는 것이 전화 통화 문제이다. 종종 한국계 미국인 청소년들은 부모들이 전화 사용을 통제하는 것을 두고 좌절감을 느낀다. 대부분의 한국 부모들은 자녀들에게 온 전화 메시지의 메모를 적어놓지 않는다. 그들의 계급적인 사고방식에 의하면, 자녀들에게 온 전화 내용을 적어 둔다는 것은 생각조차 할 수 없는 것이기 때문이다. 어떤 경우에는, 캐롤 엄마 경우처럼 아예 의도적으로 자녀에게 걸려온 전화 내용을 전해 주지 않는 경우도 있다.

사춘기 자녀의 사교생활에 대한 필요성을 이해하려고 노력하는 대신, 캐롤 엄마는 딸을 향해 온 에너지를 부정적이고 불합리하게 통제하는데 허비함으로써 그녀의 딸에 대한 두려움과 불신을 부채질하고 있다. 캐롤 엄마가 딸의 사교생활의 경계선을 정하는데 갈등을 겪노라고 인정을 하긴 하지만 그녀는 자신의 자녀 양육 태도와 캐롤이 보이는 교묘한 작전 행동 사이에 있는 상관관계를 보지 못하고 있다. 두려움과 불신이 부모와 딸 사이의 의사소통을 마비시키고 있다.

　미국인 사춘기 자녀들의 사교생활에 대한 부모들의 두려움에 대항하기 위해 미국 젊은이들은 여러 가지 전략들을 가지고 대처해야 한다. 청소년인 데이비드와 다른 몇몇 아이들은 B교회에서 다음의 일화를 연극화했다.

극장 주인은 한국인

데이비드: 영화 보러 가도 되요?

엄마: 숙제 해.

데이비드: 다 했어요.

엄마: 그럼 공부 더 하렴.

아빠: 그래, 보러 가.

엄마: (아들을 영화관에 가도 좋다고 허락하는 남편을 저지하기 위해 팔을 뻗는다.)

데이비드: 영화 보는 돈은 내 돈으로 낼게요.

엄마: 돈은 얼마나 있니?

데이비드: 3불 있어요.

엄마: 그 돈 어디서 난 거니?

데이비드: 내가 저금한 데서요.

엄마: 너 공부해야 돼.

데이비드: 오늘은 금요일이에요.

엄마: 내일은 한국학교가는 날이고 아침 9시 30분에 시작해. 우리 집에 텔레비전도 있고 비디오 기계도 있고.

데이비드: 제발! 극장 주인이 한국인이에요.

엄마: 안 돼.

데이비드: 제발!

　6일, 아니 심지어는 7일간 노동하는 부모들은 주류 미국인들처럼 주말에 대한 감각이 없다. 데이비드의 부모는 청소년 아들인 데이비드가 즐기고 싶어하는 금요일 밤 외출을 거의 시키지 않는다. 데이비드의 요청에 대해 엄마가 보이는 반응에서 나타나듯이 한국 부모들은 자녀들이 열심히 공부하는 것을 기대한다. 그들의 세계는 한국 소수민족 그룹을 중심으로 이루어진다. 우리는 데이비드의 마지막 방편인 "극장 주인이 한국인"이라는 말에서 그가 결사적으로 사교 상황을 엄마의 상황과 연결시키려고 노력하는 것을 알 수 있다. 사교생활은 사춘기 청소년에게 있어 자기를 구별하려는 노력이며, 또한 가정 내에서의 역할을 넘어 자아의식을 확대시키는 노력이다.

두려움은 솔불처럼 번진다

자넷은 15살이며 사교적이다. 그녀는 응원단의 핵심 멤버이며 B교회 청소년부에서 중요한 지도력을 발휘하고 있다. 지역 한국신문에 청소년 사고에 대한 기사가 난 며칠 후, 자넷은 그녀의 좌절감을 부모와 친척과 함께 나누었다.

> 엄마와 가까이 사는 다른 친척들 간에는 정보 교환망이 있어요. 그들 중 한 명이 청소년 사고에 대한 기사거리를 들으면 그것은 온 친척들에게 전달되지요. 이것은 그들의 두려움을 증가시키고 우리들의 사교생활에 대해 극단적인 반응을 보이게 만들어요. 그 신문기사 때문에, 나는 더 이상 주말에는 외출을 할 수도 없답니다.

두려움은 자넷 엄마 주변에 솔불처럼 번져나가고 자넷은 부모가 비이성적으로 사교생활을 제한하는 바람에 숨이 막힌다. 그러한 상태에 이르면, 엄마와의 의사소통은 언어 장벽의 차이에 상관없이 더욱 어렵다. 자넷은 엄마의 두려움 때문에 그녀가 얼마나 성이 나는지를 언급할 여유조차도 찾지 못한다.

엄마가 딸에게 보인 반응은 딸에게서 강한 반응을 불러일으킨다. 계급층, 지위, 권력의 차이에 상관없이 오늘날 폭력적인 현대사회를 살고 있는 부모라면, 누구든지 15살 난 딸을 주말 밤에 밖으로 내보내는데 두려움을 느끼는 자넷 엄마와 같을 것이다. 그런가 하면 대부분의 부모들이 오늘날 느끼는 딜레마는 자넷과 캐롤의 부모가 하려는 것처럼 그들의 자녀들을 사교생활로부터 완전히 고립시킬 수 없다는 데 있다. 자녀들을 위해 안전하고 건전한 사교생활을 골라주기란 자녀들의 세계를 이해하지 못하는 이민자 부모들에게는 더욱 어려운 것이 아닐 수 없다.

그러나 두려움이나 극단적인 불신 그 어떤 것도 사교와 독립을 원하는 사춘기 자녀들을 양육하는 데는 효과적이지 않다. 그렇게 되면 자녀들은 사교생활을 막는 부모들의 두려움에 더 반항을 일으켜서 자기 친구들에게 더욱 의존하게 된다. 두려움은 사회적인 통제 수단으로 가장 좋은 것인데 종종 전제주의적인 제도 아래에서 권력을 유지하기 위해 사용되어진다. 정치 제도와 가족 제도 사이에는 힘과 두려움이 아주 밀접하게 병행해서 작동하고 있다. 자녀 양육은 한 국가의 특성을 형성하는 데 아주 중요한 역할을 담당한다.

2세들의 사교생활에 대한 부모의 두려움은 사춘기 자녀들의 남성과 여성의 정체성에 아주 중요한 흔적을 남긴다. 부모가 이성에 대해 부정적인 태도로 보이는 것을 자녀들이 자기 것으로 습득하면 사춘기 자녀들은 성적으로 중독되거나 아주 불감적이 되는 반응을 보일 수 있다. 이 주제는 다음 장에서 더욱 자세히 다루어질 것이다.

두려움과 성차별

한국인의 가치관에 따르면, 맏아들이 부모로부터 가장 많이 관심을 받는다. 그리고는 성별에 관계없이 막내가 막내라는 이유로 그 다음으로 관심을 받게 된다. 수잔 엄마(A엄마)는 딸보다 아들을 편애하고 있다고 고백한다. 수잔과 그녀의 여동생은 엄마가 성에 근거하여 오빠를 더 편애한다고 느낀다. 자녀들의 귀가 시간에 통금시간을 줄 때에도 수잔 엄마는 아들에게는 무한정으로 허락해 주면서 딸들에게는 한계를 그어놓는다. 정의에 민감한 수잔은 부모에 의해 차별을 받는 것을 느낀다. A엄마의 관습화된 가부장제는 두려움의 탈을 쓰게 되어 딸들과 마찰을 일으키게되고, 딸들은 반항한다.

> A엄마는 아들은 밤에 성경공부 하러 보내면서 대학생 딸들을 밤에 성경공부 하러 보내는 것을 꺼려한다. 성경공부가 끝난 후 대학생 모두는 함께 나가서 저녁을 먹고 밤늦게까지 볼링을 친다. A엄마는 딸이 교회친구들과 가는 것조차도

어려움을 느껴서 딸이 귀가하기 전까지는 잠을 자지 않는다. 나중에 그녀는 딸에게 밤에 성경공부에 못 가도록 한 것은 자신의 이기적인 이유 때문이었노라고 시인했다. 그 이유란 그녀 자신이 이미 몸이 피곤한데 딸이 올 때까지 걱정하면서 기다리고 싶지 않아서였다. A엄마는 이렇게 덧붙였다: "때 때로 내가 내 딸과의 관계를 생각해 보면 여자 대 여자 같다 는 생각이 들어요. 아들을 생각하면 내 아들은 내게 있어 언제나 아들인데 말예요."

적어도 A엄마는 아들이 맏이고 외동아들이라 특별히 대접한다는 것을 인정한다. A엄마의 이야기는 관습화된 한국적 가부장제도와 폭력적인 범죄가 만연한 로스 엔젤레스의 상황을 복합적으로 내포하고 있다. 여성을 향한 폭력은 이미 넓게 퍼져있다고 할 수 있는데 남성을 향한 범죄도 그보다 덜하지는 않다. 폭력은 단지 여성을 향한 것만은 아니다. 실제로 차를 달리면서 총을 난사하는 폭력이 만연하다. A엄마가 딸의 늦은 귀가에 대해 가지는 두려움은 그 저변에 깔려있는 성별의 차이를 반영하고 있다. 가부장적 가치관에 따르면, 순결은 남자가 아니라 오직 여자에게만 적용된다. 또 다른 사항은 엄마와 청소년기에 접어든 딸 사이에 있는 역동적인 변화와 관련이 있다. 사춘기 딸들이 신체적인 변화를 경험하고 있을 때 엄마들도 삶의 주기에 있어서 신체적인 변화를 겪는다. 이 시기에 일어나는 엄마와 딸의 갈등은 여성의 성숙기 때문에 증가한다. 이 시기에는 호르몬의 변동이 엄마와 딸의 관계를 복잡하게 하는 것이다.

딸의 관점에서 보면, 그들은 엄마의 두려움 때문에 사교생활을 하고 싶은 그들의 욕구를 제대로 충족시킬 수가 없다. 그들은 엄마가 자기네들의 사교생활에 지배하려 드는 것을 억압적이고 차별적인 것으로 해석한다. 그러나 A엄마가 이해하지 못하는 것은 자신이 아들을 더 총애함으로써 여성의 억압을 영속시키고 있다는 것이다. 또한 그녀는 좀더 평등하게 보이는 사회에서 아들을 뜻하지 않게 자기 우월주의자가 되도록 키우고 있다. 대학교와 고등학교에 다니고 있는 두 딸은 대접을 제대로 받지 못한다고 느낀다. 고등학생인 수연은 엄마가 오빠 단을 눈에 띄게 총애하는 것에 대해 불만을 갖고 있다. 수연은 엄마에게 이렇게 반박했다. "엄마, 왜 엄마는 아들을 부를 때는 항상 '나의' 단이라고 하면서 딸들을 부를 때는 '나의'라는 말을 덧붙이지 않나요?"

딸에게서 이러한 이야기를 듣자 A엄마는 깜짝 놀랐다. 그녀는 본인의 차별이 언어에조차 반영되고 있다는 것을 알지 못하고 있었다. 아들이 부모로부터 받는 이 특별한 대접은 한국에 있는 많은 아들에게는 스트레스의 원인이 되는데 그만큼 부모에 대한 존경을 보여야한다는 부담감을 안게 되기 때문이다. 부모의 기대는 단과 같은 젊은이에게는 억압적인 요소가 되는데, 왜냐하면 부모들 대부분이 아들들이 스스로 삶의 결정을 내리도록 여유를 허락하지 않기 때문이다. 단은 부모의 기대에 부응하기 위해서 아주 열심히 노력한다. 하지만 그러한 기대를 맞추는데 실패할 때는 아주 실망하고 우울해 한다. 이와 동시에 그는 차별을 당한다고 느끼는 여동생들한테서도 적의의 대상이 되고 있다.

이는 전형적인 한국 가정의 다이나믹을 묘사한 것이다. 아들을 가짐으로써, 엄마는 자신을 엄마로서 시인할 수 있는 힘을 느끼게 되고 시댁에 며느리로서 인정되어진다. 이러한 모든 것이 아들을 낳음으로써 온다. 한국의 가족구조는 중국의 것과 마찬가지로 가계를 잇게 되는 부자 관계에 기초를 두고 있으므로 엄마의 가장 중요한 역할은 아들을 낳는 것에 있다. 그래서 한국 엄마들은 자기의 정체성을 위해 아들에 의존하는 정도가 자연스레 아주 강해진다.

A엄마는 이중문화 상황에서 엄마로서의 역할을 향상시키기 위해 조치를 취했다. A엄마는 자녀 양육과 관련된 성경공부 그룹을 조직했다. 교재는 "그들을 훈련시키고 그들을 사랑하라"이다. 대학생 선교회 간사로서 나는 성경공부를 인도하고 성경의 원리들을 한국계 미국인 상황에 적용하였다. 그 당시에 아버지들은 자녀 양육 교실에 그다지 마음을 열지 않았는데 자녀를 기르는 것은 한국 문화에서는 대부분 엄마들에게 맡겨진 일이기 때문이다. 아버지의 역할은 가정에게 의식주를 제공하는 사람이다. 그래서 공적이고 사적인 분야의 일이 성별에 따라 분명히 나누어져 있다. 가정생활에서 사적인 분야는 대부분 여성의 영역이다. A엄마의 경우는 좀 예외적이다. 비밀을 만들뿐인 체면에 박힌 문화를 박차고 나온 본보기를 보여 주었다. 이중문화의

교량 역할이 되는 핵심은 대개 부모가 어떻게 갈등에 대처하는가에
달려있다.

A엄마의 행동이 본보기가 된다

1. 그녀는 자신의 위치를 방어하기보다 배우겠다는 마음의 의도를
   정한다.
2. 그녀는 자녀 양육에 대한 소그룹 성경공부를 만들고 교회의 대학생
   사역자를 초대했다.
3. 그녀는 배운 것을 자녀들과의 상호관계에 적용했다.
4. 그녀는 성경공부에서 간증을 하면서 자신의 실수와 더불어 성공담
   을 함께 나누었다.

도우미: 식탁 친교를 통한 교육의 기회
(누가복음 14:1-14)

복음서 기사에서 예수님은 종종 식탁에서 이루어지는 친교를 하셨
다. 그는 모든 종류의 사람들과 어울리셨고 전통적으로 배타적인 식
탁을 포괄적인 것으로 바꾸셨다. 누가복음 14:7에서 예수께서는 이
름난 바리새인의 집에서 식사를 하시다가 손님들이 식탁에서 으뜸
되는 자리를 차지하려고 애쓰는 모습을 보셨다. 가르침을 위한 좋은
순간을 포착하시고 예수께서는 친구, 친척, 부자들을 점심이나 저녁
에 초대할 것이 아니라 대신에 되갚을 수 없는 사람들, 즉 가난한
자, 앉은뱅이, 저는 자, 눈먼 자들을 초대하면 축복을 받으리라고 하신
다 (누가복음 14:12-14). 예수님의 포괄성에로의 부르심이었다.

묵상을 위한 질문

1. 당신이 마지막으로 식탁 친교를 나눈 적이 언제였는가?
2. 누가 식탁의 중심에 앉았는가? 누가 식탁 끝에 앉았는가?
3. 당신은 어디에 앉았는가?
4. 당신의 자녀들은 어디에 있었는가?

적용

종종 한국계 미국인의 식탁 친교는 속회(구역회)든 아니면 사교 모임이든 특별한 좌석 배치를 필요로 한다. 남자들이 거실의 중심에 앉고, 여자들은 부엌에 앉으며, 아이들은 어느 한 방에서 텔레비전 앞에 앉게 된다. 이렇게 단일화된 친교는 장점이 있지만 의도적으로 좀더 포괄적인 친교를 하면 세대간에, 남자와 여자간에 대화의 가교를 잇는 데 도움을 가져 올 것이다. 단일화된 친교가 포괄적이 되려면 우리는 사람들이 어디에 있는지부터 시작해서 한번에 한 걸음씩 그들을 움직여야 한다.

예를 들어, 엄마들끼리 소그룹으로 모여 식탁 친교를 하면서 성경 공부를 하면 엄마들이 쉽게 서로 대화를 나누고 서로에게서 배우며 또한 성경을 통해 고착된 가치를 도전할 수도 있는 안전한 장소와 공간을 가질 수 있다. 식탁 친교는 한국 문화와 교회에서 아주 귀중한 관습이다. 마찬가지의 원칙이 가정에도 적용될 수 있는데 가족이 함께 식사하면서 서로가 가진 깊숙한 관심을 내놓고 나누는 시간과 공간을 만들어 내는 것이다. 여기에다 부모가 강의하기보다는 분위기를 돋우고 들을 수 있는 준비를 갖추는 의도적인 대화의 내용이 더해질 수 있겠다.

3 장

2세들 관점에서 본 부모:
새 포도주를 옛 부대에 붓기

내가 당신이 당신의 아버지와 어머니와 가지는 관계는 그들이 방에 있든지 없든지 상관이 없다는 것을 깨닫기까지는 어느 정도 시간이 걸렸습니다. 당신은 어디를 가든지 그들을 만날 것입니다. 그러니 당신은 그들과 가지고 있는 문제가 있다면 직면하는 것이 나을 것입니다.

—발 킬멜

본 장에서는 2세들이 본 부모와 그들의 기대를 이야기하기로 한다. 대부분의 한국계 미국인들은 부모가 자기들의 세계를 잘 이해하지 못해서 좌절감을 느끼지만 다른 한편, 부모가 보여준 헌신적인 사랑에 대해서는 감사한다. 부모가 자녀를 향해 갖는 관심은 밖으로 향해 있지만, 젊은 세대들이 부모에 대해 갖는 기대는 안으로 향해 있다. 그들은 감정적으로 부모와 연결되기를 바란다. 본 장에서는 본인이 지난 20년간 사역했던 사람들을 사춘기부터, 청장년기, 그리고 성인이 되기까지 장기적인 연구 사례를 담고 있다. 나는 이제 성인이 된 그들 중 몇 사람들에게 성장하던 과정을 성찰해 달라고 요청했다. 몇 사례들은 그들이 사춘기였고 대학생이었던 과거의 경험에서 나온 것이다. 이제 성인이 된 자녯이 그녀의 가정생활을 회고하는 것을 들어보자.

내가 부모님에게 감사했던 것은?

나는 부모님들이 자신들은 결코 갖지 못했던 것을 나에게 주기 위해 열심히 일하셨던 것을 감사 드려요. 새로운 나라로 오면서 그들이 치른 희생에 대해 감사해요. 그들은 내

동생과 나에게 더 나은 삶을 제공해 주기 위해 그들이 알던
모든 것을 버리고 낯선 나라로 왔어요. 나는 부모님이 내가
열심히 공부하고 "더 잘 되는 일이라면" 무엇이든 할 것임
을 알고 있었어요. 나는 부모님이 어떨 때는 우리들을 결코
이해하지 못했을 때가 있었음에도 불구하고 우리 둘을 참아
주신 인내심에 감사 드려요.

가깝고도 먼 부모들

내게 문제가 생기면 난 그 문제를 부모님과 나눌 수가 없어
요. 나는 아버지와는 거의 말을 하지 않아요. 아버지는 아주
늦게 집에 온답니다. 그러나 그건 괜찮아요. 엄마와도 이야
기를 하려고 시도해 봤지요. 그렇지만 엄마는 내가 대관절
무슨 말을 하는지 이해하지를 못해요. 내가 모든 걸 설명하
고 나면 엄마는 멍한 얼굴로 날 바라보지요. 나는 친구들에
게 나의 문제를 이야기하는데 그건 그들이 내가 어떤 걸
겪고 있는지 이해하기 때문이에요.

희생을 통해 보여주는 부모의 사랑을 감사하게 생각하면서도 자녀
들은 아직도 부모와의 관계가 두절되어 있고 부모로부터 오해를 받고
있다고 느낀다. 자넷과 같은 2세대 자녀들은 자신의 문제를 털어놓을
수 있는 어른을 아주 필요로 하고 있다. 비록 그들이 친구들에게 미친
것 같지만 그래도 그들은 어른들과의 진정한 관계를 갈망한다. 불행
하게도 단일문화의 덫에 묶인 많은 부모들은 다만 육체적으로만 존재
할 뿐, 미국화된 자녀들의 세계에 연결되어 있지 않다. 자넷은 그녀가
부모에 대해서 거는 기대와 실제 현실 사이에 있는 간격을 대조시켜서
설명한다.

이해 받고픔에 허기진 감정

나는 부모님이 내가 누구이든 무엇을 하든 나를 지원해 주
기를 바랐다고 생각해요. 나는 감정이 상했거나 문제가 있
을 때 감정적인 지원을 바라고 있었어요. 나는 내가 하는
활동들을 지원해 줄 것을 바라고 단지 내 삶에 개입해 주기
를 바랐어요. 나는 이해 받기를 원했어요.

2세들 관점에서 본 부모

부재하는 부모들

내가 학부모회의 쪽지나 어떤 양식을 초등학교에서 가지고
오면, 엄마는 나더러 먼저 읽고서 엄마한테 얘기해 달라고
했어요. 엄마는 영어를 이해하는 자신의 능력에 자신이 없
었지요. 그래서 결국 나는 학부모 모임 쪽지나 공식적인
문서를 나 스스로 처리하게 되어 버렸어요.

자넷의 초등학교 경험 사례를 보면, 부모가 해야 할 가장 중요한
역할 중의 하나가 빠져 있다. 아주 처음부터 자넷은 부모의 지도 없이
혼자서 스스로 해야 했다. 그녀는 초등학교 학생이었음에도 불구하고
스스로 자신의 부모 노릇을 해야 했다. 이는 유쾌한 기억이 아니다.
자넷 엄마가 학교 쪽지를 처리한 방식은 단순히 언어 문제 때문이
아니다. 그녀는 원하기만 하면 양식들을 서명하는 것을 도와줄 사람
을 찾을 수도 있었을 것이다. 우리는 자넷이 딸에게 연결되어 있지
않았던 엄마로부터 얼마나 멀게 느꼈는지 알 수 있다. 그녀는 다리가
놓아져 있다고 느껴지지 않는 엄마에게 다리를 놓고 이해하려고 하는
데 목이 말라 있었다. 그러나 그것은 공상에 그치고 만다. 더구나 친구
를 통해 지원을 받으려는 것조차 부모의 두려움 때문에 감시를 당하게
된다.

감정적으로는 부재하지만 과잉으로 보호하는 부모

나는 친구 집에서 밤을 새기를 원했어요. 나는 항상 그 친구
와 함께 놀았고 엄마도 우리가 많은 시간을 함께 보낸다는
것을 알고 있었어요. 엄마는 그녀에게 남자 형제가 있느냐고
물었어요. 그녀에겐 남자 형제가 있긴 했지만 함께 살지는
않았어요. 그럼에도 불구하고 엄마는 내가 거기 가서 자는
것을 반대했어요. 화가 난 나는 그런 억지 논리를 쓰면 나는
재미란 구경도 못 할 거라고 말했어요. 그 집에 남자가 있는
거랑 내가 내 친구네 집에서 한 밤을 지내는 거랑 무슨 상관
이 있는 거지요? 나는 남자들은 모두 음란한 변태자라는 느
낌을 받았어요. 내 친구에게 아버지가 있다는 사실만으로도
내가 그 친구네 집에서 밤을 자는 데 장애가 되었어요.

엄마가 거절하는 내용을 자녀이 속에 담고 있게 되리라는 것은 당연하다. 그 결과 자녀은 데이트하는 것에 대해 자연스레 여기지 않게 되었는데, 이는 그녀의 머리 속에는 엄마의 거절하는 목소리가 울리고 있기 때문이다.

내가 주로 좌절했던 것은 무엇인가?

내가 부모님과의 관계에서 가장 좌절했던 것은 그들이 나를 이해하지도 않았고 이해하려 하지도 않았다는 거예요. 나는 부모님이 내가 무엇을 하는지, 어떤 생각을 하는지, 알고 싶어하리라고 생각했어요. 하지만 그들은 이내 내게 화를 내고 나는 곤경에 처해 버렸어요. 머지 않아 나는 그들에게 아무 것도 말하지 않는 것이 더 쉬운 일이라는 걸 깨달았어요. 왜 괜히 이야기해서 어려움에 처하겠어요?

부모님은 본인들이 내 삶에 개입하지 않을 거라고 하고서는 이내 내게 이래라 저래라 간섭하곤 해서 날 좌절케 했어요. 나는 그들이 나를 알지 못하면 내게 무엇을 하라고 말할 권리도 없다는 느낌이 들었어요. 그들이 날 이해하려고 하지 않는데 내가 그들에게 고충을 털어놓고 싶을 이유가 있겠어요?

자녀이 청장년이 된 지금도 이야기의 초점을 부모님에게 이해 받고 싶은 데에 맞추고 있다. 자녀이 여기서 좌절감을 느끼는 것은 언어 장벽보다는 비언어적인 표현에 있다. 무거운 짐을 지고 사는 부모는 자녀의 삶이나 자녀이 무엇에 마음을 쓰는지 아무런 관심을 보이지 않는다. 부모와 나누는 최소한의 의사소통을 통해 그녀는 부모가 자신에게 귀를 기울이지도, 자신을 중요하게 여기지도 않는다고 느낀다. 그러나 자녀은 부모님보다 영어를 더 못하는 할머니와 더 많이 공감을 가진다. 둘은 언어 장벽에도 불구하고 좋은 관계를 유지하고 있다. 어쨌거나 그들은 함께 웃고 서로에게 연결되어 있다.

다음 사례 역시 2세대가 부모들을 향해서 느끼는 가장 공통적인 부분을 묘사해 주고 있다. C교회의 주일학교 시간에 내가 그들의 이야기에 귀를 기울여주는 것을 발견하자 청소년들은 그들의 마음에 구멍이 난 듯 가슴속에 있는 이야기들을 쏟아 붓기 시작했다.

새장 속의 삶

엄마 아빠는 여태 내가 아기인줄 아나봐요! 나는 외부의 압력도 있는 데다 집안의 압력까지 너무 많아요. 아빠는 내게 독립성이라곤 인정하지 않아요. 내게 충분히 독립할 시간을 주면 나는 감정적으로나 정신적으로 더 성장할 수 있을 텐데 말이죠. 예를 들어, 제 통금시간은 밤 11시예요. 세상에 중학생한테 말예요! 그들은 나를 그렇게 과잉보호할 필요가 없고 더 자유를 주어야 한다는 걸 이해하지 못해요. 나는 꼭 새장 안에 있는 것 같고 부모님은 주인 같아요. 나는 무얼 하든 죄책감을 느끼게 되고 아무 것도 자유롭게 할 수가 없어요. 그들은 내가 마약이나 나쁜 것들을 하지 않는다는 걸 알지만 그래도 나를 계속해서 집안에 가두어 두려고 하는데, 그 이유란 누군가가 나를 강간하려 들지도 모르고 내가 사고를 당할지도 모른다는 거예요! 범죄는 어디서고 저질러지는 거고 그렇다고 해서 나를 새장 안에 가둬 둘 필요는 없는데 말예요. 범죄가 저질러지는 걸 내가 어떻게 하겠어요! 그 또한 삶의 일부인 걸요.

한국부모들은 미국문화가 그들 청소년 자녀들을 너무 방임해 둔다고 생각한다. 사춘기 청소년들은 한국부모들이 너무 독재적이라고 생각한다. 서로의 시각으로 본 두 문화는 두 세대간에 극도로 양극화되고 있다. 자유와 독립이라는 미국적 가치관에서 보면 부모들은 완전히 독재적이고, 보수적인 한국문화의 시각으로 보면 자녀들은 언제 폭발할지 모르는 대포같이 보인다. 둘 다 그들의 세계관이 상충하는 것을 이어줄 매개체를 찾지 못하고 있다.

한국식이 항상 옳아요?

우리 부모님은 내가 말하고 생각하기도 전에 나에 대해 모든 것을 안다고 생각하세요. 그러나 그들은 나를 이해하지 못해요. 그러면 그들이 어떻게 나에 대해 아느냐구요? 그들은 내가 커서 그들과 같이 되거나 낫게 되기를 기대해요. 그것까지도 좋아요. 그러나 계속해서 그것에 대해 잔소리할 필요는 없잖아요. 왜 그들은 나도 인생에서 최고의 것을 바란다는 것을 이해하지 못하지요? 아니, 그건 내 인생인걸요. 문화가 그들에게는 아주 중요해요. 그러나 여기는 미국이고 우리들은 미국문화의 영향 속에서 자라나고 있어요. 그들은 항상 이렇게 말하죠, "그건 한국식이 아냐." 오, 나는 그 말을 증오해요.

2세들은 부모가 지닌 단일문화의 규범을 불공평하다고 생각하고 종종 참을 수 없어 한다. 만일 한국식이 항상 옳다면, 2세들은 부모들이 자신들의 커다란 일부분인 미국적인 것을 부인하고 있다고 느끼고 가슴 아파할 것이다. 다이안은 15살인데 부모님이 자신을 믿지 못하는 것에 대한 좌절감을 이야기로 나누었다. 문화적으로 근본주의자인 부모는 자유와 독립 같은 미국적 가치관을 수긍하지 않는다. 다이안은 부모님이 그녀와 가까운 친구들을 비판하기 때문에 아주 화가 나 있다.

겉 모양새

아빠는 내게 말해요. 나를 믿지만 그걸 표현하지 않는 거라구. 엄마는 너무 비판적이세요. 엄마는 화장을 짙게 하거나 유행을 타는 옷을 입은 내 친구들을 싫어해요. 엄마는 내 친구의 속마음을 보지 않아요. 그저 겉 모양새를 볼뿐이죠. 나는 엄마가 그럴 때면 정말 싫어요. 어느 날 엄마는 내 친구가 화장을 하고 이상한 옷을 입었다고 아주 더럽다는 듯이 바라보는 거였어요. 만일 엄마가 내 친구를 속마음으로부터 보거나 알았다면 놀랐을 거예요. 이 특별한 친구는 신실한 기독교인이거든요. 나는 정말이지 새 부모가 있었으면 좋겠어요. 우리 부모님은 우리를 잘 이해한다고 생각하지만 실제로는 그렇지 않아요. 나는 여전히 부모님의 현재 모습을 사랑하긴 하지만 내가 정작 어려움에 빠졌을 때 그들은 도움이 되지 않아요. 나는 때때로 죽을 것만 같아요. 나는 하나님께 왜 나를 창조하셨냐고 의문을 던져요. 나는 우리 가족에게 뭔가 변화가 일어났으면 좋겠어요. 하나님, 제발 저를 도와주세요.

1세대 부모들은 습관화된 문화에 눈이 어두워서 자녀들이 그들이 보이는 태도 때문에 무력하고 기운 없이 느낀다는 것을 전혀 눈치 채지 못하고 있다. 그들은 자녀의 유익을 위해 그렇게 하는 것이라고 굳게 믿고 있지만 양 문화 사이에 끼인 가슴 아픈 아이들은 어디서도 아무런 위로를 받지 못하고 있다. 다이안은 외롭게 하나님께 부르짖으며 절벽에서 뛰어내리고 싶은 마음을 억제해 왔다. 또 다른 청소년 주디는 부모에 대해 예리한 비평을 한다.

순종에 진절머리가 나요

우리 부모님들은 때로는 괜찮아요. 하지만 어떨 때는 현실감각이 부족해요. 내 생각에는 돈벌이에 너무 바빠서 전체 그림을 보지 못하는 것 같아요. 우리가 "집"에 오면 집에서 위로와 이해의 분위기를 기대하잖아요. 그러나 나를 가장 좌절시키는 것은 부모님이 나를 대하는 태도예요. 내가 단지 보살펴주어야 할 의무의 대상이라면 나는 때로는 화가 날지는 모르지만 그들의 무관심에 상관치 않을 거예요. 그러나 내가 내 삶에서 중요한 소재가 있어서 누군가와 이야기를 나누고 싶거나 의논을 하고 싶을 때, 내 생각에는 내가 엄마와 아빠와 자연스레 이야기를 나누고 싶고 또 그래야 한다고 생각해요. 나는 입을 앙 다물고 순종 잘 하는 "착한" 딸이 되어야만 해요. 나는 그렇게 키워졌고 내가 누군지 알기 전까지는 계속 그러한 상태로 남을 거예요.

쥬디는 집에서 자연스럽게 처신할 수가 없다. 그녀는 부모가 자기에게서 원하는 것은 외양적으로 순종하는 것일 뿐이라는 느낌이 든다. 가정생활에 있어야 하는 관계의 차원은 그의 가정에는 존재하지 않았다. 쥬디에 따르면, 그녀의 가정생활은 의무를 중심으로 돌아간다. 그녀의 부모가 자녀들이 어떻게 생활하는지 들으려하지 않거나 대화를 하지 않는 것을 보면 꼭 그들의 부모는 그저 의무 차원에서 자녀를 대하는 것 같이 보인다. 여태껏 2세들 모두가 목소리를 높여 이야기한 것을 귀기울여 보면, 부모들이 자녀가 속으로 무슨 생각을 하는지 이해하려고 노력하지 않는 것에 가장 상처를 받는 것으로 보인

다. 인생에 있어 가장 질풍노도와 같은 과도기에 한국계 미국인 청소
년들은 그들이 필요로 하는 보살핌을 향해 아우성치지만, 슬프게도
그들 중 많은 아이들이 가족생활에서 스스로 자기 문제를 해결하도록
남겨진다. 그들은 가슴의 생각을 쏟아 부을 다른 곳을 찾아야 한다.
다이안은 부모가 삶의 목적인 의미 있는 가족간의 관계보다는 생계,
즉 돈벌이에 몰두해 있다고 생각한다. 몸이 깡마른 리앤은 아주 조용
하고 사색적이다. 그녀는 C교회의 청소년부에서 덜 사교적인 축에
속한다. 그녀는 마음 속 깊은 생각을 명확하게 말로 표현한다.

섬 같아요

> 우리 엄마는 내가 중간에 끼인 아이라서 무시해요. 나는 아
> 무에게서도 관심이나 이해나 연민 같은 걸 받지 못해요. 내
> 가 만일 기독교인이 아니라면 지금쯤은 살아 있지 않을 거예
> 요. 우리 언니는 나한테 으스대지요. 내가 속으로 상처를
> 받는지 쯤은 상관하지 않아요. 엄마는 나를 다른 친구들이랑
> 비교하면서 항상 나를 깎아 내리세요. 우리 아빠는 때때로
> 이해심을 보이기도 하지만 대개는 도대체 일이 어떻게 돌아
> 가는지 모르고, 끼이기를 좋아하지도 않아요. 때때로 아빠
> 는 내게 화풀이를 하는데 내가 우리 집에서 제일 약자이기
> 때문이죠. 친구들이요? 나는 친구가 많긴 하지만 그들은 내
> 가 매 순간 아주 다르게 행동해서 나더러 이상하대요. 나는
> 나 혼자만 감정적인 문제를 가진 듯한 느낌이 들어요. 나는
> 때때로 아주 실패한 사람 같은 느낌이 들어요. 나는 나의
> 감정을 이해하는 솔직하고 진실한 친구가 한 명 있어서 나를
> 도와줄 수 있었으면 하고 바래요. 그러나 나는 기독교인이기
> 때문에 하나님이야말로 내 생애에 있어 가장 좋은 친구라는
> 걸 알아요.

리앤은 그녀의 모든 사교적 관계에서 불공평과 가식을 느낀다. 중
간에 끼인 아이인 그녀는 부모가 별로 관심을 보이지 않는다고 느낀
다. 가정에서 느끼는 주변인으로서의 위치는 다른 모든 관계에도 영

향을 미친다. 집에서 받는 취급을 속에 담고 있는 리앤은 화에서 죄책 감까지 감정의 동요를 일으킨다. 그녀가 안심할 수 있는 유일한 존재 는 그녀가 만질 수도 없고 느낄 수도 없는 하나님뿐이다. 그러나 그녀 의 영성은 삶에 의미를 부여해 주지 못하고 있다.

로맨스와의 전쟁

청소년 자녀의 로맨스를 두고 한인 이민가정의 두 세대간에 문화 전쟁이 일어난다. 청소년들은 그들의 부드럽고 연약한 감정이 부모의 감시 때문에 새장에 갇힌 듯한 느낌을 갖는다.

남자들은 다 이상해

우리 부모님은 아주 보호적이세요. 그들은 우리를 절대 믿지 않는데 특히 남자친구 문제는 더 그렇지요. 그런데 이 일에 서 중요한 것은, 제 생각에는 남자친구들도 사람이라는 거예 요. 만일 부모님이 그들을 안다면 도움이 될텐데 말예요. 그 러나 부모님은 그렇게 하려고 원치 않으세요. 그들은 내가 18살이든 혹은 31살이든—부모에 따라서 다르겠지만—"남 자는 이상하고 나쁘다"라고 적힌 표시를 달아두지요.

학생들이 복도에서 키스하는 것을 목격하고는 청도교적인 한국 부 모들은 청소년 자녀들의 사교생활에 극단적으로 예민해진다. 너그러 운 학교 분위기에 충격을 받은 부모들은 극단으로 반대 반응을 보이면 서 자녀들의 사교생활에 제재를 가한다. 젊은이들이 갖는 딜레마는 그들의 부모는 그들로 하여금 19세기 규범으로 되돌아가기를 기대하 는 반면, 가정 밖의 세계는 그들에게 21세기로 향하도록 들이민다는 것이다. 이런 양극 속에서 청소년들의 정상적인 성의 발달 주기는 부모의 극단성 때문에 억제를 받게 된다.

한국계 미국인 청소년들이 데이트를 하게 되면, 데이트는 결혼을 가정한다고 느끼는 부모와 자녀들 간의 세계관 충돌이 더욱 심화된 다. 한국계 미국인 젊은이들은 훨씬 격의 없는 태도를 가지고 있다. 자넷은 그녀가 무심결에 남자친구에 대해 한 말에 대해 아빠가 보인 반응이 어떻게 여태껏 수수께끼로 남아있는지를 기억한다.

데이트 혹은 이사?

　　글쎄요, 나는 내가 원했던 감정적 지원을 받지 못했어요.
나는 부모님께 내게 무슨 일이 일어나고 있는지 이야기하려
고 했는데 그들은 막 내게 화를 내는 거예요. 나는 어떤 식으
로든 문제를 일으킨 거였어요. 언젠가 내가 좋아하던 남자애
나 나중에 남자친구가 된 이나 아니면 다른 어떤 것에 대해
이야기를 하던 중이라고 기억되는데, 아빠는 내가 만일 데이
트를 하면 집을 이사해 버리겠다는 거였어요. 나는 너무나
화가 나서 어디로 이사가든지 데이트를 하겠다고 말했어요.
그는 내가 데이트를 할 때마다 이사를 하겠다고 말했어요.
나는 내가 데이트를 하는 것이 뭐가 잘못된 건지 이해할
수가 없었어요.

　　아버지가 자녓에게 보인 강렬한 반응은 많은 한국 부모들이 공통적
으로 느끼는 것으로 엄청난 두려움을 표시해 준다. 한국 부모들에게
데이트란 결혼을 전제로 하는 것으로 생각한다. 2세들은 그보다는
가볍게 데이트를 생각하는데, 바로 이것이 부모들에게는 이해할 수
없는 문화적인 차이이다.

　　몸에 배인 인종차별도 관계에 영향을 미치게 된다. 딸이 다른 인종
과 데이트를 한다는 것은 한국 부모들에게는 악몽과 같은 것이다.
자녓은 이웃이며 학교 친구이기도 한 아프리칸 아메리칸 남자 쟈수아
와 가까웠다. 이러한 상황에서 자녓의 아버지는 이사 말을 꺼내며
위협한 것이다. 아버지의 과민하고 과격한 반응에 충격을 받은 자녓
은 아버지와 의견을 달리 함에도 불구하고 이 사건 일화에 의해 영향
을 받게 된다. 그녀의 성적인 정체성은 그것이 채 꽃피기도 전에 미리
왜곡되어졌다. 청장년이 된 지금까지도 그녀는 데이트에 대해 미묘한
감정을 느끼는데 그것은 아버지의 말이 그녀의 머리 속에 메아리 되어
남아 있기 때문이다.

　　많은 청소년들이 데이트 때문에 생긴 가정의 전쟁을 이야기했다.
아래의 역할극은 B교회에서 금요 성경공부 시간에 재연된 것이다.

데이트 규율

딸: 나는 데이트하러 나가고 싶어요.
엄마: 그는 몇 살이니? 한국말은 하니?
딸: 20살이에요. 한국말은 할 줄 몰라요.
엄마: 대학은 졸업했니? 너를 먹여 살릴 수는 있니?
딸: 아뇨, 아뇨.
엄마: 흑인이 틀림없지! 집에서 텔레비전 보면서 음식이나 만들어.

청소년의 로맨스는 부모의 기능적인 현실주의가 앗아가 버렸다. 엄마가 던진 질문들은 결혼에 대한 한국인의 가치관을 드러내고 있다. 위의 대화에서 데이트와 결혼에 대한 기준 3가지, 즉 교육 정도, 돈, 민족성이 두드러지게 나타난다. 이러한 표준에서 벗어나면 한국계 미국인 젊은이들은 부모들과의 전쟁을 각오해야 한다.

사실 대부분의 한국 부모들은 딸들이 남자애들에게서 오는 전화를 받기 시작하거나 아들들이 계속 밖으로 나가기 시작하면 긴장하기 시작한다. A교회에서 열린 자녀 양육 소그룹에서 세 명의 엄마들은 그들의 청소년 자녀들의 데이트에 대해 의견을 나누었다.

단의 부모는 그들의 자녀들이 대학까지 마치고서야 상대방 성과 심각한 관계를 갖기 원한다. 그들의 맏아들이자 외동아들인 단은 대학원생인데 여태 데이트가 허락되지 않고 있다. 이는 한국에서 보냈던 학창 생활을 미국에 있는 자녀들을 통해 반복하려고 하는 한국 부모들 사이에서 공통되게 나타난다. 단의 엄마는 아들이 데이트하는 것을 그녀가 통제할 수 있다고 생각한다. 그녀는 말하기를 "나는 학기가 시작되면 데이트를 중지하라고 아들에게 말했어요. 여름에는 데이트를 해도 괜찮지만 학기 중에는 안돼요." 나는 단의 엄마에게 자신이 사춘기 때 따랐던 규율을 아들에게도 적용시켜서 그대로 따르라고 하느냐고 물었다. 어색한 웃음이 그녀의 온 얼굴에 번졌다. 단의 엄마는 확신에 찬 어조로 자녀들에게 공부에 우선순위를 두어야 한다고 말했음을 언급했다. 그녀는 말했다. "데이트는 저 사람과 결혼할 것이라고 확신이 들 때 하는 것이야."

부모들이 자녀의 학업에 강조점을 두는 것은 한국의 유교적 엘리트 가치관에 깊숙이 뿌리박고 있는 것이다. 한국 사회에서는 좋은 대학을 졸업한 엘리트 남자는 많은 여자들의 관심을 끌게 된다. 중매쟁이가 한국 사회에서는 합법적인 전문인이요 한국 사회의 핵심적인 일부로 여겨진다. 서울에 있는 유수 대학을 졸업한 의사나 변호사 같은 엘리트 남성들은 중매 시장에서 남편감으로 엄청난 값이 매겨진다. 1세 한국인 부모들은 여전히 그러한 상황에서 생각하고 있고, 젊은 세대는 그런 상황에서 괴리감을 느낀다.

이러한 좌절감에 덧붙여 언어와 문화적인 동화를 위한 간격이 있다. 중국계 미국인들이 ABC (American-born Chinese 미국에서 난 중국인)와 OBC (Overseas-born Chinese 해외에서 난 중국인)를 구분하는 것처럼 한국계 미국인들도 1.2, 1.3, 1.5, . . . 1.9세 등으로 나누어진다. 미국에서 태어나지 않았으면 몇 살에 미국에 도착했느냐에 따라 그들은 세대를 조각으로 나누는데 이렇게 되면 짝을 찾기가 더 힘들어진다.

동화와 데이트의 관계

한국 부모들은 그들의 자녀들이 존경과 고마움을 부모들에게 표현하기를 기대한다. 그들은 자녀들에게서 존경과 고맙다는 표현을 기대하는 반면, 자녀들은 친구를 고르거나 데이트 상대를 구하는 것과 같은 사교생활에 있어서 독립과 자유를 기대한다. "독립심"과 "자유"와 같은 단어들은 많은 한국 부모들에게 스트레스를 준다. 그들은 이미 가정 외의 사회생활에서 역기능을 느끼고 있다. 그들은 자녀들을 통제할 수 없다는 느낌을 갖고 싶지가 않다.

영어를 능숙하게 말하지 못하는 한국 부모들은 어른이 아이가 된 듯한 어정쩡한 위치에 놓여지게 된다. 동족의 테두리를 벗어나서 매일 같이 사회 활동을 하면서 그들은 쉴새 없이 좌절감을 경험한다. 게다가 가정생활 역시 그들의 스트레스를 덜어주지 않는다. 자녀들을 양육하려면 부모들은 자기네가 꺼리는 미국식이 되어야함을 느낀다. 예를 들어, 존경에 대해서 서로가 가정하는 것이 세대간에 다르다. 1세대는 지위에 의해 존경이 주어진다고 생각하는 반면, 2세대는 존경은 성취되고 얻어지는 것이라고 생각한다. 그래서 두 세대가 서로에게 바라는 기대감이 다른 선상에 놓여 있다. 젊은 세대들은 부모가 존경심을 얻기를 기대하는데 이는 부모들의 기분을 해친다.

그래서 한국 부모들 사이에는 자녀들의 결혼 상대로 이중언어를

말하고 아주 전통적인 사람을 기대하는 것이 보통이다. 그들은 적어
도 한국화된 며느리를 얻어서 의사 소통이 가능하고 어느 정도 자기네
가 통제를 할 수 있어야 한다고 생각한다. 어른들은 종종 아들의 아내
가 아니라 자신들의 며느리를 찾는다. 그러나 한국계 미국인 여성들
은 자기네들을 가부장제의 속박에서 자유롭게 하는 미국문화에 동화
하려는 경향을 가지고 있다. 바로 이것이 미국에서 태어난 2세이며
영어만 말할 줄 아는 재은이 한국문화와 한국어에 훨씬 편안한 1.3세
인 DJ와 데이트를 시작하면서 DJ의 부모와 겪어야 했던 어려움을
설명하는 이유가 될 수 있다.

한국 기준에 의해 비판을 당하다

　DJ의 누나인 명숙이는 DJ가 재은과 데이트를 나눈 몇 년 동안 많은
스트레스를 받았다. DJ의 가족은 재은을 좋아하지 않는데 그것은 그
녀가 많이 미국화 되었기 때문이다. 그들이 재은을 미국화 되었다고
거부하는 증거로 드는 것은 그녀가 여행을 자주 한다는 것, 과거에
사귀던 남자가 많았다는 것, 한국말을 거의 못한다는 것, 그리고 옷차
림새 등이다. 그녀는 물론 전통적인 한국 여자는 아니다. 그녀는 한국
계 미국인으로서 스스로 미국문화와 자신을 더 동일시한다. 그러나
DJ는 비록 미국에서 자라나긴 했지만 모국어는 한국어이다. 그는 재
은이 첫 번째 데이트 상대이다. 재은의 부모는 DJ의 부모보다 미국에
산 지가 몇 년 더 오래 되었다. 그 가족이 가진 중요한 차이라면 문화적
적응에 대한 기본적 태도에 있다. 재은의 부모는 둘 다 영어를 할
줄 알고 미국문화에 동화하는 것에 대해 더 개방적이다. DJ의 부모는
미국문화에 대해 적대적이라고 할 수 있다.

　재은이 가슴 아프게 인용한 말에 의하면, 그의 부모는 대학교 3학년
인 DJ가 데이트하기엔 너무 어린 나이로 아직은 학업에만 전념해야
할 때라는 것이다. 그녀는 탄식하면서 말한다. "심지어 대학을 졸업한
후에도 DJ네 부모는 직업을 가진 후 2년 후에라야 데이트를 하라고
해요. 나는 그를 위해 4년을 더 기다릴 순 없어요."

　이러한 전통적인 태도로 DJ의 가족 모두는 재은에 대해 비판적이
다. 그들은 재은으로서는 알 길이 없는 규칙과 기준으로 그녀를 재고
있는 것이다. 전통적인 한국적 기준에 의하면, 재은은 개방적이고 품

행이 방정치 못하다. DJ와 재은은 DJ 부모의 압력 때문에 몇 번이나 헤어져야 했다. 그럴 때마다 재은은 출구가 없는 곳에서 옴짝달싹 못하는 기분이다. 그녀는 DJ를 사랑하고 있고 DJ 또한 그녀만이 그의 결혼 상대자라고 느낀다는 걸 알면서, 다른 사람과 데이트하는 것은 옳지 못하다고 생각한다. 그녀는 DJ 부모의 부당한 거부로 인해 삶의 가장 어려운 때를 경험하였다. 재은은 그녀가 만일 다른 관계를 추구하면 DJ 부모가 말하는 대로 "그녀는 끼가 있다"는 주장을 정당화하게 된다는 사실 때문에 갈등하고 있다. 반면 그녀는 DJ의 부모가 미래의 "그 때"가 되면 그녀를 인정할 거라는 것을 확신하지 못하면서 4년을 더 기다릴 자신은 없다. 그녀는 DJ의 부모가 마침내 그녀를 받아들일 때까지 거부당하는 아픔을 겪어야 했다.

역설적이게도 케케묵은 한국의 전통적인 가치관, 즉 한국에서는 더 이상 지켜지지 않는 그러한 가치관이 미국에 사는 DJ의 부모에게 상대적으로 작용하고 있다는 것이다. DJ의 부모는 여자는 오직 결혼하기 위해서만 남자와 데이트를 해야 한다고 생각하는데, 이 생각은 자신의 딸들조차 따르지 않는 것이다. DJ와 재은은 DJ의 부모 때문에 강제로 몇 번 갈라서긴 했지만 자신들의 관계를 포기하지 않았다.

데이트 문제는 사춘기 자녀와 부모들 간에 감정적 대립을 일으키는 가장 큰 사건 중의 하나이다. 그것은 1세대와 2세대간에 있는 문화적 갈등을 더 심하게 만들어 줄 뿐 아니라 동화의 격차 또한 심화시킨다. 동화에 의해 일어나는 갈등은 한국 이민자 공동체뿐만 아니라 교회에서도 심각하다.

소문과 데이트

데이비드는 로스 엔젤레스에 있는 아주 보수적인 교회에 출석하고 있다. 부모님들이 로스 엔젤레스로 이민해 온 후 그들은 내내 A교회에 출석해 왔다. 커뮤니티 칼리지 학생인 데이비드는 열등의식을 느끼는데 왜냐하면 교회의 다른 핵심 지도자들의 자녀는 아이비 리그가 아니면 적어도 캘리포니아 대학 정도는 다니기 때문이다. 데이비드의 아버지는 A교회의 장로이다. 굳게 결속된 교회 공동체에서 데이비드의 행방을 주시하는 많은 눈들이 있다. 데이비드는 감정적으로 롤러코스터를 타고 있다. 그가 자신이 느끼는 좌절감을 이야기한 것은 그가 심히 시무룩해져 있을 때였다. 그의 엄마는 데이비드가 교회의 대학생부에서 회장으로 선출되기를 바랐다. 그녀는 이번 선거 결과를 두고 데이비드가 미래에 목사가 될 것인가 아닌가 내기를 걸고 있었다. 그의 엄마에 따르면, 만일 데이비드가 회장으로 선출된다면, 그것은 하나님이 그녀의 아들을 목사로 삼기 원하시는 표라는 거였다. 이런 상황에서 데이비드에 대한 소문이 교회 어른들 사이에 퍼지기 시작했다.

> 나는 내가 어른이 되면 우리 부모님처럼 되고 싶지 않아요. 나는 항상 우리 부모님은 남들과 다르다고 생각했어요. 나는 그들은 교회에서 떠도는 소문에 신경 쓰진 않을 거라고 생각했어요. 나는 내 친구 지연이와 함께 학교에서 많은 시간을 함께 지냈어요. 매 주일마다 주일학교가 끝나면 사람들은 모두 가버리지만 우리는 회의가 있어서 기다려야 했어요. 지연이와 내가 간부이기 때문에 같이 시간을 보내는 때가 많게 되었지요. 때때로 지연이과 내가 함께 자동차가 있는 곳까지 가곤 했고, 우리가 함께 걷는 것을 본 사람들은 지연이와 내가 데이트중이라고 소문을 퍼뜨렸어요. 우리 엄마는 처음부터 지연이를 좋아하지 않았어요. 그녀는 지연이가 영적이지 못하고 예쁘지도 않다고 생각해요. 엄마는 밖에 보이는 것이 중요한 것이 아니라 안에 있는 것이 중요하다고 말하곤 했으면서 말이죠.

A교회에 다니는 대부분의 청장년들은 1세대들의 주목을 숨막혀 한다. 교회에서 영어 회중의 한 명인 데이비드는 단지 그가 충분히 한국적이지 못하다는 이유로 1세 교회에서 "타인"이 되어 버렸다. 교회에서 영어로 말하는 세대는 숫자가 아주 적고 그들은 고립된 섬에 사는 사람들처럼 서로 뭉쳐 있다. 데이비드의 부모는 데이비드가 지연과 데이트를 한다고 생각하기 전에는 미국화 된 자녀들에게 대해 공감적인 태도를 보였었다. 그러나 실망스럽게도 그들이 지연을 드러내놓고 판단할 때, 그들이 입으로 가르치던 것과는 달리 깊이 자리잡고 있던 가치관이 표면에 드러난 것이다.

한국계 미국인 기독교 청장년들에게는 한국 교회야말로 배우자를 찾을 수 있는 유일한 장소이다. 한국인들은 결혼을 가족사로 여기기 때문에 교인들 간의 데이트는 그 교회에 개입된 가족들 간에 정치적인 것으로 둔갑하기도 한다.

기독교인 족보에 대한 믿음

많은 한국 기독교인들은 어머니의 기독교 신앙을 통해 "모태 신앙"으로 태어난 것에 대해 자부심을 갖고 있다. 이 말은 단순히 그 사람은 태어날 때부터 시작해서 2대째로 기독교인이란 뜻이다. 한국인의 족보에 대한 강한 가치관이 한국 기독교에 전수된 현상이다. 이 개념은 기독교인의 결혼에 높이 평가된다. 대학교 새내기인 제인은 부모님이 데이트와 기독교 족보에 대해 가지고 있는 규칙 때문에 마음 고생을 하고 있다.

제인은 최근에 A교회에 다니기 시작한 기독교인 대학생 준철과 데이트를 하기 시작했다. 그는 최근에 개종했으며 부모는 골수 불교 신자이다. 한편 제인은 3대째 기독교인이다. 준철과 데이트를 하기 전 제인은 오빠 친구와 데이트를 하고 있었다. 제인의 부모님은 그 남자를 믿었는데 그 이유는 그가 아들 친구고 또한 아버지가 로스엔젤레스에 있는 어느 한인교회의 장로였기 때문이다. 한편 제인의 말에 따르면, 그 남자 친구는 그다지 신앙심이 없었다고 한다.

제인의 부모에게 중요한 것은 그 남자의 부모가 교회에서 어느 정도 지위를 갖고 있다는 것이었다. 제인은 부모님이 3대째 기독교인인 자신에게 얼마나 자부심을 갖고 있는가를 알고 있다. 그들은 제인도 3대 기독교인 청년과 결혼하기를 기대한다. 조용하고 내성적인 제인은 부모님의 의견에 동조하지 않지만 감히 그렇다고 표현하지 못한다. 그녀의 부모님이 요구하는 순종은 거의 맹종에 가까운 것이어서 그녀는 그들과 그 점에 대해 의논할 여지를 찾지 못한다. 그 결과 제인은 부모의 통제에 대응하는 방법으로 비밀과 거짓말을 사용하고 있다.

희생양으로서의 교회

제인은 엄마에게 교회 성경공부를 간다고 이야기하고는 실제로는 준철과 데이트를 하러 나갔다. 딸이 거짓말을 한 것을 알고 난 제인의 부모는 화가 나서 교회 지도자에게 이렇게 불만을 토로한다. "어떻게 했기에 우리 딸이 특별 성경 세미나에 참가하고서도 변화 받지 못할 수가 있는가?" 그들은 제인이 성경을 읽고 있어야 함에도 불구하고 세속음악을 듣는 것을 보고 소란을 떨었다.

교회와 세상에서 이중적인 삶을 살고 있는 독선적인 엄마는 딸의 거짓말을 두고 교회를 비난하고 있다. 이와 같이 그녀는 교회가 자기 딸의 행위를 고쳐주기를 기대한다. 자기 딸의 문제를 교회에 전가시키고 있는가 하면 본인 스스로는 부모로서의 역할을 이행하지 않는다. 결론적으로 그녀가 옳다고 생각하는 것이 그녀의 딸이 기능 장애를 일으키는 것보다 더 중요하다고 생각하는 격이 된다. 맹목적인 독선으로 가득 찬 그녀는 딸에게 교회 성경공부에 가는 것을 금지함으로써 교회와 딸 둘 다 벌하기로 결심한다. 그녀가 원하는 것은 준철이 제인을 차로 데리러 오지 못하도록 하는 것이었다.

많은 부모들이 자기 잘못을 자녀들에게 시인하면 그들 앞에서 권위를 잃는다고 생각하는데 사실은 그 반대이다. 제인과 같은 젊은이들은 엄마의 권위에 고분고분한 체 하고 있는 것이다.

기독교인 족보에 우선하는 돈

돈의 힘은 쉽사리 3대째 기독교인의 중요성 같은 우선적으로 치던 가치관을 앞지른다. 이런 일이 제인에게 일어났다.

준철은 제인의 부모님에게 편지를 보내 자신이 누구인가를 보여주기 위해 방문하겠노라고 알려 왔다. 제인의 아버지는 이에 대해 좋게 받아들이면서 준철을 자기와 부인을 방문할 만큼 뚝심이 있고 용감하다고 여겼다. 그는 준철이 제인과의 관계를 똑부러지게 이야기하는 것에 감동을 받았다. 그리고 그 때는 제인의 부모가 준철이 한국에서 백만장자의 맏아들이라는 것을 알고 난 후였다.

돈의 위력은 종교적인 차이를 초월한다. 백만장자의 아들이라는 것은 너무나 막강해서 제인의 부모에게는 더 이상 준철의 불교적 배경이 문제가 되지 않았다. 교회와 세속적인 이중적인 삶에 빠진 제인은 부모는 두 가지 합해질 수 없는 신념인 기독교 족보와 금전의 신 사이에서 씨름할 필요가 없다. 신앙이 정립되어 있지 않을 때 사람들은 쉽사리 하나의 신앙에서 다른 신앙으로 옮아가게 된다. 대학생으로서 돈을 흥청망청 쓰는 준철의 생활방식은 모든 사소한 시끄러운 요소들을 제거시킨다. 금전의 신은 쉽사리 기독교인 족보를 대신하게 되었고, 제인의 영적 성장에 대한 관심 역시 서서히 줄어들었다. 상류층의 삶의 스타일에 정신 나간 그녀는 준철의 돈을 자유자재로 쓰게 되었다. 그들은 빨리 결혼하게 되었고, 또 빨리 이혼하고야 말았다.

인종의 차이와 사회적인 테두리

만일 기독교인 족보가 문제가 된다면 한국인과 데이트를 하고 결혼하는 것이 한국 부모에게 있어 가장 중요한 협의 사항이 된다. 팻은 증조 할아버지가 1세대였기 때문에 거의 4세대 한국계 미국인이지만, 여전히 팻은 자신을 한국계 미국인으로 여기고, 또한 그녀가 사회생활을 할 때 이중문화적인 입장을 거부할 수 없다는 것을 알고 있다. 동계 교회 수련회에서 10학년인 팻은 이렇게 말한다. 나는 백인 남자와 나의 관계를 생각조차 못하겠는데 그들은 너무 나와 다르게 보이기 때문이에요. 그러나 나는 잘 생긴 한국계 미국인 남자를 본 적이 없어요.

수련회 동안 그 방에는 다섯 소녀가 있었는데 모두 금발과 푸른 눈을 가진 남자에게 매력을 느낀다고 하였다. 그들은 모두 육상선수거나 영화배우였다. 그러나 팻은 매력을 느끼는 것과 결혼 사이에 명확한 선을 그었다. "나는 잘생긴 백인 남자와 데이트를 즐길 수는 있어요. 하지만 결혼 문제에 이르면 나는 일본계나 중국계 미국인과 결혼하겠어요"라고 팻은 말한다.

문화적으로 팻과 다른 소녀들은 서양적인 관점을 갖고 있지만, 그럼에도 불구하고 그들은 사회적으로는 자신들이 훨씬 제한되어 있음을 깨닫고 있다. 그들의 대화는 주류 청소년 문화를 중심으로 이루어지는데 그들 모두 영어를 모국어로 쓰기 때문이다. 그러나 일상생활에서 그들은 사회 경제적으로나 인종적으로나 소수민족으로서의 자신을 직면하게 된다. 팻이 데이트 상대로는 백인을 선호하고 결혼 상대로는 한국계 미국인을 선호하는 것으로 명확하게 선을 긋는 것은, 그녀가 인종의 차이에 있어서 명확한 사회의 테두리를 인정하고 있음을 시사해 준다. 팻이 일본계 미국인이나 중국계 미국인 배우자를 선호하는 것은 그들의 이민사가 한국에 비해 오래 되었기 때문이

다. 특별히 관계에서 독선적이지 않은 태도가 팻의 관심을 끈다. 그녀
의 가치관은 주류 미국문화에 의해 많이 형성되고 있는데, 그 결과
한국계 미국인들 사이에서 남자친구를 찾을 확률은 많이 줄어든다.
이들 소녀들에게는 남성 독단적인 한국적인 남자들에 대한 심한 거부
감이 자리하고 있다.

데이트 유형이나 친구들 간의 대화를 통해 세대간의 연속성이 얼마
나 많이 1세대 한국인으로부터 이어져 왔는가를 알 수 있다. 많은
한국계 미국인 청소년들에게 있어 사회제도는 아주 엄격하다. 자신들
을 미국인과 더 동일시하는 청소년들은 데이트나 결혼에 있어 가족의
규범에 의해 많은 제약을 받는다. 한국 부모들은 자녀들의 사교 영역
에 엄격한 한계선을 그어놓는다. 그들은 자녀들이 한국계 미국인 친
구들을 찾기를 바라고 계속해서 자녀들에게 타인종과의 결혼은 사회
적 금기라는 사상을 주입한다.

특히 기독교 소녀들은 한국계 미국인 기독교인들을 만날 기회가
아주 드물다. 교회는 필사적이 된 부모들이 배우자를 찾는 곳이 되고,
젊은이들은 2세들이 활발하게 참여하는 교회로 함께 모여든다.

나는 누구인가?

자아 인식을 형성하는 중요한 시기에 한국계 미국인 젊은이들은
여러 세계 사이에서 문화의 줄다리기를 경험하고 있는 자신을 발견하곤
한다. 청소년들의 정체성은 자신들의 문화인 청소년 문화에 순응하지
못할 때 위협을 받는다. 영국의 사회학자인 제이 에이 월터는 사춘기
소년 소녀들이 청소년 문화에 자신을 동일시하려는 것을 가리켜 그들
을 어린이 시기에서 청소년으로 갈라놓는 통과의식(rite of
passage)이라고 일컫는다.

수많은 산업들이 이러한 청소년들의 소속욕을 알고 많은 돈을 청소
년들을 위해 투자하고 있다. 오늘날 많은 청소년들은 또래에 맞추기
위해 과거 어느 때보다도 유명 상표의 옷을 사야 하는 경제적인 압력
을 느끼고 있다. 광고는 청소년들로 하여금 옷을 잘 차려입을수록
더욱 인기 있게 될 것이라고 세뇌시키고 있다. 자연스레 패션은 오늘
날 청소년들의 최고의 관심사의 하나가 되었고, 그것은 또래 집단의
압력에 의해 더욱 강화된다. 청소년 패션에 순응하라는 또래집단의

압력은 청소년들을 계속해서 쇼핑몰로 내몰고 있다. 부모로부터 거리감을 느끼는 한국계 미국인 청소년들은 또래 세계에 빠진다. 역설적이지만, 그들이 부모로부터 원하는 친밀감이나 유대감을 받지 못할 때, 그들은 부모로부터 자유와 독립을 요구함으로써 자기 또래들과 더 많은 시간을 보내기를 원한다.

이를 요약하면서 자넷은 2세들의 관점에서 부모님들에게 바라는 것을 이렇게 표현한다.

세대차를 좁혀 주는 도구들

나는 많은 대화와 이해를 제안하고 싶어요. 나는 내가 왜, 무엇을 하고 있는지, 한번도 질문을 받은 적이 없어요. 그것은 나와 부모님과의 사이에 커다란 거리감을 남겼고 여태까지 남아 있어요. 나는 더 이상 그들이 내 삶에 개입하지 않기를 바라는 시점에 이르렀는데, 왜냐하면 이제는 그렇게 하기엔 너무나 많은 노력이 들기 때문이죠. 내 삶에 일어나는 사실에 관한 정보는 감정을 배제하고 사람들에게 이야기할 수 있지만, 감정적인 정보는 전해 주기가 훨씬 어려워요. 나는 어떤 사람이 나에 대해 정말 알기를 원한다면 그제야 그렇게 할거예요.

자녀들을 다른 문화에서 키우다 보면 마주치게 되는 여러 가지 문화적 차이점들이 있어요. 그것들은 그 자체로 나쁘다거나 좋다기보다 그저 다른 것이랍니다. 그러한 차이점들이 무엇인지 왜 그러한 것들이 존재하는지 이야기하세요. 그렇게 하다보면 모든 사람들이 자기의 감정에 대해 말하는 것에 안전하게 여기는 분위기가 조성되고, 그렇게 하면 당신은 어떤 사람을 사람으로 여기는 투자를 하는 거예요. 때때로 사회적이거나 혹은 문화적인 경계선을 접어두고서 단지 다른 사람을 사랑하는 것이 필요할 때도 있어요.

결국 마음에서 마음으로 건네는 의사 소통은 언어나 문화의 장벽을 초월한다. 언어의 장벽에도 불구하고 자넷과 할머니는 깊은 유대감을 느낀다. 할머니가 사랑으로 보여주는 존재와 행동은 자넷의 외로운 가슴을 어루만져준다. 또한 청소년부는 그녀에게 대가족이 되었다. 그 공동체는 비록 흩어졌지만 추억들은 언제든지 우리를 하나로 묶어준다. 다음 장에서는 어떻게 하면 교회가 방황하고 침묵하고 있는 세대들에게 정체성과 은사를 발견할 수 있도록 감정적이고 영적인 진공 상태를 채워줄 수 있을지 살펴볼 것이다.

도우미: 성스러운 공간 만들기

의사소통을 하기 위해 계속 같은 방법에 의존할 필요는 없다. 두 개의 언어를 사용하기 때문에 깊은 감정적인 문제들을 말로 표현하기 어려운 가정에서는 의식을 통해 말로 표현하지 못하는 감정을 불러일으키는 특별한 시간과 공간을 마련할 수 있다. 의식(ritual)은 부모와 자녀의 필요를 동시에 채워줄 수 있다. 그러나 현대의 가족들은 모든 사람들이 함께 모여서 연결할 수 있는 가족간의 의식이 부족하다. 심지어 식사시간마저도 텔레비전 때문에 혹은 다른 활동들 때문에 희생되어 가족 구성원들을 분열시킨다. 부모들이 지도력을 가지고 가족이 다함께 할 수 있는 공동의 시간을 계획하지 않는 한, 가정은 사람들이 각자의 일정에 따라 들어오고 나가는 하숙집으로 변하게 된다. 이민가정을 강화하고 다리를 놓을 수 있는 두 가지 중요한 가족 의식을 들자면, 주말의 저녁 식사, 그리고 가정예배이다. 나는 부모들이 자녀들의 삶을 이해하고 개입하려고 애쓰는 가정의 청소년들은 안정감이 있고 만족감을 느끼는 것을 발견했다.

묵상을 위한 질문:
세족 의식에 대하여 (요한복음 13:1-17)
1. 예수님은 어떤 상황에서 제자들의 발을 씻기기 시작하시는가?
2. 예수님은 머리와 가슴에 어떤 생각을 하고 계신가?
3. 왜 예수님은 제자들의 발을 씻기시는가?
4. 제자들은 어떻게 반응하는가?
5. 예수님은 제자들의 발을 씻기는 것으로 어떤 의사 소통을 하시는가?

적용: 위에서 아래로 향하던 의식에서
안에서 밖으로 향하는 의식으로

수양회 동안 1세대와 2세대가 커다란 방에 함께 모였다. 그들은 가족끼리 자리잡고 앉았다. 혼자 참석한 사람들은 다른 가족들과 합석했다. 아버지들은 물통을 가지러 맨 앞으로 나오도록 인도되었다. 그들은 걸어 나와서 맨 앞에 줄을 서야 했다. 그들이 물통 가득 든 물을 들고 가족들에게 가서 먼저 제일 어린 자녀의 발을 씻기고 맨 나중에 부인의 발을 씻기도록 안내를 받았다. 그리고 마지막으로 부인이 남편의 발을 씻겼다. 아버지들이 자녀들의 발을 조용히 씻기자 감정적인 돌발 상황이 일어났다. 가족 구성원들은 서로를 얼싸안고 울면서 오래 동안 품고 있었던 반감을 풀기 시작했다. 세족이 끝난 후 나는 사람들을 앞으로 나오게 한 후 그들의 경험을 나누도록 초대했다. 놀랍게도 여자들이 아니라 교회의 장로님들과 다른 남신도들이 먼저 나와서 이전에 그들이 결코 경험하지 못했던 강렬한 감정을 자유롭게 나누었다. 2세들은 부모님들과 감정적으로 연결된 것에 대해 만족해 보였다.

예수님은 저녁에 식탁 친교라는 아주 친밀한 상황에서 제자들에 대한 자신의 사랑을 보여주셨다. 예수님의 감정은 복합적인 것이어서 말로는 표현하기에 적당하지 않아서 세족이라는 의식으로 표현하셨다. 세상에 대한 사랑과 그러한 세상을 뒤로하고 떠나야 하는 마음을 의식을 통해 보여 주셨다. 게다가 제자들이 가지고 있던 계급적인 시야도 바뀌게 되었다. 예수님의 의식을 우리가 재현함으로 가부장적인 계급의식은 무너지고 가족은 구성원의 지위가 아니라 한 단위가 되어 서로가 누구인가를 만날 수 있었다.

남편과 나는 많은 청소년들의 대리 부모가 됨으로써 그들에게 있던 감정적인 진공상태를 메워주었다. 밤늦게까지 눈물겨운 이야기에 귀를 기울여 주면서, 또 그들의 통과의식을 통해 과도기를 축하하면서, 함께 미식 축구를 하고, 운동장에서 땀을 흘리면서, 우리 집을 식탁 친교를 위해 개방하고, 청소년들과 함께 깊은 유대 관계를 가지면서 말이다. 진정한 의미의 공동체는 그 속에서 지도자를 배출해 냈고, 목자인 우리들은 그들의 장점을 찾아내 주어 하나님이 그들에게 주신 은사들을 사용할 수 있도록 기회를 제공하였다.

4 장

제2의 고향으로서의 이민교회

만일 우리 적이 우리 안에 있다는 것을 깨닫지 못하면 우리
는 "저기" 다른 사람들 안에 적을 만들어 낼 수천 개의 방법
들을 찾을 것이다. 그렇게 되면 다른 사람들을 자유케하기
보다는 그들을 압제하는 지도자가 되어 버린다.

—파커 제이 파머,

당신의 삶으로 말하게 하라 (Let Your Life Speak)

김일수 씨는 설명하기를 한인 이민자들에게 한인교회는 대가족과
마찬가지라고 한다 (1981:199). 한인 이민교회는 한인 이민자들에
게 일자리, 감정적이고 사회적인 지원, 친교, 그리고 지도력 모델을
제공함으로써 한인 이민자들에게 생명줄과도 같은 존재가 되어 왔다.
그 곳은 대다수의 한인 이민자들에게 제2의 고향 역할을 제공해 왔다.
변화무쌍한 이민생활에서 한인교회는 이민자들에게 문화의 안식처
역할을 한다. 그러나 두 세계에서 살고 있는 2세들에게 독특한 영적인
필요를 제대로 채워주지 못하고 있다. 지난 10년 동안에 영어 회중이
등장하기 시작했기 때문에 1세대들의 모델이 그들에게 영향을 미쳐
왔다.

문화의 안식처

A교회는 교회가 갈라지면서 세워졌다. 이전의 교회 교인들 중 절반
이 오 목사를 따라 나가서 새로운 교회를 만들었다. 이 교회는 주일
아침에 400명 정도가 출석하고, 오후에는 150명 정도가 출석한다.
이 교회는 14년의 역사를 가지고 있다. 이 교회를 개척한 담임목사를
제외하고는 A교회의 목회지도력은 계속해서 바뀌었다. 이는 교회의
영적인 질에 커다란 영향을 미쳤다. 1세보다는 2세들이 1세가 중심이
되는 교회에서 더 심하게 문화적, 구조적, 그리고 언어적 장벽을 경험
한다.

대가족으로서의 교회

대가족으로서의 이민교회는 이민가정에 이미 존재하고 있는 세대 간의 문화적인 갈등을 똑같이 보여준다. 그래서 젊은 세대들이 1세 교회로부터 독립하려는 시도는 가족으로부터 떨어져 나가려는 시도로 여겨진다. 사춘기 청소년이 운전 면허증을 따게 되는 순간부터, 부모가 다니는 교회에 잘 개발된 영어 목회 프로그램이 없는 한 그들을 부모가 다니는 교회에 잡아두는 것은 도전을 받게 된다.

청장년이 된 룻과 남동생 폴은 가정예배와 주일에 철저하게 지키던 안식일에 대해 이야기한다. 청장년이 된 그들은 그들이 물려받기만 한 신앙에 의문을 가지면서 나름대로 재해석하는 단계에 놓여있다. 룻은 하나님의 은혜에 대해 질문을 한다.

룻의 가족이 로스 엔젤레스로 이민 온 것은 그녀가 다섯 살 되던 해였다. 양쪽 부모님 모두가 한국에서 고등교육을 받았기 때문에 자녀들에 대한 그들은 교육열은 아주 높았다. 룻과 그녀의 형제들은 모두 최고 학력을 마침으로써 부모의 기대를 달성하였다. 대학원에서 사회과학을 전공한 룻은 그녀의 정체성과 관련하여 핵심 교리 중의 하나인 하나님의 은혜에 대해 의문을 갖는다.

왜 하나님께 받아들여지기 위해 은혜를 필요로 하나요?

나는 무력하게 느끼기 때문에 지배를 통해 힘을 획득하려고 해요. 나는 비판적이 되곤 해요. 나는 나를 작은 상자 속에 가두고, 다른 사람들도 작은 상자 속에 두고 내가 지배한다고 느끼기를 원해요. 나는 내 모습 그대로 나를 받아들이지 않고, 다른 사람들도 그 모습 그대로 받아들이지 않아요. 나는 좋지 않는 것들을 다른 사람 탓으로 돌려요. 나는 은혜를 받아들인다는 것이 참 힘들어요. 왜 하나님은 내 모습 그대로 날 받아들이지 않죠? 왜 하나님께 받아들여지기 전에 은혜가 필요한 거죠? 은혜란 개념은 날 성가시게 해요. 나는 하나님을 신뢰할 수가 없어요. 믿음에 의해 살기가 내겐 아주 어려워요. 우리 엄마는 믿음에 의해 살지요.

무력감은 1세대와 2세대간의 다리 역할을 할 수 있는 강력한 잠재력을 지닌 1.5세대, "이도 저도 아닌" 세대들에게 고루 스며 있다. 이중문화의 정체성에 이르기 전에 1.5세대들은 "이도 저도 아닌" 단계에서 강한 상실감을 경험한다. 신학적인 한계 내에서 룻은 왜 하나님의 은혜가 무조건적인 사랑이 아니라 또 하나의 다른 인정이나 승낙을 받는 느낌을 들게 하는지 그녀의 생각을 호소력 있게 표현하고 있다. 부모와 사회구조가 만든 테두리를 확대시키면서 룻은 자기가 과연 누구인지 알려고 노력하고 있지만, 아직 자신이 어떤 사람이 될 것인지 미래의 모습을 그리지 못하고 있다. 소속감을 정직하게 찾으려고 추구하면서 룻은 무소속의 과정을 지나고 있다. 혼돈에 빠진 다른 이민가정과는 달리, 부모님이 보여준 영적 훈련은 그녀에게 직접적인 가정의 규범과 신앙의 표현들을 제공해 주었고, 그녀는 이들과 씨름해야 했다 (빌립보서 3:7-11). 가정의 영적 훈련을 가족의 가치관으로 여기는 부모들은 그다지 많지 않다.

이 가족을 하나로 묶는 것은 부모의 기독교에 대한 눈물겨울 만큼의 헌신과 이민교회에 대한 희생적인 충성심이다. 룻의 부모님은 가정예배를 통해 한국적이고 기독교적인 가치를 자녀들에게 불어넣었다. 때로 예배가 도전으로 여겨지기도 했지만, 동시에 자녀들에게 한국어를 잊어먹지 않게 하는 유익도 가져다주었다. 특히 자녀들이 대학생이 되었을 때 그들은 자신의 가정에서 배운 가족의 가치관이 주류사회의 시각과 대치되는 것을 보게 되었다. 교회에 뿌리를 둔 그들 가정의 규범과 가치는 마치 아픈 엄지손가락처럼 두드러졌다. 룻의 남동생 폴은 안식일 규범이 그의 대학생활과 얼마나 갈등을 일으켰나를 이야기한다.

안식일 준수

우리 가족이 일요일에 철저히 "안식일" 규례를 지켰기 때문에 나는 보이스카우트에서 주말에 야영을 할 때는 그 곳에 참석할 수가 없었어요. 또 만일 월요일에 기말고사가 있으면 나는 일요일 일찍이 잠자리에 들어서 자정에 깨서 월요일 아침 1초에 공부를 시작했어요. 그래야 주일에 공부를 하지 않는, "안식일 준수"법을 깨지 않을 수 있기 때문이죠. 정말 머리가 쪼개지는 것 같았어요. 실제 유대법에 의하면, 안식일은 해뜨는 때부터 해지는 때까지죠. 그러면 나는 해지는 때부터 공부를 시작할 수 있는 거였는데! "우리 부모님과 교회에서 내게 말한 것은 안식일 규범이 아닌 자신들의 전통 이었어요. 유대 안식일은 실제로 일요일이 아니라 토요일이 잖아요! 사실 예수님도 제자들이 안식일에 낟알을 줍도록 허락하고 아픈 사람들을 치유하면서 안식일 전통을 어겼잖 아요."

청장년이 된 폴은 이민자로서의 불안정한 생활 가운데 가족에게 안정감을 형성하고 제공해 주었던, 부모님의 엄격한 가족의 가치관과 기독교의 가치관에 의문을 갖기 시작했다. 그들은 부모가 만들어 주 었던 종교적인 상자에서 탈피하려고 했다. 모세의 율법을 둘러싸고 유대인들과 예수님 사이에 있었던 갈등이 폴네 가정에서도 일어났다.

부모님들의 확고한 신념을 지속성 있게 모범으로 보여주는 것은 칭찬할 만하다. 영적 중심을 엄하게 지키는 것은 가족의 일치감을 튼튼하게 하긴 했지만 도전이 없는 것도 아니었다. 캐롤이 가정예배 에 거부감을 가진 것과는 달리, 폴은 부모님께서 신성시하는 규범을 드러내놓고 반항하지는 않았다. 비록 폴이 보이스카우트에 참가할 기회를 놓치는 것 때문에 슬퍼하긴 했지만 가정예배는 그가 한국어를 배우고 영적인 기초를 닦는데 도움이 되기도 했다. 비록 과도기의 의식이라 할 수 있는 보이스카우트를 놓치긴 했지만 가정예배는 지속 적인 의식을 제공해 주었다.

룻은 25살로 대학원에 등록하고 있다. 그녀는 끝내 부모가 다니는 교회가 아닌 다른 신앙 공동체에 합류할 결심을 했다. 그것 때문에 부모의 마음은 무척 아팠다. 그들이 볼 때 부모들이 다니는 교회에서 떠나기로 한 룻의 결심은 교회 가족과 떨어지고자 하는 것을 나타내는 눈에 보이는 표식이 되었다. 이런 상황이니 룻의 부모가 대가족인 교회를 떠나려는 딸의 시도를 반대할 것은 아주 정상적이다. 게다가 부모인 그들은 자라나는 자녀들이 교회에서 지도적인 역할을 제공함 으로써 교회 안에서 눈에 띄는 존재가 되기를 바랐다. 친족에게서 받는 사회적인 압력은 끊임이 없다. 룻은 교회에서 가깝게 지내던 사람들에게 귀를 막아야 했다. 마침내 그녀의 부모는 룻을 본 교회로 돌아오게 하려던 생각을 단념했다.

이러한 문화적인 세대차 속에서도 룻의 부모를 높이 평가해야 할 많은 이유들이 있다. 그들 자녀는 모두 전문인으로서의 아메리칸 드림을 이루었다. 자녀 중 두 명이 의사가 되었고, 한 명이 박사 학위를 받았다. 그녀의 부모님이 열심히 일하고 희생한 덕에 자녀들은 주류 미국생활에서 성공을 거두게 되었다. 그녀의 부모님이 마침내 자녀들을 놓아주었을 때, 그들은 정신적으로 영적으로 보다 성장한 모습으로 집으로 돌아왔다.

전통에 사로잡힘

이민자들에게 전통은 매우 중요한데, 왜냐하면 이민자들은 문화와 세계관의 단절을 경험하기 때문이다. 변화에 둘러싸여서 이민자들은 쉽사리 어떤 전통, 즉 그것이 교파든, 문화든, 가정이든, 전통이 안전 보료라도 되는 것처럼 집착하게 된다. 전통이 급변하는 변화 속에서 지속성을 주는 반면, 획일성과 순응을 강조하게 되면 교회가 다양한 그리스도의 "몸"이 되는 것이 저해된다. 세대간 뿐 아니라 같은 세대 속에서도 다양한 신앙의 표현이 저해되고, 그렇게 되면 교회 안에서 문화의 줄다리기 때문에 그리스도의 몸은 분열되고 만다.

다음의 사례는 이민가정 내에서 기독교가 어떻게 가르쳐지고 있는지를 보여준다. 이러한 영적 중심을 창조해내고 있는 가정은 그다지 많지 않다. 그러나 순전히 한국문화 형태에 중심을 두게 되면 2세들의 영적인 필요와 표현은 귀에 들리지 않게 된다.

단일문화적인 가정예배

중학생인 캐롤은 아버지에 대한 좌절감을 표현한다. 캐롤네 가족은 A교회에 열심히 다니고 있다. 캐롤은 가정예배 때 부모님과 문화적 차이를 경험한다. 캐롤 엄마가 그들이 어떻게 가정예배를 인도하는지 설명해 주었다.

우리는 성경에서 세 장, 그리고 잠언에서 한 장을 매일 밤 한국어로 읽곤 했어요. 아이들은 너무 지겨워하는 것 같았어요. 그래서 우리는 잠언 1장씩 읽는 것으로 바꾸었지요. 며칠 전 캐롤은 텔레비전 앞에서 저녁 8시가 지났는데도 친구

와 이야기를 나누고 있었는데, 그것이 내 신경을 거슬렸어
요. 전화 통화가 끝난 후 가정예배 시간이 되었어요. 남편은
캐롤더러 성경을 먼저 읽으라고 했는데 캐롤은 하지 않겠다
고 버텼어요. 남편은 화가 나서 캐롤이 전화를 너무 오래
하고 텔레비전을 너무 오래 본다고 나무랐어요. 그는 강제로
캐롤에게 성경을 읽게 했어요.

이러한 감정적인 혼란이 가정예배를 두고 일어나게 되었는데 사실
가정예배의 본질은 가정에 성스런 공간을 창조하는 데 있는 것이다.
불행스럽게도 가정예배가 한국어로 드려지게끔 강요된 것은 캐롤이
나 그녀의 필요를 염두에 둔 것이 아니다. 그녀는 전화 통화를 통해
가정예배로부터 피하고 싶어했다. 문제는 가족 모두가 기독교인으로
남아 있기를 원하는 의미에서 강제로 강요하는 것에서 기인한다고
볼 수 있다.

이러한 상황에서 가정예배는 영적으로 자유롭게 하기보다는 억압
적인 것이 된다. 엄격한 규범으로 인해 참여하는 사람들은 공허감을
느끼게 되고 반항을 꿈꾸게 된다. 아버지가 화를 내면 사춘기 청소년
들을 더 악화시킬 따름이다. 캐롤이 반박한 것은 성경 내용 자체라기
보다 부모님이 사용한 형식이었다. 가정 내에 존재하는 일방적이고,
수동적이며 공격적이고, 간접적인 의사소통 스타일은 작은 눈송이에
불과한 문제를 회오리바람처럼 크게 부풀리게 된다.

이 사건에서 볼 수 있는 캐롤 아버지의 문제는 딸이 규범을 어기는
것을 참아주다가 (가정예배 시간을 위해 정해진 시간을 넘어 전화
통화를 하는 것) 딸이 또다시 불순종하는 것을 보게 되자 (성경을
읽기를 거절하는 것) 갑자기 폭발하는 것에서 볼 수 있다. 그가 자신
의 권위를 주장하면 할수록 그는 더 힘없는 아버지가 되어 간다. 캐롤
의 아버지는 그녀의 딸을 다루면서 자신을 조절할 수가 없었다. 그는
자신의 무력함에 화가 나서 감정을 폭발시키게 된다. 캐롤은 아버지
가 아주 비이성적이라고 생각하기 때문에 더욱 그를 거부하게 된다.
적당한 대화가 허락되지 않거나 모범이 부재하게 되면 아이들은 밖으
로 겉돌거나 혹은 부모의 권위를 속으로 거부하게 된다.

이러한 문제는 부모들이 자녀더러 부모의 세계로 들어오라고 요구
하는 대신, 자신들이 자녀들의 세계로 들어가는 성육신의 방법을 적

용하게 되면 작아질 수 있다. 복음이 애매하게 낯선 형태로 제시되면 그 의미를 상실하게 된다. 가정예배에 대해 결정을 하는 과정에서 자녀들의 의견은 존중되지 않았다. 영적인 공급을 위해 의도되었던 것이 건조한 우물이 되어 버렸다.

신앙 표현의 충돌

다음의 사례들은 2세들의 기독교에 대한 관점이 1세들과 어떻게 다른지를 묘사해 주고 있다. 이민가정에서 신앙에 대한 세대간의 차이가, 아래의 사례에서는 사춘기 청소년의 주일 옷차림을 두고 드러나고 있다.

하나님이 내가 입는 옷에 신경을 쓰나요?

아주 영리한 고등학교 여학생인 수연은 주일 아침 온 가족이 교회에 가려고 준비하는 중에 엄마와 마찰을 빚게 되었다. 엄마의 주장은 "어떻게 그런 차림으로 교회에 갈 수 있니?"라는 것이다. 수연은 엄마에게 이렇게 외친다 "엄마는 하나님을 머리로 믿지만 우리는 하나님을 가슴으로 믿어요."

신앙관에 대한 차이는 하나님을 가슴으로 믿는지 머리로 믿는지로 설명되고 있다. 주일 옷차림은 과연 하나님 이미지를 투사하는 것으로 볼 수 있다. 엄마가 가진 유교적인 하나님의 형상은 엄격하고 공식적인 하나님 아버지인 반면, 딸이 가진 형상은 쉽게 접근할 수 있는 아빠이다. 수연이 이렇게 엄마에게 비판적으로 나오는 것은 부모님들이 보이는 형식적인 행동이 그녀가 오래 관찰한 바에 의하면 별 의미 없는 가식으로 보여진 탓에 기인한다. 수연의 편안한 옷차림은 유교적 계급의식에 의하면 공손치 못한 것이지만 수연은 이를 탈피하고 싶어한다.

잭 볼스윅과 돈 워드는 현대가정에서 자녀들이 특히 사춘기에 이르게 되면 겪게 되는 어려움을 주목하고 있다. 가정은 자녀들이 청소년기에 이르면 소위 의식의 단편화(fragmentation of consciousness)를 겪게 되는데 이는 자녀들이 부모가 가진 도덕체계와 친구들이 가진 도덕체계를 비교하기 시작하는 때이다. 부모들은 자녀들의 또래 집단에 존재하는 실제적인 혹은 가상적인 도덕의 관점에 대비하여 자신들의 관점을 옹호해야할 위치에 놓여지게 된다 (1984:27).

만일 주류 현대가정이 세대간의 간격으로 갈등하고 있다면, 두 문화 사이에 낀 이민가정은 정체 불명하고 예측 불가능한 문화 충돌로 인해 더욱 커다란 갈등을 겪고 있다. 마음을 열어 이야기를 나눈 모든 젊은이들에게서 보여지듯이, 2세들의 바람은 양쪽 문화에서 "이도 저도 아닌" 세계에서 받아들여지고 이해되어야 한다. 그들은 한국인이 되기에도 부족하고 미국인이 되기에도 부족하다. 영원히 손님이 되고 싶지 않은 2세 자녀들에게, 1세 부모들은 적어도 2세들에게 전혀 다른 존재가 되라고 요구하지 말고 그들을 있는 그대로 "인정"해 주어야 할 것이다.

기독교가 "위에서 아래로"의 문화에 수용되면, 그것은 계급적으로 표현되어진다. 게다가 새로운 이민 상황에서 종교적 권위는 이민자들의 경험에서 상실감을 채워주는 유혹을 가져다준다.

내가 행하는 대로가 아니라 내가 말하는 대로

우리 부모님은, 특히 엄마는 나에게 어떻게 하면 기독교인이 되는지 그리고 어떻게 행동해야 하는지 말해 줘요. 하지만 그들이 기독교에 대해 내게 가르치는 대로 그렇게 살진 않지요. 예를 들면, 나와 내 여동생이 싸울 때면 엄마는 항상 나더러 양보하라고 해요. 그러나 막상 엄마가 아빠와 싸울 때면 엄마는 결코 먼저 양보하는 법이 없어요. 그녀는 단지 계속 핏대를 올릴 따름이지요. 우리 부모님은 우리가 따를 만한 모범을 보여주지 않아요.

나의 부모님들 중 한 분과 내가 말다툼을 하게 되면 그들은 전혀 타협하려 들지도 않고, 이해하려 들지도 않고, 나와 내 여동생들의 입장을 고려할 만큼 열린 마음도 가지고 있지 않아요.

부모들은 사춘기 청소년들이 자신의 심층에 자리 잡고 있는 신념에 의문을 제기하면 방어적인 입장을 취하고 이렇게 되면, 그러잖아도 언어 장벽 때문에 악화된 의사 소통의 계기가 더욱 마비되게 된다. 대화를 열기 위한 핵심은 부모들이 판단하기에 앞서 열린 마음을 보여주고, 충고를 자제하고 대신 인도를 해주는 것이다. 만일 부모들이 자녀들이 가진 가치관이 무엇인가를 배우는 대신 자신들의 가치관을

236

방어하는데 우선 순위를 둔다면 그들은 부모로서의 권위 또한 잃게 될 것이다. 가족간의 의사소통이 단절되면 자녀들은 육체적으로 혹은 감정적으로 가정에서 멀어지게 된다.

이민가정에 갑작스레 일어나는 사회 문화적인 변화 때문에 부모와 자녀간에는 인지적이고, 감정적이고, 평가적인 부조화가 일어난다. 그래서 수면 아래에 숨어있는 빙산의 10분의 9를 표면에 노출시키고 평가를 하지 않는 한, 대화를 통해 의견의 일치를 보기란 어렵다. 빙산의 표면에 모습을 드러내는 10분의 1의 충돌만으로는 세대간의 대화에 절대적으로 필요한 상호 이해를 꾀하기 어렵기 때문이다.

이민교회에 있는 계층간의 벽

이민가정은 대가족이나 사회적인 연대가 갖춰지지 않은 나라에서 가족의 역할을 해줄 수 있는 공동체를 찾아야 한다. 소수민족으로 이루어진 집단 거주지는 어떻게 이민자들이 사회적 연대감을 형성하고 새로 도착한 이민자들에게 재정적이고 감정적인 도움을 주는가를 나타내 주는 일례가 된다.

거주민이 아니라 소수민족성을 중심으로 형성된 이민교회가 가진 또 다른 면은 계층간의 장벽이 첨예하게 존재한다는 것이다. 거주민을 중심으로 형성된 미국교회와는 달리 이민교회는 여러 가지 다른 계층으로 이루어져 있다. 그래서 교회 안에 계층간의 의식이 민감하게 되어 가진 자와 못 가진 자 간의 차이가 분명하게 드러나게 된다. 이러한 차이를 이루는 기준으로는 미국에 거주한 기간, 운전하는 차의 기종, 옷차림새, 자녀들의 교육 정도, 헌금액수, 취미, 그리고 레저 활동 등을 들 수 있다. 계층간의 격차는 교인들 간에 여가를 즐길 수 있는 시간과 돈을 가진 사람들과 그렇지 못한 사람들로 나눈다.

사람들의 사회 지위에 따라 교회 상황에서의 세력 또한 영향을 받게 된다. 한인 이민교회는 지역에 기반을 둔 것이 아니라 민족성에 기반을 두기 때문에 계층간의 장벽은 교인들의 다이나믹스를 복합적으로 만든다. 이민교회는 가정 외에 유일하게 "방문객"으로서의 삶에서 오는 스트레스를 풀 수 있는 장소가 된다.

50대인 김 장로는 이민 온 지 얼마 되지 않는데 교회에서 장로 모임에 참석할 기회를 주었음에도 불구하고 소외된 기분을 느낀다고 투덜거리신다. 새로운 장소에서 아무 것도 (nobody) 아닌 삶을 사는 그는 누군가가 (somebody) 되고 싶은 열망 사이에서 모순을 경험하다가 교회를 비난의 대상으로 삼는다. 가슴속에 품고 있는 이상을 분출하다가 교회에서 그 욕구를 만족시키지 못하면 김 장로는 누구든 비난의 대상을 향해 총구를 뽐는다. 다음의 예를 들어보자.

책임을 느끼기에는 너무나 무기력하게 느낍니다

B교회에 오래 다닌 몇 사람들끼리 골프를 치러 갔는데 김 장로는 초대받지 않았다. 이민 온 지 얼마 되지 않아 이미 소외감을 느끼는 김 장로는 화가 나서 교회에서 일어나는 온갖 조그만 일을 꼬투리를 잡는 것으로 자신의 화를 터뜨렸다. 그는 자신이 바라는 사람들의 관심과 주의를 끌기 위해 온 교회를 발칵 뒤집어 놓는 일에 혈안이 되었다.

김 장로가 화를 내는 정도를 보면 얼마나 그가 새로운 땅에서 무력하게 느끼는지를 알 수 있다. 김 장로는 사무직이 아니라 막노동에 종사하는데 이는 그를 아주 좌절시키고 있다. 과거에 그가 가졌던 중산층으로서의 정체성이 송두리째 위험에 처해 있다. 미국에 새로 온 김 장로는 온전히 교회가 그에게 사교적인 기대를 충족시켜 주기를 바라고 있다. 교회 안에서조차 내부 그룹과 외부 그룹으로 나누어져 사교에서 소외당하게 되자 이미 언어와 문화 차이 때문에 일상생활에서 사회적인 소외감을 경험하던 것이 아프게 다가왔다. 김 장로가 화를 마음놓고 표현할 수 있는 곳은 집 이외에는 교회가 유일한 곳인데 바로 모국어로 의사 표현을 할 수 있기 때문이다. 그래서 이민교회는 1세들의 유일한 스트레스 해소 기관이 된다.

다음의 사례는 교회에서 지도력을 유지하려는 사회적인 압력을 나타내고 있는데, 지도력은 외부로 "헌금"에 의해 세력을 행사하는 것으로 정의된다.

십일조와 사회적 세력

A교회에 다니는 대학생 댄은 금요 성경공부 시간에 화를 터뜨렸다.

어느 날 우리 아버지는 친척에게 돈을 꾸어서 교회에 "십일

조"를 드렸어요. 집 식구들의 필요도 제대로 채워주지 못하
는 주제에 말예요. 이 때는 우리 가족이 재정적으로 아주
어려운 때였어요. 그는 내 대학 등록금을 도와주던 것마저
끊었죠. 교회 장로인 아버지는 십일조를 드릴 형편이 못됨에
도 불구하고 교회 규범을 지킴으로써 체면을 유지해야 했던
거예요.

가족을 부양하지 못해 필사적이 된 아버지는 유일한 공적 환경인
교회에서 체면을 유지하는 것으로 자신의 감정을 해소하는 데까지
이르게 된다. 비록 아버지의 주요 쟁점이 교회에서 지도적인 위치에
있어서 체면을 유지하는 것이었다고 해도 위의 이야기에는 복합적인
사회 다이나믹이 반영되어 있다. 아버지는 한국 사람들의 대중적인
세계관을 대표해 주고 있다. 즉 하나님은 희생이나 제물을 통한 인간
의 행동에 마음을 달래시는 분이시라는 것이다. 희생이나 제물은 구
약성경에서도 뚜렷이 나타나는 관습이다. 그는 하나님이 십일조 헌금
을 축복하셔서 사업을 흥성하게 해 주시리라고 믿는다. 미국학교에서
교육받은 댄은 아버지의 행동이 어디서 유래했는지 알 수가 없다.
당연히 댄은 그가 영향력을 미칠 수 없는 아버지의 행동 때문에 마음
이 상하고 화가 났다. 한국교회의 전통 중 하나는 온갖 종류의 헌금을
내는 사람들의 이름을 공개하는 것이다. 이민자로서 아버지가 남자로
서의 위엄을 고수하려는 마지막 노력은 바로 눈에 보이는 책임감을
완수하는 것, 십일조를 바치는 것이었다.

5년이 지나는 동안, 댄이 영적 거듭남을 거치게 되면서 그의 슬픔에
찬 이야기는 새로운 이야기로 변형되었다. 과거에 그가 가졌던 거센
비판과는 달리 댄은 다른 면을 보게 되었다. 그는 아버지를 통해 하나
님에 대한 믿음에 우선순위를 두는 생애의 교훈을 얻게 되었다. 불가
능한 상황에서도 결코 타협할 줄 모르는 아버지의 신앙은 주목할 만하
다. 아버지와 다른 시각으로 삶을 바라보던 대학생 댄은 아버지의
행동을 이해할 어떠한 범주도 갖지 못했었다. 이제 성인이 되어 뒤를
돌이켜 볼 때, 댄은 일관성 있는 영성을 통해 자기 희생적인 차원의
신앙을 가졌던 아버지를 이해하고 감사하게 생각한다.

교회 안의 사회적 구성

대학생부의 사교생활은 종종 부모들에게 소문의 화제로 등장한다. 데이비드의 가족은 A교회에 오래된 교인이다. 부모들에게 불명예스럽게도 데이비드는 로스 엔젤레스에 있는 UCLA가 아닌 커뮤니티 칼리지에 재학하고 있다. 데이비드는 대학생부원들과 함께 외출할 때마다 그것이 전 교회 문제로 번지는 바람에 좌절감을 느낀다. 데이비드는 이렇게 말한다.

> 우리가 외출할 때마다 또래 대학생들은 내가 모든 사람들에게 전화를 걸어서 앞장서게 해요. 심지어 담임목사님조차도 내가 그의 아들인 성이 실없는 사람이 되게 영향을 주지 않을까 생각하지요. 성은 아무한테도 전화하지 않고 단지 우리와 함께 할 따름이에요. 소그룹 모임 때 어른들은 대학생들을 비판하고 우리에 대해 좋지 않은 소문을 퍼뜨리곤 해요.

교회의 지도자인 데이비드의 부모들도 아들 때문에 다른 대학생들이 사교적이 되고 놀기만 한다고 덩달아 비판의 대상이 된다. 항상 공부해야 된다는 1세들의 이상에 맞지 않는 데이비드는 다른 모든 사람들의 사교생활 때문에 비난을 받는다. 비록 대학생들이 1세들의 경직된 가치관에 대해 반발하지만 비판은 그들 내부에 영향을 준다. 부모와 교회 어른들에게서 인정받지 못하는 것을 내적으로 인정하면서 데이비드는 점점 더 교회의 대학생 또래 그룹에게로 도피하게 되고, 그럼으로써 어른들의 예언을 스스로 성취시키고 있는 셈이다. 이것이 교회 안에서 어른들의 소문 통로를 부채질한다. 주인의식과 신뢰감이 부족한 무력한 부모들은 쉽게 자신의 가정사를 대신해줄 희생양들을 찾게 된다. 그들은 대학생이 된 자기 아들딸이 공부보다 사교생활에 더 많은 시간을 보내는 데이비드의 뒤를 따르게 될까봐 두려운 것이다. 성은 목사 아들로서 교인들에게 여러 번 덴 적이 있기 때문에 몸을 사리는 방법을 터득했다. 그는 언제 자기 모습을 숨겨야 하고, 언제 드러내야 하는지 알고 있다. 데이비드가 대학생들의 사교생활에 대한 어른들의 곱지 않은 눈길을 정면으로 받는 셈이다. 그는 심지어 제일 친한 친구인 성에게조차 거리감을 느낀다. "그가 한국 방문에서 돌아온 이후 아주 잰 체를 해요. 그는 너무 잘난 척을 해요. 자기가 최고라고 생각해요."

2세들은 비록 한국문화를 가정과 교회에서 거부해 오긴 했지만, 그것을 다른 방식으로 경험할 기회를 얻게 되면 다시 쉽게 한국문화로 기울게 된다. 예를 들어, 성은 한국 방문 이후, 로스 엔젤레스와 같은 좁은 상황에서 한국문화를 경험했을 때보다 훨씬 한국문화에 연대감을 가지고 돌아 왔다. 성은 아마도 여행 전에는 의식하지 못했던 태고적 연대감을 느꼈을지도 모른다. 데이비드는 통과의식인 한국 방문후에 행동을 달리 하는 친한 친구 성과 거리감을 느끼고 있다.

지도력 스타일의 악순환

어떤 1.5세들은 주류 신학교에서 공부를 했지만 신학교에서 배운 것과 한국계 미국교회에서 목회를 하는 것은 전혀 별개로 여기고 있다. 문화적이고 신학적인 정체성이 부족한 일부 1.5세대와 2세대 지도자들은 신학적인 지식과 목회 상황을 통합하는데 어려움을 느낀다. 지도력의 모범이 부재한 상황에서 젊은 세대의 지도자들은 쉽사리 자신들이 비판해 오던 1세대 지도자들을 똑같이 따르곤 한다. 사실 어떤 스타일을 심하게 비판할수록 그 사람은 역기능적인 지도력 양식을 반복할 경향이 높다. 다음의 사례는 강사로 초청 받은 신학생이 설교를 하게 된 B교회 청소년 수양회에서 일어난 일이다.

영어의 옷을 입은 한국 설교

1.5세인 최 목사는 3시간 동안 쉬지 않고 설교하였다. 청소년들은 몸을 비틀기 시작했다. 갑자기 최 목사는 모든 회원들을 향해 저주하기 시작하였다. 그는 마치 강단에서 저주를 하는 1세대 목사처럼 들렸다. 갑작스런 비난과 저주에 충격 또한 계속되었다. "너희 남가주 사람들은 아주 교활하고 뻔뻔스럽지, 나는 그 속을 빤히 볼 수 있어." 청소년들은 설교인지 고문인지를 견디면서 앉아 있었다.

청소년들이 별 반응이 없자 좌절감을 느낀 최 목사는 즉석에서 자신이 가장 잘 아는 방식, 즉 비난과 저주를 사용하기 시작했다. 그는 마치 자기 아버지의 음성을 흉내내는 것 같았다. 최 목사는 더 미국화된 2세들에게 아주 한국적인 스타일로 설교하면서 커다란 문화적 격차를 느꼈음에 틀림없다. 비록 영어로 말하긴 했지만 설교 내용과 스타일은 너무나도 한국적이었다.

문화의 충돌 속에서도 변화시키시는 하나님의 은혜

모든 사람들이 놀랄만한 것이, 청소년들과 강사 설교자간에 엄청난 의견충돌이 있었음에도 불구하고 기도시간에 놀랄 만한 성령의 역사가 일어났다는 것이다. 최 목사는 설교보다 기도를 이끄는데 더 은사를 받았다. 그가 열정적으로 기도를 이끌기 시작하자 공중 기도를 한번도 해보지 않았던 학생들이 힘차게 기도하기 시작해서 그 열기가 방에 있던 모든 사람들에게 퍼져 나갔다. 기도를 통한 진정한 마음의 부흥과 화합이 일어나게 되었는데 그것은 2시간이 넘게 지속되었지만 마치 1분처럼 느껴졌다. 기도 소리는 마치 하늘에서 은혜롭게 떨어지는 것 같이 들렸고, 진정한 회개와 화해가 부원들에게 강사인 최 목사에게 촉구되었다. 이 부흥 사건의 지속적인 열매로 청소년부는 선교를 하기로 준비했다. 애리조나 주에 있는 나바호 인디언 부락에 가는 것이 청소년부의 연례 선교여행이 되었다.

비난과 이해 부족에도 불구하고 2세들은 쏟아지는 성령의 역사를 체험할 수 있었다. 방에 가득 차 있던 갈등의 열기는 부흥의 타오르는 에너지로 변화되었다. 갈등이 생기 나게 해주는 자극제가 되어서 하나님께서 그들의 상처를 여시고 치유하시는 도구가 되었다.

그 수양회 이후, 청소년들은 주일 어른 예배 시간에 간증을 나누었고, 하나님은 예기치 않게도 청소년부를 사용하셔서 1세대의 삶을 변화시키는 데 사용하셨다. 그리고 청소년부가 나바호 선교에 대한 하나님의 부르심에 응답하게 되자 그들의 삶은 더욱 변화하게 되었다. 그들의 삶과 나바호 원주민들의 삶이 첨예하게 대조되는 것을 보고 청소년부는 그들이 그간 얼마나 물질적인 가치에 푹 젖어 있었던가를 깨닫게 되었다. 그들은 눈으로 생생하게 부락민의 가난과 비참한 상황을 목격하게 되었다. 또한 2년에 걸쳐 여름 동안 5명의 청소년부 학생들이 기금을 모아 일본으로 단기 선교를 떠났다. 그 때 그 청소년들이 이제는 대학생이 되고 청장년들이 되어 남가주의 많은 다른 교회에서 핵심적인 지도자의 역할을 감당하고 있다.

동질성을 초월한 교회

1세대가 문화적인 안식처를 필요로 하는 것과 마찬가지로 젊은 세
대들 역시 마음 편하게 지낼 수 있는 장소가 필요하다. 1세들과는
달리 1.5세대와 2세대는 자신들의 선택이 아닌 부모의 선택에 의해
영원한 객으로서의 삶을 살고 있다. 그것은 그들이 누구이며, 또한
그들이 어떻게 자신들의 삶을 사는지 영향을 미친다. 부모들보다 2세
들이 더 자신이 자라나는 나라에서 주인이 아니라 손님이라는 것을
더욱 첨예하게 느낀다. 이는 자라나는 세대들도 자신들의 복지를 위
해 이민교회를 중요하게 생각하는 것을 설명해 준다. 1.5세인 찰스는
아버지가 계속 이사를 했을 때 한인 이민교회가 그에게 어떤 영향을
미쳤는지를 이렇게 설명한다. "내가 학생이었을 때 아버지 직업 때문
에 우리는 자주 이사를 해야 했어요. 그래서 나는 지금껏 일생 동안
열 개의 다른 교회에 다녔어요." 사회에서 "이방인"이나 "외국인"으
로 여겨지던 것에 반해 그가 공동체 의식을 느낀 곳은 한인 이민교회
였다. 한인교회는 한국인이자 기독교인이 되고자 하던 그의 필요를
충족시켜 주었다. 그러나 찰스가 한인 이민교회를 안식처로 여기고
고마워한 만큼 그는 또한 교회와 깊은 내적 갈등을 겪었다.

찰스는 교회에서 자라났다. 그의 부모님은 교회를 개척할 때부터
지도적인 역할을 하셨다. 아버지가 교회에서 눈에 띄는 지도력을 행
사하셨기 때문에 찰스가 교회를 떠난다는 것은 거의 불가능한 일이었
다. 그러나 일단 그가 성인이 되어 자신의 가정을 이룬 후에는 다른
교회로 이동할 수가 있게 되었다. 찰스는 A교회에서의 경험을 이렇게
회상한다.

단일문화적이고 일방통행적인 교회

나는 자랄 때 부모님이 다니시던 1세대 교회에 다녔어요.
2세대 신자들의 필요가 명확하게 되자 우리는 영어 목회를
시작했고, 나는 지도적인 위치에 놓이게 되었어요. 나는 내
가 가진 모든 것을 목회에 쏟아 부었어요. 5년 후에 나는
교회를 떠났어요. 왜냐하면 교회가 우리가 누구인지, 우리
가 무엇을 필요로 하는지, 그리고 우리가 어떠한 어려움으
로 괴로워하는지 이해하지 못했기 때문이지요. 그들은 한인

공동체가 차세대로 옮겨가는 급격한 과도기에 있으면서 어떠한 변화를 겪는지 이해하지도 못했고, 적절하게 대응하지도 못했어요. 또 빠르게 변화하는 사회에 대응하여 변하지도 못했지요.

찰스의 사례는 2세들이 이민교회와 이민가정에서 문화의 차이를 극복하려고 애쓰는 것을 잘 조명해 준다. 이제 30대에 접어든 찰스는 로스 엔젤레스에서 세대간이 함께 모이는 교회의 영어 회중에서 핵심적인 지도자의 역할을 맡고 있다. 그는 영어 회중이 서자 취급을 당하던, 자기 부모가 다니던 교회에서 겪었던 경험을 회상한다.

1세대 지도자들이 가지는 바로 그 시각이 2세대의 목회를 결정하게 된다. 그들은 2세들을 무시할 수도 있고 지원할 수도 있다. 2세들이 편안하게 지낼 장소가 필요한 것을 깨닫고 찰스는 A교회에서 많은 시간과 에너지를 쏟아 영어 회중을 이루려고 헌신하였다. 그러나 그것은 마치 밑 빠진 독에 물 붓는 격이었다. 찰스가 그 독을 수리할 만한 접착제가 없음을 발견했을 때, 그는 무척 마음이 아팠지만 부모의 반대를 무릅쓰고 교회를 떠나기로 마음먹었다. 그는 젊은 세대들을 섬기고 지원할 수 있는 한인 이민교회를 찾기 원했다. 그는 자신의 자녀들이 있는 모습 그대로 받아들여지고 끊임없이 문화적인 충돌 없이 싸우지 않고도 영적으로 자랄 수 있는 그런 교회에서 활동하고 싶었다.

가정에서 오는 압력에 더하여 교회가 젊은 세대를 이해하려는 노력이 부족한 것도 또 다른 압력으로 다가왔다. 1세대가 중심이 된 지도력은 종종 2세대에게 그들 1세대의 신앙적 문화적 표현에 동화되기를 바라고 1세대의 신앙 표현을 성스러운 것으로 여겨주기를 요구하였다. 젊은 세대는 종종 한국어 예배에 강제로 참석하기를 요청 받았는데 이는 영어 예배가 정규 예배이지 않다고 여겼음을 시사해 준다. 종종 영어 회중을 옹호하는 청소년 담당 사역자들은 주변인으로 남았다. 1세대 지도력들은 청소년 사역자에게 1세대의 메시지를 2세들에게 전하는 전달자가 되기를 원할 뿐 그 반대 역할은 기대하지 않았다.

마침내 기나긴 시행착오 끝에 찰스는 두 세대가 서로의 차이점을 존중해 주고 서로를 섬기는 교회를 발견하였다. 흥분에 찬 그의 말에 귀를 기울여 보자.

서로를 존중하는 교회

이중언어를 말하고, 이중문화적인 찰스는 단일문화적인 시각을 지닌 대부분의 한인 이민교회에서 어려움을 겪었다. 그가 궁극적으로 원하던 교회를 발견하기 전까지 그가 출석한 대부분의 교회들은 부모님의 교회와 비슷했다. 그리고 그런 교회들이 그가 소수민족으로서 동질성을 느낀 교회이기도 했다. 한인 이민교회와의 이러한 역설적인 관계는 그가 마침내 2세들을 주변으로 몰지 않고 포용하는 한인 이민교회를 발견하게 되자 끝나게 되었다. 그의 말을 빌어 보자. "이 교회는 우리가 왜 존재하는지에 대한 의사 소통이 명확하게 이루어지고 이해되는 교회랍니다."

교회의 지도자로서 교회가 채택한 비전 선언문 중의 하나는 "1세대와 2세대가 함께 자라나는 교회"이다. 여기서 핵심은 "함께"에 있다. 양 세대가 이러한 비전을 알고 이해하고 있으며 함께 공동의 목적을 향해 열심히 기도하는 마음으로 일하고 있다. 상호 존중의 마음으로 서로를 위해 진심으로 염려해 줌으로써 이 교회는 성경에 계시된 하나 됨을 진실로 경험하고 있다.

참된 교회 공동체를 찾아 헤매는 광야와도 같은 경험 가운데에서 하나님의 은혜를 믿으며 찰스는 계속 인내하였다. 오늘날은 이민 역사가 오래 됨에 따라 한국계 미국인 2세들이 지도력을 갖는 숫자가 결정적인 다수에 이르렀다. 많은 젊은 전문인들이 그들 스스로도 부모가 되었다. 더욱더 많은 2세 교회가 세워지고 있다. 1세대의 영향 아래 있던 영어 회중은 재정적인 독립을 통해 그들의 정당성을 얻어가고 있다. 다른 한편으로는 이민교회가 힘을 북돋우는 대신 계속해서 2세들을 통제함에 따라 더욱더 많은 젊은 세대들이 교회를 떠나고 있다. 찰스는 이렇게 탄식한다. "너무나 많은 2세대 한국계 미국인들이 교회를 떠나고 있고 그들의 부모들이 가졌던 신앙을 저버리고 있어요."

2세들을 키우는 교회를 찾아다니면서 찰스는 "영어 목회"를 하는 수많은 한인 이민교회를 방문했다. 그는 왜 자꾸 많은 젊은 세대들이 교회를 떠나는지 알 수 있었다. 찰스는 "영어 목회"에서 핵심이 되는 문제는 영어라고 말한다. 그는 이렇게 보고한다. "1세들은 아주 좁은 소견으로 영어 목회를 시작하고 있어요. 그들은 영어 목회는 1세들에게 목회 하는 것과 똑같은 방식으로 2세들에게 목회를 하되, 단지 영어로 언어만 바꿀 뿐이라고 생각해요. 마치 아프리카에 가서 선교 하는 한국 선교사들이 아프리카 사람들에게 아프리카 언어로 사역하 지만 목회는 "한국식"으로 적용하는 것과 같지요……왜 그들이 하나 님의 메시지에 응답하지 않는지 의아해 하면서 말이지요."

이민교회의 지도력은 1세대에서 1.5세대로 옮아가는 과도기에 있 다. 찰스가 다니는 세대간의 교회가 점점 많아지고 번성하는 것은 고무적인 일이다. 그는 39년의 인생을 살면서 열 교회나 출석한 끝에 열한 번째에야 비로소 진실로 세대간의 상호 존중을 느끼고 그의 남은 생애를 헌신하고픈 느낌을 주는 교회를 찾을 수 있었다. 찰스는 이 교회가 다른 교회와 다른 점을 이렇게 묘사한다.

차이점이 존중되는 교회

이 곳은 1.5세대와 2세대가 서로 이해되고 돌보는 교회이 다. 또한 이중언어와 이중문화를 사용하는 1.5세대 교회이 다. 그렇다. 비록 우리가 한국인의 유산을 물려받았지만 우 리는 다르고 우리의 필요 또한 독특하다. 내가 다니는 교회 는 이것을 이해하고 1세 목회가 (그들이 하는 "영어 목회" 마저도) 해주지 못한 방법으로 우리의 삶을 감동시킨다. 이 곳은 서로 간에 상호 존중을 해 주는 교회이다. 많은 한인교회들은 여전히 영어 목회로 섬기는 사람들을 아직 성숙하지 못한 목회의 형태로 본다. 내가 과거에 출석한 교회는 내가 한국어 예배에 참석하는가를 확인하곤 했는데 왜냐하면 영어 예배를 완전한 것으로 인정하지 않았기 때문 이다. 나는 내가 사는 날까지 이 교회를 섬기면서 내 자녀들 도 신앙 안에 뿌리박기를 기도한다.

강단에서는 수없이 설교로 전파되면서도 결코 실행되지 않는 것이 상호 존중이다. 찰스는 마침내 단순히 말만 하지 않고 세대간의 대화 와 협동이 실현되는 Z교회를 알게 되었다. Z교회의 1세대 지도자들 은 존중할 만한데 그들은 이중언어로 말하고 이중문화를 가진 1.5세 지도자를 담임목사로 초빙했다. 그들은 담임목사인 정 목사 뒤에서 의도적으로 그들의 시간과 에너지를 세대간의 조화를 이루는 데 투자하거나 젊은 세대를 전도하는 데 사용한다. 일단 사람들이 말로만 하는 것이 아니라 행동으로 옮기게 되면 건강한 세대간의 교회를 이루는 것이 가능해진다. 이 교회 안에서는 영어로 말하는 영어 회중이 인정받고 있다. 그들이 드리는 예배와 지도력은 1세대의 것만큼 존중해 준다. 찰스는 이중언어와 이중문화를 가진 지도력이 등장하기까지 무려 10년을 기다려서야 그런 교회를 찾게 되었다.

한편 많은 2세들은 여전히 찰스가 과거에 경험했던 것들을 경험하고 있다. 양 세대가 예배와 신앙을 이해하는 방식에 있어 삐걱대는 차이점들이 매주 아침 가정과 교회에서 충돌하고 있다.

자넷 역시 어떻게 하면 이민교회가 이민가정에 존재하는 세계관의 분열을 화해시킬 수 있을지에 대한 통찰력을 제시한다.

공동체로서의 교회가 이민가정에게 어떻게 사역할 수 있을까?

나는 무조건적인 사랑을 가르치는 것이 교회의 역할이라고 생각해요. 교회는 판단하기 위해서 있는 것이 아니라 아픈 사람들을 돕기 위해서 이 곳에 존재하는 것이잖아요. 그리스도는 우리에게 하나님이 보시는 것은 문화적인 규범이 아니라고 가르치셨어요. 하나님은 아무도 상상할 수 없을 만큼 사랑과 이해심으로 가득 찬 분이셔요. 교회는 그의 몸인 젊은이와 나이 든 이를 이해하려고 애쓰고, 그들간에 존재하는 세대차를 좁혀 주려고 노력할 수 있어요.

한인교회에는 한인들과 한국계 미국인들이 있어요. "한국"식으로 관계를 맺으려 하면 2세들에게는 통하지 않을 거예요. 나는 교회가 어떻게 2세들이 사랑을 요구하는지를 주의해서 들을 필요가 있다고 생각해요. 다른 사람들은 다른 것에 다르게 반응을 보일 것이라는 것을 이해하는 것이 필요해요. 하나님의 자녀가 되는 것은 끊임없는 변화, 창조성, 그리고 주님의 변화에 의해 빚어지는 것을 의미하잖아요.

비록 한인 이민교회가 한국인이 될 수 있는 곳, 민족의 단합이 이루어지는 곳을 제공한다는 점에서 중요하지만, 1.5세와 2세들은 교회가 소수민족 부락이나 문화의 안식처 이상의 것이 될 필요가 있다고 이야기한다. 찰스, 캐롤, 그리고 자넷과 같은 청장년들은 그들이 이해하고 이해될 수 있는 방식으로 교회가 영적으로 양육해 주기를 바란다. 민족성을 뛰어넘어 1세대와 2세대는 교회에 와서 그들의 영적 갈증을 해갈시킬 필요가 있다. 예수께서는 "누구든지 목마르거든 내게로 와서 마시라 나를 믿는 자는 성경에 이름과 같이 그 배에서 생수의 강이 흘러나오리라"(요한복음 7:37-38)고 말씀하셨다.

도우미: 그리스도의 몸으로서의 교회 (고린도전서 12:12-27)

몸이 건강하기 위해서는 모든 부분들을 잘 돌보아야 한다. 예수님과 사도 바울은 모두 몸의 비유를 사용하여 기독교인의 정체성과 일치성을 표현하고 있다. 유월절 밤에 예수께서는 자신의 몸을 유월절 어린 양으로 드리면서 "받으라 이것은 내 몸이니라……이것은 많은 사람을 위하여 흘리는 나의 피 곧 언약의 피니라"(마가복음 14:22, 24) 하셨다. 예수님은 우리를 온전케 하시기 위해 자신을 버리셨다.

묵상을 위한 질문

1. 바울에 의하면, 각기 다른 지체들을 온전하게 하기 위해 어떻게 행동해야 하는가?
2. 전체 몸 중에서 당신의 교회에서 무시되거나 잘 돌보아지지 않는 지체는 무엇인가?
3. 무시되어 온 교회의 지체들을 하나로 묶기 위해서는 어떤 단계가 필요한가?

적용: 그리스도의 몸이 되기 (부모와 청소년의 밤)

교회에서 두 세대가 함께 모여 서로 활동을 나누는 때가 거의 없다. 아래에 있는 의식은 양 세대가 함께 모여 서로 관계를 맺는 데 도움이 될 것이다.

1부: 저녁 식사

2세들로 하여금 어버이날 주일에 1세들을 위해 특별히 저녁을 준비하도록 하라. 식당을 아름답게 장식하라. 부모님을 자리에까지 안내한다. 음식도 손수 대접한다. 어머니들 중 많은 분들이 음식을 대접

받는데 어려움을 느낄 수도 있다. 이런 역할은 주로 그들이 했기 때문이다. 어머니들이 부엌으로 달려가지 않도록 확실히 지킨다. 부드러운 찬양 음악을 저녁 식사시간에 배경 음악으로 연주한다.

어른이 아닌 청소년이 식사 기도를 하게 한다.

저녁 식사 후에는 접시를 나르기로 미리 정해 둔 사람들이 뒷정리를 하게 한다. 여기서도 어머니들이 무의식적으로 도우려고 하면 막는다.

2부: 부모와 청소년이 함께 하는 게임

서론: 노래를 시작함으로써 게임을 마음으로 준비한다. 이 부모와 청소년이 함께 하는 게임은 신랑신부를 위한 게임을 변형시킨 것이다. 부모와 청소년을 위해서 6개의 질문을 2세트로 준비해 준다. 컬러펜으로 마분지에 질문들을 적어 둔다. 질문은 가벼운 것으로 시작해서 부모와 청소년 자녀들이 함께 만날 수 있는 심층적인 질문으로 옮겨간다. 질문의 범주는 어머니/딸, 아버지/아들, 어머니/아들, 아버지/딸로 나눌 수 있다. 전체적인 시합은 자녀들과 부모들 간에 이루어진다. 문제가 주어지면 부모와 자녀들은 그들의 답을 마분지에 적어 동시에 위로 올려야 한다. 일등과 꼴찌를 위해 상품을 준비한다. 세대 간에 의사소통이 잘 이루어지고 있는 가정은 상을 주고 더욱 대화가 필요한 가정은 분위기를 북돋아 준다. 청소년들에게 브레인스토밍하여 질문을 받아 적게 하라. 그들은 질문을 만드는 것을 즐길 것이다.

부모들을 위한 질문 일례:
1. 당신의 아들/딸이 가장 좋아하는 음식은 무엇입니까?
2. 당신의 아들/딸이 가장 좋아하는 음악 그룹은 누구입니까?
3. 당신의 아들/딸이 가장 친한 친구는 누구입니까?
4. 당신의 아들/딸은 어느 대학에 가기를 원합니까?
5. 당신의 아들/딸은 무엇을 전공하기를 원합니까?
6. 당신의 아들/딸의 영웅은 누구입니까?

청소년들에게 어머니에 대해 물어볼 질문 일례:
1. 어머니가 가장 좋아하는 향수는 무엇입니까?
2. 어머니가 가장 좋아하는 색깔은 무엇입니까?

3. 어머니가 성경에서 가장 좋아하는 인물은 누구입니까?

4. 어머니는 아버지를 어디서 처음 만났습니까?

5. 어머니가 중학생일 때 가장 좋아했던 과목은 무엇입니까?

6. 어머니의 취미는 무엇입니까?

청소년들에게 아버지에 대해 물어볼 질문 일례:

1. 아버지가 좋아하시는 음식은 무엇입니까?

2. 아버지가 좋아하시는 음악은 무엇입니까?

3. 아버지가 성경에서 가장 좋아하는 책은 무엇입니까?

4. 아버지가 자랄 때 역할 모델이 된 사람은 누구입니까?

5. 아버지가 당신을 외식하러 마지막으로 데리고 나간 때는 언제입니까?

6. 아버지가 가장 좋아하는 스포츠는 무엇입니까?

게임을 하는 동안 모든 사람이 많이 웃으면서 많은 깨달음을 얻게 된다. 부모들은 다른 가정에서는 어떻게 그들의 가정사를 다른 방법으로 다루고 있는지를 알게 된다. 예를 들면, 자녀들의 대학 선택과 전공을 놓고 아주 심각한 갈등이 일어나게 된다. 그러한 갈등을 공동체 안에서 유머로 다루게 되면 서로에 대해 이해하는 계기가 일어나 건전한 깨달음을 얻게 된다.

5 장

순환에서 전환으로의 지도력

*지도자는 세계의 일부에서 살고 있는 사람들의 삶에 그림자
나 혹은 빛을 투영할 수 있는 사람이다. 지도자는 다른 사람
들이 살아야할 정서를 형성해 주는데, 이 정서란 천국의
빛으로 충만한 것일 수도 있고 지옥의 그림자와 같을 수도
있다. 좋은 지도자는 지도력의 활동이 해롭지 않고 유익을
끼칠 수 있도록 그림자와 빛이 내적으로 상호 작용하는 것
을 잘 알고 있는 사람이다.*

—파커 제이 파머

많은 교회들이 역기능적인 패턴을 되풀이하고 있으며 심지어는 서
로를 파괴시키는 패턴을 보이기도 한다. 과거에 저지른 잘못으로부터
새로운 교훈을 배우기보다는 교회와 가정들은 이미 익숙해진 버릇과
습관들을 반복하면서 왜 그리스도의 몸으로서의 삶이 나아지지 않을
까 의아해 한다. 본 장에서는 하나님의 백성으로서의 생활을 향상시
키게도 하고 상처를 입히기도 하는 핵심 사항인 지도력에 대해 다루기
로 한다. 몇몇 전형적인 역동적인 지도력을 다룸으로써 교회 지도자
들이 약점을 미래의 강점으로 바꿀 수 있도록 돕는 데 목적이 있다.
공동체 안에 치유가 일어나기 위해서는 잘 준비되고 겸손한 마음으로
배우려고 하는 지도자가 없이는 불가능하다. 또한 나는 교회 바깥에
서 헤매는 한국계 젊은이들을 효과적으로 전도할 수 있는 사역에 대해
서도 상세히 기록하려고 한다.

권위적인 지도력

A교회의 정서는 지극히 저 세상 지향적이다. 바로 그리스도의 재림
을 강조하고 현재를 부인하는 것이다. 이 세상은 멀리 피해야할 악한
곳이든지 혹은 세상으로부터의 은신처이다. 그래서 담임목사인 오

목사는 이웃간의 수평적인 사랑보다는 하나님에 대한 수직적인 헌신과 순종을 설교한다. A교회에는 이민자들이 살고 있는 문화적 현실에 대해 이해할 여지가 없다. 오 목사는 개인의 경건과 단일성을 중요시한다. 그런 단일화된 규범에서 벗어나는 것은 무엇이나 신성을 모독하는 것으로 여겨진다. 역설적인 것은 이 세상을 강하게 거부하면서도 물질주의는 눈에 보이는 힘의 상징으로 나타난다는 것이다. 돈을 가진 자들이 지도력을 가진 위치에 여럿이 임명됨으로써 그 가치가 인정된다.

한국교회의 세 기둥

지배하기를 좋아하는 지도자들은 예리하게 비판하는 사람들을 자기네 세력을 위협하는 사람들로 여긴 나머지 그들을 고립시키려고 온갖 힘을 다한다. 다음의 사례는 예리하게 비판하는 사람들이 낙심을 경험한 사례이다. A교회의 평신도 지도자들 중 한 사람인 김 장로는 한국교회의 문제를 "한국교회의 세 기둥"이라는 제목으로 표현한다. 김 장로에 따르면 이들은 첫째 숫자요, 둘째 건물이요, 셋째 돈이다. 그는 탄식한다. "일본 식민지 시절에 일본사람들은 한국사람들을 무지몽매하게 만들었지요. 그렇게 함으로써 한국인들이 그들에게 복종하도록 한 겁니다. 한국교회 지도자들도 마찬가지로 하고 있어요." 이 세 기둥은 불행하게도 많은 이민교회의 현실을 나타내고 있다.

진실한 영적 메시지에 대한 갈증

지도자들에게 반대 의견을 나타내는 것은 하나됨이라는 미명 아래 억제할 것이 강단에서 은연 중에 선포되고 있다. 교인들의 필요에 초점을 두고 설교가 이루어지고 있지 않기 때문에 자신들의 삶과 신앙을 적용하고자 원하는 사람들은 종종 교회생활에서 진실과 현실 사이의 커다란 거리감 때문에 어려움을 겪는다. 많은 사람들이 영적 갈등을 기독교 텔레비전, 라디오 설교, 그리고 한국에서 가져온 한국 유명 설교자들의 설교 테이프를 통해 충족시킨다. 교회에서 몇몇 여신도들은 교회 지도자들의 눈에 날까봐 쉬쉬하면서 비밀리에 설교 테이프를 교환하고 있다.

파커 파머의 경고처럼 많은 1세 이민 목회자들 중에는 빛보다는 그림자를 투영하는 사람이 있다. 그들 자신의 상처가 강단에서 교인들에게 투사되기 때문이다. 하나님의 말씀을 대변하는 것과 스스로가 하나님이 되는 것 사이에는 미묘한 차이가 있다. 그러한 경계선이 모호해지기 쉽다. 영적으로 배고프고 신체적으로 피곤한 사람들, 1주일에 50시간 이상을 일하는 이민자들은 새로운 힘을 얻고 새롭게 되어 새로운 한 주를 신선하게 시작하고 싶어한다. 그러나 교회의 어느 여성이 말한 바를 들어보자. "나는 주중에 일터에서 일한 것보다 일요일에 더 피곤함을 느껴요."

탈진한 충성심

종종 교회의 크기에 관계없이 아주 적은 숫자의 헌신된 사람들이 교회에서 온갖 역할을 다 담당하고 있는 것을 볼 수 있다. 이런 헌신자들은 계속해서 일을 하지만 교회로부터 양육을 받을 기회는 매우 적다. 이중언어를 하는 청장년인 웬디는 5년간 그녀의 시간과 에너지를 다해 헌신해 왔는데 이제는 거의 탈진에 이르렀다.

그녀는 토요일에 한국어를 가르치고, 주일에는 영어로 청소년 주일학교를 가르친다. 그녀는 청장년부의 회장이다. 그녀가 가진 한국식 충성심은 너무나 피곤함에도 불구하고 교회에 계속해서 봉사하게 만든다. 교회의 관료적인 체제는 그녀가 가진 진취적이고 혁신적인 방면에 계속해서 제동을 건다. 세세한 것까지도 교회의 담임목사와 지도력을 가진 팀들에 의해 허가를 받아야 한다. 청장년 지도자들은 교회 연합으로 청장년 대회를 준비하고 있었다. 다른 4개의 후원교회들은 모든 결정사항마다 세세하게 허가를 받는 과정이나 서류과정을 거치지 않아도 되었다. 그녀의 말을 들어보자. "나는 모든 미세한 사항들을 다른 교회 임원들과 계획을 세우는데 머리가 돌 것 같았어요. 그리고 그들의 뚫어져라 쳐다보는 표정이라니……."

웬디가 A교회를 섬기면서 가장 좌절했던 것은 과잉보호에 기반을 둔 지나친 관료체제였다. 1.5세 이민자인 웬디는 한국의 핵심가치인 충성심에 대해 민감하다. 무의식적으로 웬디는 계급체제에 충성심을 가지고 반응한다. 한편으로 그녀의 미국적인 면은 그녀가 가진 맹목적인 충성심에 의문을 제기함으로써 웬디를 내적으로 분열시킨다. 그녀가 가진 충성심은 제동장치 작용을 하는데 그것은 웬디가 자신이 더 개발시키려고 하는 창조적인 면에 귀를 기울이려 할 때마다 그녀를 저지하기 때문이다. 실제로 웬디는 좌절감에서 도피하기 위해 더 열심히 교회에서 봉사했고, 마침내 영적으로 탈진해 버렸다. 5년간 웬디가 내적으로, 그리고 교회 내에서 경험했던 보이지 않는 문화의 줄다리기는 그녀가 가졌던 모든 에너지를 쇠잔시켜 버렸다. 무엇이 웬디를 A교회에서 계속 충성하게 하는가? 웬디가 가진 강한 소속감, 충성심, 그리고 정(감정적인 애착)이 그녀가 A교회와 애증 관계를 계속해 갈 수 있도록 해준다.

대리 설교자

설교는 A교회에서 힘과 계급을 상징한다. 그 곳에 5년 남짓 지속되어 온 2세대를 위한 영어 예배가 있다. 바로 중학생과 고등학생을 위한 것이다. 어른 예배와 영어 예배 사이에 한 가지 차이가 있다면 언어의 차이가 있을 뿐이다. 좌절에 빠진 청소년부 담당목사는 청소년들을 위해 직접 설교를 작성하지 못하는 자신의 갈등을 이야기한다.

> 청소년 예배는 어른들 예배와 똑같아요. 우리는 같은 성경 구절을 사용해야 하고, 같은 찬송가를 사용해야 하고, 같은 설교를 사용해야 하지만 단지 영어로 번역되었을 따름이죠. 공중기도는 그 때만 들어와서 다시 자리를 뜨시는 장로님이 하셔야 하지요. 나는 청소년부를 위해 스스로 설교를 쓰게끔 허락되지 않아요. 오 목사님은 주일 아침에 자신의 설교를 내게 넘겨주면서 그것을 영어로 번역해서 같은 날 아침에 설교하라고 하시지요. 설교 메시지가 신통치 않은 반응을 불러일으키면 역설적으로 내가 비난을 받아요. 정작 설교를 쓰신 분은 오 목사님인데 말예요. 오 목사님은 그러한 비판에 대해 위원회의 위원들에게 대답하기를 영어를 더 잘하는 사람을 찾아서 자신의 설교를 동시통역으로 하면 한국어를 이해하지 못하는 사람들도 대예배에 함께 참석해서 영어로 그의 설교를 들을 수 있다고 하시는 거예요.

오 목사는 청소년부 담당목사를 훈련시키는 데 있어서 스스로가 설교를 작성하게 하기보다는 자신의 설교를 번역하여 사용하게 함으로써 더 잘 훈련을 시킬 수 있다고 믿는다. 계급적이고 신정주의적인 시각으로 보면 이러한 사고를 이해할 수도 있다. 다른 한편으로, 2세들을 대상으로 사역하는 젊은 세대의 지도자들의 시각으로 보면, 그것은 순종과 사역의 일관성 사이에서 심각한 딜레마에 빠지게 한다. 청소년부 담당목사들은 청소년들의 세계를 알고 있음에도 불구하고 1세들을 대상으로 쓰여진 담임목사의 설교를 앵무새처럼 대변해야만 한다. 1세대의 세계가 2세대에게 강요되어 역동적인 가정에서 경험되어지는 순종을 요구하게 된다.

게다가 피해자를 비난하는 사례가 이 지도력 유형에서 재현되고 있다. 자신이 가진 그림자를 대면하기 꺼리는 담임목사는 그것을 직원이나 교인들에게 투사하고 있다. 통제하고 비난하는 패턴을 보임으로써 교회 분위기는 계속적으로 악화되고 있다. 내면을 들여다보기를 두려워하는 그러한 지도자들은 자신의 일정을 빡빡하게 채워두고 지역적으로 세계적으로 돌아다니기를 좋아한다. 그들은 자신의 일정이 꽉 차 있으면 뭔가 채워진 것처럼 느낀다. 비록 좋은 의도와 세계선교를 위한 열정을 가지고 있음에도 불구하고 담임목사들은 정작 해야할 내부의 숙제는 정작 도피한 채 세계 도처를 여행하는 것으로 그러잖아도 포화상태인 스케줄을 더욱 바쁘게 하고 있다.

담임목사가 외부의 바쁜 여정 때문에 내부의 일정을 연기하게 되면 교회는 혼란에 빠지게 되고 종종 교인들이 대량으로 빠져나가거나 교회 분열을 가져오게 한다. 이런 종류의 목회 지도력은 그리스도의 몸을 분열시키고 그들이 할 수 있는 모든 것을 힘껏 투자한 이민자 대가족들을 분열시키게 된다. 강압적인 힘은 많은 거부감을 동반하게 되고, 그것도 힘이 강한 동안만 지속될 따름이다. 로버트 케이 그린리프는 다음과 같이 경고하였다: "지배적인 권력이 가지는 문제는 그것이 거부감만 강하게 초래할 뿐이라는 것이다. 비록 그것이 성공한다 하더라도 그것은 오로지 그 힘이 강한 동안만 유효할 뿐이다."

오 목사의 지도력 유형을 살펴보면 처음에는 도움이 필요한 사람들에게 손을 뻗치고 새로 오는 이민자들을 공항에 나가 픽업하는 등 이민자 공동체의 필요에 초점을 맞추었다. 그는 도움이 필요한 사람들을 방문하고 그들을 위로하였다. 그러나 일단 교회의 크기가 300명 이상을 넘어가게 되자 섬기는 유형의 지도력은 모든 것을 힘으로 처리하는 유형으로 변해 버렸다.

하나님의 중재자로서의 목사

한국목사들의 중요한 기능 중의 하나는 하나님의 중재자로서의 역할이다. 그래서 한국의 계급적인 세계관에 따르면, 교인들은 사업처를 개업하는 날 담임목사가 와서 축복해주면 사업이 성공할 것이라고 믿는다. 일부 목회자들은 이러한 신앙 이해를 생각하며, 자신들이 교인들이 경영하는 모든 사업처를 방문해서 축복기도를 해준다. 부목사 또한 이런 관점에 동의하면서 이렇게 설교한다: "만일 우리가 하나님을 섬기면 하나님께서는 그 사람에게 세 가지로 축복하실 것입니다. 첫째는 물질의 축복이요, 둘째는 자녀의 축복이요, 셋째는 장수하는 것입니다." 목사들은 하나님의 중재자로서의 자신의 힘을 주장하지만, 사실 예배 보러 온 사람들 중에는 특히 재정적으로 육체적으로 어려움을 겪고 있는 사람들은 짐이 가벼워지기보다 무거워지는 것을 느끼는 사람도 있게 된다.

아시아 사람의 권위적인 지도력 유형은 하나님께서 잘 돌보라고 지도자들에게 맡기신 사람들에게서 영적인 안녕을 빼앗아버리는 예를 자아내기도 한다. 그러한 지도력은 충성심을 요구하는데, 이 충성심은 조그만 비판의 표시도 용인하지 못하는 가장적인 권위에서 유래한다. 한편 그러한 지도력이 20년 이상 지속하게 된 것은 목사와 교인양쪽 다 이에 의존하기 때문이다. 교인들은 비록 이러한 유형의 지도력에 거부감을 느끼긴 하지만 이러한 유형에서 빠져 나올 에너지와 힘의 중심이 부족하다. 힘이 없다고 느끼기 때문에 역기능적인 역동적인 가정에서 볼 수 있는 것처럼 용기가 부족하다. 사실, 많은 가정들이 그런 교회에서 빠져나가는 생각을 하곤 한다. 그러나 그들은 그보다 나은 교회를 찾지 못할까봐 두려운 것이다.

독재적인 지도력 유형이 이민교회에 지속되는 경향 때문에 공동체가 배타적이 되기도 하고 주류 사회에 대해 대응적이 되기도 한다. 이것이 청소년 담당목사더러 자신의 설교를 영어로 번역하여 청소년들에게 전하게 하는 1세대 목사들의 편협한 지도력에서 보여지고 있는 것이다. 많은 1세대 한국목사들에게 있어 주류 문화에 접촉할 수 있는 유일한 통로는 교회의 영어 회중이다. 목사들은 그들을 통제함으로써 사회 전체에 걸쳐 통제를 하고 있다고 느끼는 것이다.

횃불 전달

1세대 지도자들이 은퇴할 나이에 가깝게 되자 자신의 지위에 더 단단하게 매달리는 것 같다. 사실 바로 이 문제가 한국에서는 사회적인 문제가 되었는데 대형교회를 창립한 목사들 중에 많은 사람들이 그들의 횃불을 아들들에게 전수하려 했기 때문이다. 교회를 창립한 목사들은 자신의 전 생애를 헌신한 교회에 대해 강한 주인의식을 나타낸다. 그 때문에 다른 누군가가 그들이 힘써 일한 곳을 전해 받는 것에 어려움을 느낀다. 목사가 은퇴할 때가 가까워 오면 목사를 대체할 훈련을 받은 많은 후보자들이 왔다가 가곤 한다. 이런 일이 일어날 때마다 교인들은 심한 상실감을 느낀다.

삶의 전 에너지를 사역에 헌신하는 것에는 장점이 있다. 하지만 이는 모든 정체성을 일과 사역을 통해서만 일구어온 목사에게 있어 은퇴는 커다란 진공상태를 일으키게 된다. 목사는 지도력의 위치를 떠난다는 생각에 적응을 할 수가 없다. 추종자가 없는 그의 삶은 의미의 근원을 잃게 되는 것이다.

추종자, 양떼 심리

강한 계급적인 지도력 아래에서 교인들은 수동적으로 본당 의자에 앉아 있는 사람들, 반항하는 추종자들, 회유자들로 변하게 된다. 회유자들 가운데에는 교회에서 힘을 얻기 위해 지도자가 원하는 것을 제공하는 사람들이 있다. 반항하는 추종자들 가운데에는 공개적으로 화를 낸다거나 하는 부정적인 감정을 나타냄으로써 자신들을 관심의 대상이 되도록 하는데 성공하는 사람들이 있다. 그래서 추종자들은 다양한 모습의 순종을 나타내게 된다. 맹목적인 순종, 고집 센 순종, 꺼리는 순종, 대응적인 순종, 투덜대는 순종, 그리고 수동적인 순종이 그것이다. 광야에서의 이스라엘 사람들과 비슷하게 모든 종류의 순종이 교인들의 마음에 자리잡게 되고 그들은 막상 중심이 흩어진 지도력을 만나게 되면 방향을 잃은 느낌을 받는다. 통제의 사슬은 너무나 단단해서 추종자들은 변화를 기대하기보다 투덜대고 불평하는데 익숙해지게 된다. 불평은 역기능적인 체제 안에 맞물린 톱니 역할을 한다.

방임적인 지도력

A교회와 달리 B교회의 지도력은 수동적이고 방임적이다. 도 목사

는 미국에서 신학교육을 받았는데 영어도 유창하고 대부분의 교인들보다 미국문화에 더 동화되었다. 한국적 계급체제에 깊이 물든 B교회 교인들은 사실 도 목사의 지도력 유형 때문에 방향을 잃은 느낌을 받는다.

도 목사는 평신도의 지도력을 북돋아 주려고 애를 쓰면서 결정을 내릴 때에도 민주적인 방식으로 하려고 애쓴다. 그것은 사람들을 감독하거나 지도하는 것에 비해 방임적으로 보여지기 때문에 그는 사람들이 생각하고 그에게 가져오는 아이디어나 프로젝트를 북돋아 준다. 그는 사람들이 교회에 대해 주인의식을 가지는 것을 중요하게 생각하기 때문에 지시를 최소한도로 하고 그룹의 결정에 최대한도로 자유를 부여하려고 노력한다. 이것이 전형적인 계급적인 한국식 지도력과 차이가 나는 곳이다. 그는 일들이 아래에서 위로 이루어지기를 원하지만 교인들은 반대로 되기를 원한다. 도 목사는 위에서 주어져서 하는 활동보다는 자신들로부터 스스로 나올 때 더 열정적이 될 것이라고 강하게 믿는 사람이다. 그는 위원회가 완전히 자치력을 갖고 자신들의 창의성에서 나온 것으로 그에게 보고할 수 있기를 기대하고 있다. 그는 일이 되어 가는 과정들에 거의 개입하지 않는다.

교인들은 자신들이 따를 수 있는 슈퍼스타와 같은 목사를 원하는데 실상은 과제를 위임하는 민주화된 지도자를 가지고 있다. 그들은 따르고 싶은 필요를 느낀다. 그들이 만일 독재자와 같은 지도자를 목사로 가지고 있다면 그들은 민주적인 지도자를 원할 것이다. 독재적인 데서 민주적인 지도력 유형으로 옮아가는 것은 어려운 일이다. 지도자는 대부분의 교인들이 어느 단계에 있는지 알고 이해할 필요가 있다. 다음의 캠프 사례는 제대로 갖추어진 지도자가 부족한 것을 드러내 준다.

훈련 없는 위임

매년 열리는 교회 캠프를 준비하는 일이 송 집사에게 부여되었다. 송 집사는 집사이지만 60명이나 되는 사람들을 캠프장으로 인도하는 경험을 전혀 해본 적이 없었다. 도 목사는 그것이 3일간의 캠프였기 때문에 여러 번 설교를 인도하게 되었다. 도 목사는 송 집사가 만든 계획을 점검할 시간이 없었다. 캠프장에 도착한 도 목사는 송 집사가 캠프 일정조차 짜지 않았다는 것을 발견했다. 모든 캠프 일정이 짜여지지 않아 혼란스러웠다. 젊은 여신도들에게 음식을 만드는 일이 주어졌는데 나이 드신 여신도들은 음식이 부족하네, 음식이 제대로 준비되지 않았네 하고 불평을 하였다.

도 목사가 말씀을 전한 후 이야기를 나눌 시간을 주자, 참을성이 부족한 평신도 지도자 한 사람이 갑자기 말문을 가로막고 말했다. "예배 순서를 먼저 끝냅시다." 새로 방문한 두 가족이 있었는데 그들은 이런 경우를 처음 경험했노라고 말했다.

이런 불평에 대해 도 목사는 평신도 지도자들에 대해 비판적이 되었다. 그는 자신이 어떠한 지도나 감독도 제대로 제공하지 않았음에도 불구하고 송 집사도 싸잡아 비판하게 되었다. 평신도들의 태도는 캠프 실패는 전적으로 도 목사 책임이라는 것이었다. 만일 캠프가 성공적이었다면 도 목사의 지도력도 인정을 받게 되었을 것이다. 세심한 지도나 감독 없이 위임을 하게 되면 이러한 캠프 사례에서 보듯이 재난을 불러 올 수도 있다. 좋은 지도력을 시험하는 것은 지도자가 예기치 못한 혼란에 어떻게 대처하는가에 달려 있다.

준비 부족

특별부흥회를 준비하면서 도 목사는 금번 부흥회를 위한 주제를 정했다. 그러나 평신도 지도자 중의 한 명이 도 목사가 정한 주제를 좋아하지 않았다. 도 목사는 브레인스토밍을 하기 위해 내놓았다. 그는 주제를 정하는데 어떠한 기본적인 아이디어도 주지 않았다. 그는 사람들에게 즉석에서 손을 들어 주제에 대한 제안을 내놓으라고 했다. 이러한 생각에 신경이 거슬린 한 사람이 일어나서 말했다. "목사님이 직원 회의 후에 혼자서 기도하면서 결정하시지요."

도 목사는 교인들이 속으로 무얼 기대하고 있는지 전혀 알지 못했기에 이 교인의 갑작스럽고 공개적인 공격에 마음이 상했다. 그는 적어도 브레인스토밍을 하려고 시도한 것만으로 자신은 민주적이라고 생각했던 것이다. 그러나 교인들이 기대했던 것은 공개적으로 회의를 소집하기에 앞서 양떼들이 무엇을 기대하고 있는지를 기도 중에 생각해 본 후 어느 정도 지침을 준비하는 것이 지도자로서의 목사의 책임이라고 생각했다. 신정주의가 앞서 얘기한 오 목사의 지도력의 성명

서였다면, 이번 도 목사의 경우는 지나치게 민주주의에 의존하고 있었다. 회중이 신정주의적인 독재 지도력 아래 있을 때 그들은 민주적인 지도력을 원한다. 그들이 민주적인 지도력을 가지고 있을 때 그들은 또한 신정주의를 그리워한다. 대부분의 한국 이민자들은 둘 다가 절충된 지도력을 필요로 한다. 지도력에 있어서는 한 가지 극단적인 것을 취하기보다는 다양한 지도력을 행사하는 것이 많이 요구된다.

B교회의 구성은 친족의 유대로 이루어진 대가족에 기반을 두고 있어서 단일가족은 외톨이가 된 느낌을 받는다. 대가족은 그들 집안의 갈등을 교회에 가져온다. 대부분 문제는 돈에 관계된 것으로서 서로에게서 돈을 빌리고 빌려주고 한 문제들이 개입되게 마련이다. 마치 부족이 사는 부락처럼 일과 교회와 개인적인 삶 사이에 분명한 구분이 존재하지 않는다. 이 때문에 때때로 교회 모임에서 감정적인 불꽃이 튀기도 한다. 대개의 경우 엄청난 재정적, 그리고 문화적 스트레스를 겪고 있는 교인들이 겪는 감정의 롤러 코스터의 주요 과녁이 되는 것은 가장 눈에 띄는 인물인 담임목사가 된다. 이것이 왜 이민교회의 목회자들이 자신의 내면 생활을 점검해야 하는 이유가 된다. 그래야만 남을 희생시키거나 혹은 본인이 희생자가 되는 덫에서 빠져나올 수 있기 때문이다. 이러한 건강하지 않은 논쟁이 지도력과 교인들 사이에 일어나게 되면 그 희생은 아주 크고 때로는 그리스도의 몸에 분열을 가져오기도 한다.

교회가 갈라질 때

D교회는 원 교회로부터 분열을 하게 되었는데 그 이유는 교회를 창립한 목사가 은퇴를 거부했기 때문이다. 마지막 수단으로 부목사인 유 목사를 비롯한 대부분의 지도력 팀들이 교회를 떠났다. 원 교회에서 자라난 많은 청장년들도 그 교회를 떠나 D교회에 출석하게 되었다. 교회에 남은 사람들과 D교회로 떠난 사람들 간에는 사람들끼리의 우정도 깨어지게 되었다.

5년 후, 독재적인 지도력 방식 때문에 원 교회를 떠났던 D교회의 지도력 팀은 지도력에 있어 원 교회와 그다지 변한 것이 없었다. 변한 것은 그들이 예배를 드리는 장소 새 교회뿐이었다. 원 교회에서 익숙하던 것을 그대로 답습함으로써 세대간의 갈등 또한 그대로 남아 있으며 다만 젊은 유 목사가 D교회에서 같은 역할을 맡고 있었다. 유 목사나 창립 지도력 팀이나 마찬가지 지도력 유형으로 행동하고 있는데 그것이 원 교회에서 창립목사가 은퇴할 때까지 행했던 지도력 유형이었기 때문이다. 이제 D교회의 청장년 중 몇몇 가족이 교회를 떠날 생각을 하고 있지만 부모들은 대수롭지 않게 생각한다. D교회는 원 교회로부터 분열해 나오는 원인이 되었던 똑같은 다이나믹 문제로 갈등을 겪고 있는 것이다.

교회 분열의 모델

교회 분열은 아주 긴장을 불러일으키고 가슴 아픈 과정이지만, 어떤 아시안 아메리칸 교회는 그것을 비교적 무난하게 통과하였다. 두 목사가 거의 10년 동안 팀 사역을 하는 동안 신학적으로 차이가 생기게 되었다. 그러나 이 두 목사가 대가족이요 그리스도의 몸을 나누는 과정은 아주 인상적이다.

E교회의 담임목사와 부목사 두 분의 지도자들은 그들이 갈라지게 되었을 때 교회 안에 있는 교회 가족들의 아픔을 최소화하기 위해 최선의 노력을 다하였다. 수없이 많은 회의와 기도가 중간 과정 동안에 일어났다. 마지막 남은 과제는 과연 그들이 시간과 물질을 투자하고 좋은 추억들이 서린 교회 건물에서 어느 회중이 떠나고, 어느 회중이 남을 것인가 하는 것이었다. 오랜 머뭇거림 후에 담임목사는 부목사에게 제비뽑기를 통해 누가 교회 건물에 남을 것인가를 결정하자고 제의했다. 보다 혁신적이고 재정적인 힘이 약한 젊은 추종자들을 거느린 부목사가 제비뽑기에서 이겨 남게 되었다. 담임목사는 교회 건물을 뒤로 두고 떠나게 되었다.

두 지도자는 모두 미국에서 태어나 한국과 미국적인 문화에 균형을 갖추고 있었는데 그들은 각 문화에서 최대한의 것을 이용하고자 애썼다. 교인의 대부분의 2세, 3세, 심지어는 4, 5세 아시안 아메리칸도 있었다. E교회를 구성하는 가족 단위는 구세대로부터 신세대까지 다양하다. 담임목사는 제비를 뽑기로 결정함으로써 아주 현명한 지도력을 도입하였다. 이런 식으로 했기 때문에 두 지도자 중 어느 누구도 비난의 표적이나 소문의 표적이 되지 않았다. 이 두 사람은 좋은 식으로 헤어져 각자의 길을 갔기 때문에 계속해서 관계를 유지하고 있다. 두 교회는 로스 엔젤레스 지역에서 왕성한 사역활동을 하고 있다.

오늘날처럼 지도력의 위기가 어디서나 보이는 때에는 진정한 지도력을 찾기가 어렵다. 비록 기계 문명이 의사소통을 가속화시키기는 하지만 세대간의 의사소통이나 화해는 부모와 목사들이 새롭고 갓나온 것을 포용할 만큼 열린 마음을 가지지 않으면 일어나기가 어렵다. 수많은 공허한 약속과 화려한 말들이 있어 왔지만 효과적으로 그 말을 실천하는 사람은 소수에 불과하다. 한국계 미국인 교회는 1세들과 2세들을 화해시키는 당면한 사역을 포용해야 하는데 그 이유는 긴장에 찬 이민 가족 단위가 그러한 일을 수행하기에는 역부족을 느끼기 때문이다.

효과적인 청소년 사역의 모델

한인 이민교회가 해야 할 가장 중요한 선교 중 하나는 세대와 문화 간에 교량역할을 할 수 있는 지도자들을 양성하는 것이다. 로스 엔젤레스 지역에서는 전통적인 개체교회 모델의 바깥에서 이루어지는 창조적인 사역이 점점 더 많아지고 있다. 김 목사는 갱 단원들, 가출자, 그리고 고등학교 중퇴자들을 대상으로 하는 사역을 시작했다. 교단이나 개체교회의 한계를 넘어 김 목사는 범법자들과 거부당하는 사람들에게 사역해야할 필요를 느꼈다. 김 목사가 어떤 철학과 태도로 젊은 이들에게 사역하는가는 살펴보는 것은 중요하다. 이는 한인 이민 공동체에 필요한 문화적 감정적 그리고 영적인 필요를 잇는 교량의 역할을 보여주기 때문이다. 김 목사는 다음과 같이 말한다.

제가 로스 엔젤레스 카운티 청소년 카운슬러로 5년간 섬기고 있을 때 수많은 한국계 미국인 청소년들을 만났는데 단지 카운티 청소년 센터에 있는 것만으로도 그들은 쉽게 회복되는 것 같았어요. 나는 혼자서 시작했어요. 저는 아무런 교단에도 가입하지 않았는데 교단의 배타적이고 정치적인 다이나믹이 그러한 사역에 방해가 될 것이라고 여겼기 때문이지요. 한국계 미국인들 간에는 목사들에 대한 신뢰도가 떨어져 있었기에 제가 목사로서 신용을 되찾는 데만 해도 5년이란 시간이 필요했어요. 목사님들은 대체 무엇을 합니까? 많은 사람들이 대부분의 교회가 상처받은 사람들에게 접근하는

태도에 실망을 느끼고 있어요: "성령의 이름으로 기름부음
을 받으라. 기도를 받고 교회를 섬기라."

목사의 신뢰도 부족에 대한 언급은 한국계 이민교회 내에서 심각한
지도력의 위기를 보여주고 있다. 비록 아주 많은 숫자의 교회와 목사
들이 있지만 유감스럽게도 모범을 보이는 교회와 지도자들은 그다지
많지 않다. 김 목사의 말을 따르면, 한국계 미국인 청소년들은 소속감
의 부재 때문에 갱단에 가입한다고 한다. 뿌리가 없는 상태에서 갱단
에 가입함으로써 그들은 사회에서 생존할 수 있는 결정적인 기술을
얻게 되고 통과의식을 치르게 되는 것이다. 갱단은 감정의 진공상태
를 메워 주고 사교적인 필요성을 충족시켜 준다.

김 목사는 또한 한국부모들의 과잉보호 때문에 청소년들은 육체적
으로는 발달하지만 정신적인 성숙은 지체된다고 말한다. 정신적인
성숙은 신체적인 성숙에 비해 2년이 지체된다고 한다. 그의 사역이
효과적인 것은 사람들이 그가 운영하는 센터를 방문할 때는 이미 목사
와 카운슬러들을 만나고도 효과를 보지 못한 상태에서 별 기대감 없이
방문한다는 것이다. 그래서 그들은 김 목사에게서 별다른 기대를 갖
지 않는다. 그는 그들을 놀라게 한다. 김 목사는 문제 청소년에 대한
자신의 접근방식을 이렇게 표현한다.

상담에의 접근
1. 문제 청소년을 만날 때 그들의 배경이 어떠한지에 대한 어떠한
   전제도 하지 않는다.
2. 정기적으로 만남으로써 신뢰를 구축한다. 일단 신뢰가 형성되기만
   하면 청소년이 전형적인 한인 이민가정 출신이라면 문제의 90퍼센
   트는 풀린 것이나 다름없다.
3. 같이 먹으면서 의지해도 된다는 확신을 준다.
4. 그들을 북돋아 줌으로써 상처받은 자아에 대한 확신을 다시금 세워
   준다.
5. 정기적으로 그들에게 전화를 건다.

김 목사는 본인 스스로가 낙인 찍힌 청소년이라고 생각하는 사람들
을 아무런 편견 없이 받아들여 줌으로써 그들을 다룬다. 문제 청소년
들은 인간 대 인간으로 만나주는 그의 진정한 만남에 신선함을 느끼게

된다. 김 목사의 교육 센터는 지금 매년 1,500 사례를 다루고 있으며, 그 지원 체제를 확장하고 있다. 100명이 넘는 중퇴학생들이 교육 센터를 다니면서 다시 자신의 꿈을 추구할 자신감을 경험하고 있다. 부모들을 대상으로는 간증 거리가 있는 부모들이 자녀 양육을 위한 부모 교육 과정에 참여해서 자신들의 경험을 나누고 있다.

도우미: 위기에 있는 지도력, 순환인가 전환인가?

> 만일 우리가 우리가 가진 아픔을 마주하고 느낄 기회를 우리들에게 허락하지 않는다면, 우리는 우리를 플라스틱 방울 안에 가두고 우리가 삶에 대해 가진 거짓말 때문에 우리의 가슴은 좁아들고 우리의 시야는 가려지게 될 것이다……눈물 없이는, 우리는 우리가 가진 상처를 대면하려 하지 않기 때문에 치유의 희망도 없게 된다……우리가 개인적인 차원에서 울지 않는다면 우리는 결코 우리 주위에 있는 인류를 이해하지 못하게 될 것이다. 만일 우리가 공적인 차원에서 울지 않는다면, 우리 스스로는 인간 이하의 것이 된다.
>
> —조앤 치티스터

구약성경에서 우리는 지도자가 실족한 두 가지 사례를 찾아 볼 수 있다. 하나는 사울 왕이고, 또 다른 하나는 다윗 왕이다. 사울은 예언자 사무엘과 대면하게 되었고, 다윗 왕은 예언자 나단과 대면하게 되었다. 그러나 각 예언자가 두 왕을 대면하고 왕들이 그들에게 반응한 방식은 뚜렷한 대조를 이룬다. 사울 왕은 울지 못했고, 다윗 왕은 심각하게 울었다.

묵상을 위한 질문:
사울의 사례에서 배우기 (사무엘상 15:12-35)
1. 15:12에서 사울은 무엇을 하는가?
2. 사울은 그가 하나님께 부분적으로 순종한 것의 증거가 되는 것을 (양과 소의 소리) 어떻게 처리하는가? (15:14-15)

3. 15:17은 어떻게 사울의 어두운 면을 나타내는가?

4. 15:19-21에서 사무엘과의 대면에 대해 사울은 어떻게 대답하는 가?

5. 15:24에 나타난 사울의 범죄는 무엇인가?

6. 왜 사울은 15:25에서 사무엘에게 용서를 구하는가?

7. 즉각적으로 용서를 구하는 것이 빠지기 쉬운 함정은 무엇인가?

묵상을 위한 질문:

다윗의 경우에서 배우기 (사무엘하 12:1-25)

1. 다윗은 12:5-6에서 나단의 이야기에 어떻게 반응하는가?

2. 나단과의 대면은 사무엘의 것과 어떻게 다른가?

3. 12:13에서 다윗은 나단의 직접적인 대면에 어떻게 반응하는가?

4. 12:13-18에서 볼 때, 왜 다윗은 그가 하나님의 용서를 확신한 직후에 곧바로 죄의 결과 때문에 고통을 겪게 되는가?

5. 다윗은 12:16-17에서 그의 고통을 어떻게 처리하는가?

6. 12:18-23에서 볼 때 자녀의 죽음을 대하는 다윗과 그의 하인들과의 방식에는 왜 차이가 있는가?

7. 그들이 가진 어두운 면을 다루는 방식에서 다윗과 사울은 어떻게 다른가?

적용:

사울과 다윗에서 배우는 "하지 말아야 할" 지도력의 원칙

1. 추종자들의 인정을 추구하지 말고 단지 그들을 사랑하라.

2. 대면을 두려워하지 말라.

3. 진실이 말해질 때 그것을 부인하지 말라.

4. 힘없는 자들을 속죄양으로 삼지 말라.

5. 당신의 잘못을 덮기 위해 하나님을 사용하지 말라.

6. 당신이 가지는 자아 가치나 교인들의 칭찬에 의지하지 말라.

7. 교인들에게서 칭찬을 추구하지 말라.

다윗 왕에게서 배우는 "해야 할" 지도력의 원칙

1. 비록 수치스럽더라도 대면을 받아들여라.

2. 당신이 저지른 부당한 대우에 대해 울라.
3. 그것을 하나님께 고백하라.
4. 일을 잠시 중단하고 하나님을 찾아 만나라.
5. 당신의 영혼과 마음을 찾을 시간을 가지라.
6. 인간으로서 당신의 잘못과 결점으로부터 배우라.
7. 당신이 가진 지도력의 입장과 역할로부터 당신의 정체성을 구분시켜라.
8. 당신 안에 있는 하나님의 은혜에 연결시켜라.

6 장

치유하는 공동체로서의 가정과 교회: 안에서 밖으로 나아가는 교회 (요한복음 4장)

진정한 지도력은 외부의 조건에 의해 찾아지는 것이 아니라 인간의 마음 속에서 찾아진다. 가정이나 국가나 모든 상황에서 진정한 지도자는 그들 것이든 다른 사람의 것이든 마음을 자유롭게 하는 데 목적을 둔다. 그러면 자유로운 힘이 세상을 자유롭게 하기 때문이다.

—파커 제이 파머
(Let Your Life Speak: Listening for the Voice of Vocation, 80-81)

지금껏 우리는 가정과 교회에서 문화의 줄다리기를 하고 있는 1세, 1.5세, 그리고 2세들의 이야기에 귀를 기울여 왔다. 이 책의 처음 넉 장은 가슴 아프고 성공적인 이야기들, 침묵을 깨뜨리는 이야기들, 갈등하는 부모들, 감정적으로 버려진 자녀들의 이야기들로 가득 차 있다. 미국에 온 지 오래 된 사람들, 온 지 얼마 되지 않은 사람들, 그리고 새로운 나라에 잘 적응한 사람들, 잘 적응하지 못하는 사람들의 이야기가 로스 엔젤레스에 있는 미국인의 삶의 독특한 삶의 일부분으로 자리잡았다. 가장 두드러지는 것은 가정과 교회 안에서 친밀하면서도 멀고, 연약하면서도 질긴 관계들을 이해하려는 세대간의 갈등이다. 가정에서 공허감을 느끼는 이민자 부모들과 자녀들은 가깝지만 먼 이들로 서로에 대해 불가해한 기대감으로 가득 차 있다. 가정 안에서 느끼는 줄다리기로 인해 젊은이들은 가정으로부터 반발을 일으키고, 또래 그룹으로 빠져든다. 무기력함을 느낀 부모들은 자녀들에게 반응하고 그렇게 되면 자녀로부터 또 다른 반발의 반응을 받게 될 뿐이다. 부모들에 대해 가장 비판적인 사춘기 자녀들은 부모들의 오해를 음으로 양으로 반박할 만한 정보가 전혀 없다.

267

본 장에서 나는 부모들에게 힘을 북돋위 줌으로써 그들이 자신의 고통과 나아가 자녀들의 아픔에 귀를 기울이는 방법들을 제시하려고 한다. 각 장 맨 끝에 있는 도우미 부분은 본 장에서는 더욱 더 자세히 다루어진다.

우리는 대화라는 개념에서 시작하고자 한다. 이 용어는 종종 너무 값싸게 사용되어지거나 혹은 진정한 변혁을 회피하기 위한 핑계로 사용되어져 왔다. 대화의 단계에 이르기 위해서는 우리는 내면의 일에 시간과 에너지를 투자해야 한다. 우리들 내면에 있는 낯선 이를 만나는 것이야말로 진정한 대화가 이루어지기 위한 필요조건이다.

내적인 대화, 내적인 대화의 전제 조건

요한복음 4장에서 예수님은 여러 가지 장애들을 초월하는 진정한 대화를 혁신적으로 모범을 보이신다. 예수님은 연약한 여인을 그의 방문객으로 대하기보다 차라리 초대한 손님으로 대함으로써 그 여인과 연관 맺을 방법을 찾으신다. 이 본문은 주류 사회 안에서 영원히 방문객으로 살게 되는 이민자들에게 해당되어 왔다. 예수님은 상처 입은 여인을 하나님의 시각 안에서 동등한 존재로 대하신다. 그분은 자기 동족에게서조차 완전히 타인인 것처럼 느끼는 여인에게 도움을 청하신다. 그녀가 느끼는 감정은 자신뿐 아니라 타인들도 상처를 입히는 무력함이 내재화된 것이다.

우리는 아주 외부적으로 정의되는 무엇으로부터인지 쫓기는 세상에 살고 있기 때문에 그러한 의미 있는 대화를 하는 것이 드물다. 가속도로 달리는 삶은 어느 누구든지 건강을 유지하는 데 필요한 내적인 중심으로부터 궤도를 이탈하게끔 내어 몬다. 다음은 한국 이민자들과 이민교회가 그러한 상처들을 싸매어 주고 마음이 상한 이들을 위로해 줄 수 있는 몇 가지 방법들이다.

힘의 근원으로서의 연약함

어떤 사람들은 본문과 오늘날의 상황 사이에는 시간, 공간, 문화적인 커다란 간격이 존재한다고 말할지 모른다. 하지만 예수님의 근본적인 원칙은 시간과 공간을 초월하여 모든 인류에게 적용되는 이야기 중의 이야기가 된다. 이 책에 설명되어 있듯이, 그 누구도 우리가 상처 입은 사람들로 가득 찬 부서진 세상에 살고 있다는 사실을 부인할 수 있는 사람은 없다. 기술적인 발전이 예수님이 보여주신 사랑하는 인간의 손길의 위력을 대신할 수는 없다.

문화적인 표준에서 벗어나시면서 예수님은 상처 입은 여인을 자신의 상처를 통해 만나신다. 예수님이 우물곁에 앉아 있을 때 사마리아 여인이 한낮에 우물 주위에 아무도 없을 것을 기대하고 물을 길러 왔다. 물 길을 그릇도 없는 예수님은 약자의 상태가 되어 여인에게 다가와 묻는다: "물을 좀 달라" (요한복음 4:6-7).

예수님은 공식적인 인사나 날씨에 대한 말로 대화를 시작하지 않으신다. 그는 즉시 그녀를 자신의 목마름을 해갈시키는 데 도움을 주는 사람으로 대하고 있다. 어쨌든 그녀는 물을 길러 왔다. 그러나 마실 것을 요구하는 이 단순한 행위는 아주 다양한 면을 지니고 있으며 인간의 편견을 초월하는 것이다. 사마리아 여인에게 호의를 요청함으로써 예수님은 그녀가 진정 누구이고, 누가 될 수 있는가를 다시 정의하신다. 그는 그녀가 가진 성향으로부터 새롭게 그녀를 정의하신다.

우물가의 여인이 초대손님 대접을 받는 것은 역할이 뒤바뀐 것이다. 여인의 반응이 예수님의 당시 규범을 벗어난 역할을 나타내 보인다. 아주 놀란 여인은 예수님께 되묻는다, "어찌하여 사마리아 여자인 나에게 물을 달라 하나이까" (4:9)? 그녀의 물음에는 충격과 불안이 함께 나타나 있다. 너무나 자주 권력은 위에서 아래로 부여되었고, 이는 불의의 악순환을 지속시켰다.

그러나 예수님의 가르침은 개방적인 것과 동시에 정황에 맞는 것이었다. 그래서 그의 가르침은 회당이나 들이나 가정이나 심지어 그가 지쳐서 마실 것이 필요한 우물가에서도 이루어진다. 성별, 인종, 계급, 그리고 종교 등 얼음처럼 차가운 장벽을 녹이는 것은 무력의 힘이 아니다. 그것은 외부적으로 내몰린 문화가 약점이라고 정의하는 연약함을 통해서 가능하며 예수님은 연약함을 통해 가장 어려운 이데올로기의 간격을 다리 놓으셨다.

피곤하여 목마른 한인 이민자 부모들은 피곤하신 예수님과 동일화시키고 배울 수 있다. 우리는 연약함이 힘의 근원이 됨을 발견할 수 있다. 예수께서 그 자신을 방문객으로 둘 때 해방자가 되신 것과 마찬가지로 이민자 부모들도 주류 문화에서 방문객이지만 자신들을 해방자로 다시 정의를 내릴 수 있다. 관습적인 가치와 대조되는 자신들의 무력함을 다시 정의함으로써 부모들은 내적인 여정에서 힘의 근원을 발견할 수 있다. 한인 이민자 부모들이 거쳐야 할 필요가 있는 가장 중요한 변화 중의 하나는, 그것이 내적이든 아니면 외적인 것이든 자신들이 지닌 장벽들이 힘의 근원이 될 수 있다는 것을 인식하는 것이다. 공허한 악순환의 고리를 되풀이하는 것은 가정과 교회의 부적응을 악화시킬 따름이다. 1세들은 그들과 자녀들을 재교육시킬 힘을 가져야만 한다.

자신의 주변인 간의 위치를 과대하게 보상하기 위해 초대손님이 되려 하기보다는 이민자의 생활을 계속되는 순례자의 여정으로 받아들이는 것이 중요하다. 삶을 위에서 아래로 보는 관습은 삶을 유지하는 영성 그 자체를 약화시킨다. 그러나 안에서 밖으로 나아가는 삶은 내부에서 새롭게 솟아오르는 영성의 샘터가 될 것이다.

우리가 우리의 관습에서 뛰쳐나와서 자녀들에게 우리들이 지닌 나약함을 보여주면 그들은 사마리아 여인처럼 충격을 받아 우리에게 질문을 던질지도 모른다. 충격 가운데 마음을 열게 된다. 마음을 열게 될 때 인간의 대화의 능력은 시작된다. 쌍방간에 진정한 만남이 이루어지면 우리 자신과 상대방 안에 있는 친숙한 이방인은 그 가면을 벗게 된다. 젊은이들이 "우리 부모들은 우리를 이해하려고 하지 않아요. 그들은 심지어 우리가 누구인지도 몰라요!" 하고 외칠 때, 그들은 실은 상호 이해를 증진시키는 대화를 목말라하고 있는 것이다. 그들은 일방적인 훈계를 바라고 있는 것이 아니다. 그들은 비록 자기들끼리 어울리는 것 같지만 실제로는 1세들과 연결성을 가짐으로써 그들의 세계를 의미 있게 하고 싶어한다. 그들에게는 두 세계가 다 필요하다. 그래야만 그들은 자신이 누구이며, 어디서 왔으며, 비록 그들이 한국문화를 강하게 거부하기는 해도 그들이 어디로 향하고 있는지 이해할 수 있기 때문이다. 그토록 강한 부정적인 에너지는 또한 열정의 표시이기도 하다. 만일 사랑 많은 어른들의 지혜로 인도함을 받게 되면 온 도시를 변혁시킬 수 있다. 마치 사마리아 여인이 예수를 만난 후 그녀의 마을을 발칵 뒤집어 놓은 것처럼 말이다.

양쪽이 마음의 문을 닫고 의사소통을 하려고 하면 대화는 무익한 것이 된다. 왜 우리는 서로에게 해를 끼치는 것이 분명한 대화를 계속해야 하는가? 왜 우리는 그것이 계속해서 실패함에도 불구하고 사랑이라는 이름으로 대화를 통제하려고 급급해 하는가? 우리는 무엇을 두려워하는가? 약간의 시도와 실패를 통해 예수님은 여인의 두려움과 아픔을 벗겨주시고 편견으로 가득 찬 외부 세계를 초월한 내적 여정으로 그녀를 부드럽게 인도해 주신다. 하나님께서 주신 가능성을 가로막는 것은 바로 이러한 의식적이고 무의식적인 두려움이다.

두려움과 아픔을 벗겨주심

일단 여인으로 하여금 스스로를 주체로 보기 시작하는 지점까지 대화를 진행한 후에는 예수님은 이 여인으로 하여금 속사람을 볼 수 있도록 도와주셨다. 이번에는 예수님이 아니라 여인이 물을 달라고 한다. "주여 그런 물을 내게 주사 목마르지도 않고 또 여기 물 길으러 오지도 않게 하옵소서"(4:15). 마치 춤추는 것과도 같은 대화의 아름다움이 이야기의 이 시점에서 벌어진다. 심각한 반항으로 만났을 수도 있었을 텐데 대신 진실을 말하고 그래서 진정한 변혁의 가능성으로 이어진다.

예수께서는 먼저 연약함의 모범을 보이시고 이제 여인은 자신의 가장 연약한 부분과 마주할 수 있게 되었다. 마실 것이 아니라 질문으로 예수를 마주함으로써 사마리아 여인의 요청 역시 더 깊은 도전을 받게 된다. 예수께서는 그녀의 치부를 드러내시고 여인을 대면하신다: "가서 네 남편을 불러 오라"(4:16).

예수께서 해방시키시는 과정에서 가장 중요한 면이 예수께서 여인의 "나는 남편이 없나이다"(4:17) 라는 대답을 처리하시는 데서 드러난다. 그녀를 직면하는 대신에 예수께서는 그녀의 답을 인정한다. "너에게 남편 다섯이 있었고 지금 있는 자도 네 남편이 아니니 네 말이 참되도다"(4:18).

예수께서는 여인이 이미 남편이 있는 것을 아시면서도 왜 그녀를 두 번이나 확인하시는가? 아마도 예수님은 그녀에게 현재 남편도 그녀의 남편이 아니므로 그녀가 앞으로 나아갈 필요가 있음을 드러내신 지도 모른다. 예수님의 거듭되는 인정에 대한 대답으로 여인도 예수를 선지자라고 시인한다 (4:19). 그녀가 자신을 드러내는 가장 연약한 순간에 그녀의 눈은 떠지고 그녀는 예수와 메시야를 연관시키기 시작한다 (4:25). 그녀는 눈으로 메시야를 보았다. 두려움의 멍에로부터 자유함을 얻은 여인은 예수님의 말씀의 진실성을 받아들인다. 대신 그녀는 마침내 자신을 인정할 수 있게 되고 우리는 여인의 강력한 행위, 즉 온 마을을 복음으로 휘젓고 다니는 것을 보게 된다.

어떻게 하면 우리가 가진 두려움으로부터 자유로워질 수 있을까? 의식적이든 무의식적이든 두려움에 끌려 다니며 사는 삶은 걱정, 보호, 통제를 영속시키게 된다. 사마리아 여인이 예수님과의 대화를 통해 그녀의 참된 자아를 만나기까지 그러했던 것처럼 사람들은 사회적인 접촉으로부터 자신을 단절시키게 된다. 많은 이유들 때문에 많은 1세대 부모들이 자녀들의 사교생활에 대해 가지고 있는 두려움과 그들에게 행하는 통제 때문에 자녀들의 성장 주기는 방해를 받게 된다. 그들은 마음의 빗장을 닫아버림으로써 부모들은 자녀들의 세계에 다가가지 못하고 더더욱 자녀들이 그들의 통제 바깥에 있다고 느낀다.

여기 새로운 포도주 부대를 찢는 역할을 할뿐인 옛 포도주로부터 부모들이 자유롭게 되도록 돕는 단계들이 있다.

스승으로서의 고통

1. 두려움을 직시하라, 그러면 그것은 당신을 스승처럼 인도할 것이다.

진정한 영성은 우리에게 진리, 그것이 어디로 인도하든지, 진리를 향한 노정으로 우리를 인도한다. 파커 파머의 말 중에 이러한 것이 있다 "그것은 무지가 아니라 두려움이 배움의 적이라는 것과 두려움이 무지에게 힘을 준다는 것을 이해할 것이다. 그것은 우리의 무지가 드러나고 우리의 정통성이 도전 받는 것에 대한 두려움을 뿌리채 뽑으려고 노력할 것이다……" (파커 파머). 미지에 대한 두려움은 왜곡되고 과장된다. 두려움이 과장되면 자신이나 주위 사람들의 생명력을 마비시킨다. 두려움은 사람들을 부인하게끔 내어 몬다. 부인하는 힘은 살아 있는 사람들을 무감각하게 하여 하나님이 주신 생기 있는 만남의 힘을 마비시킨다. 오늘날 우리들이 경험하는 놀랄 만한 아이러니는 사람들이 그다지도 배고파하는 만남 그 자체가 그들의 손이 닿는 곳 너머 멀리에 있다는 것이다.

2. 두려움과 친구가 되라,

그렇지 않으면 두려움은 당신의 손이 닿는 곳 너머에 있게 된다.

두려움을 걱정하거나 보호하기보다 두려움과 친구가 됨으로써 해방에로의 여정이 시작된다. 당신이 두려움의 감정을 도닥거리게 되면 당신은 옴짝달싹 못하게 된 친구가 당신 안에 있음을 발견하게 될 것이다. 당신이 외톨이가 된 당신 안의 그 친구를 감싸안게 되면 당신은 감정적으로 외톨이가 된 2세들의 울부짖음을 들을 수 있게 될 것이다. 1세들이 안에 녹슨 아픔의 덩어리들을 기꺼이 떼어내려고 할 때 그 예리한 치유의 상처는 2세들과의 연결점이 될 것이다. 치유의 아픔은 생명을 불러일으키는 것이지만, 그것을 도피하려 하다보면 생명을 파괴시키는 대가를 치러야 한다. 금지된 여인이 눈을 떠 복음을 전하는 사람이 되었듯이 1세들과 2세들도 서로의 차이를 포용할 수 있다.

3. 금방 고치려고 하는 분위기로 뛰어들지 말라.

삶은 계속되는 과정이다. 부모들과 교회 지도자들이 가진 태도들 중 부질없는 것 중의 하나는 2세들을 고치려고 하는 것이다. 단숨에 고치겠다는 정신은 대화의 가능성을 저해하는데 왜냐하면 그렇게 하면 2세들을 주체가 아닌 객체로 만들기 때문이다. 사마리아 여인에게 있어 강력한 변화의 순간은 예수께서 그녀를 주체로 대했을 때 일어났다. 그는 여인을 하나님의 형상을 따라 지음 받은 피조물로 대하고 대화를 나누셨다. 고치려고 하면 대화의 가능성은 독백이 되고 말하는 사람은 일방적으로 감정을 풀어놓고 듣는 사람은 객체화되어 버린다. 프레리가 적용하는 기본적인 원칙은 한 사람의 존재가 가지는 소명은 행위를 취하는 주체가 되어야 하고 주체가 자신의 세계를 변화시키고, 그렇게 하는 가운데 "개인적으로 그리고 집단적으로 더 풍성하고 의미 있는 삶을 향한 가능성으로 옮겨가는 것"이다.

4. 대화하는 만남의 능력을 경험하라.

사마리아 여인은 압박을 받는 객체에서 주체로 해방되었는데 이는 예수와의 대화적인 만남을 통해서였다. 예수께서는 "내가 주는 물을 마시는 자는 영원히 목마르지 아니하리니 내가 주는 물은 그 속에서 영생하도록 솟아나는 샘물이 되리라"(4:14)고 말씀하신다. 예수께서는 생명의 물을 그녀에게 쏟아 부으셨고 그녀의 영은 새롭게 되었다. 그녀는 가능성을 활짝 피우는 사람이 되었다. 이것이 모든 사람들이 원하고 그렇게 될 가치가 있는 것이다. 프레리의 말은 맞다. 아무리 어떤 사람에게 침묵할 것이 강요되어 왔다 해도 그 사람은 대화적인 만남을 통해 새롭게 되어질 수 있다.

5. 내적인 우물로 고개를 돌리기

대화로 만남을 나누는 전 과정은 예수님에 의해서 시작된 상호성이 여인에 의해 이어지는 아름다운 춤과도 같고 인간의 가능성의 정점에 이르는 움직이는 시와도 같다. 거리를 두고 외적으로 신학적인 대화를 나누다가 그 대화는 내적으로 영적인 만남으로 변화되어 간다. 이 순간 여인은 진정한 자아를 발견하고 내적인 우물을 열게 된다. 외부로 향해 있던 실용적인 우물은 내부에 있는 분수가 된다. 놀라운 변화를 향한 여정이 시작되는 것이다. 여인은 더 이상 사람들로부터 자신의 모습을 숨기지 않고 그녀 자신이 안팎이 변화되었듯이 온 마을의 편견적인 생각을 뒤엎어 놓는다. 머리로만 생각하는 영성이 아니라 온 몸에 배인 영성이 효력을 발휘하게 된다.

대화체의 만남은 깊숙이 자리잡은 정통성과 우리가 가장 성스럽게 여기는 것조차도 의문을 갖게끔 만든다. 그러한 만남이 가능하려면, 재점검과 다시 기억하는 것이 요구된다. 그것은 여인이 보여준 것과 같이 친밀한 변화의 과정에 몸을 던지는 것을 요구하며, 그럼으로써 여인은 스스로를 재발견하고 인생에 있어서 자신의 사명을 발견할 수 있었다. 그녀가 사회가 자기를 정의한 것과는 다르게 자신이 진정 누구인가를 깨닫게 되었을 때, 그녀는 예수님과 함께 경험했던 진실을 외칠 수 있었다. 더 이상 그녀는 수치심으로 인해 자신을 감추지 않고 대신 자신이 그다지 숨기를 원했던 바로 그 공동체 속으로 뛰어 들어갔다. 예수님과의 진정한 만남은 그녀가 내부를 깊이 탐구했을 때 거짓 각본으로부터 그를 자유케 했고, 그녀는 이웃들을 위해 해방자가 될 수 있었다.

6. 상하관계로부터 안에서 바깥으로

상하관계로 된 삶의 극본에 따라 사는 압박을 이해하라.
바깥이 안이 되어 사는 삶의 공허함을 이해하라.
그리고 나서 그들에게 귀를 기울이라.

하나님이 주신 쉽사리 이용 가능한 내적인 우물의 길을 파라.

하나님의 인도에 귀를 기울이라.

당신이 그것에 대해 평안을 느낄 때 행동을 취하라.

만남으로서의 상호대화

예수님은 사마리아 여인을 인정하시고 도전하시고, 그녀는 예수님에게서 온전함을 입는다. 오늘날 사람들은 그러한 만남을 그리워한다. 예수님은 친밀한 만남의 과정을 모범을 보여주시는데 이 과정을 통해 천시 받던 여인은 하나님의 은혜를 통해 자신을 재발견하게 된다. 이 대화는 미국문화가 꺼려하는 모든 것을 깨뜨리고 있는데 이에는 인종, 계급, 성, 그리고 종교가 포함된다. 사상의 덫에 갇혀서 고립되어 있던 여인은 자유를 얻고 진정한 자아를 재발견한다. 사랑으로 가득 찬 대화를 통해 예수님은 인간의 범주인 문화, 인종, 성, 종교에 의해 정의된 타인과 친밀하게 만나는 과정을 보여주신다.

예수님으로 하여금 그녀의 가슴 깊이 자리잡은 문제들을 탐구하게 허락함으로써 사마리아 여인은 예수님과의 대화를 계속했다. 대화 가운데 불안한 순간들을 통해 그녀는 자신에게 깊이 자리잡은 문제들을 적극적으로 파헤친다. 여인이 대화에 더 많이 참여할수록, 예수님과의 만남 또한 더욱 친밀해진다. 예수님은 관습적인 규정에 의해 형성된 여인의 얼어붙은 자아 인식을 지혜롭게 녹여주신다. 여인이 자신이 객체가 아니라 주체로 인식되던 그 순간에는 심지어 가장 깊은 내적인 부분마저도 그다지 많은 두려움 없이 표면에 드러나게 된다. 그리고 여인은 그간 불안하게 안주해 있던 범주를 벗어 나와 몸을 입은 구체적인 진실을 경험하게 된다.

유대인과 사마리아인, 여자와 남자, 과거와 현재의 선지자들, 그리고 지역감정 사이에 있는 외부적인 장벽에 대한 논쟁은 더 이상 문젯거리가 되지 않는다. 마찬가지로 우리가 이민가정, 교회, 학교, 그리고 사회 전반에 이름을 붙이는 모든 장벽들 또한 그대로 남아 있을 만큼 그다지 크지 않다. 예수님이 시범을 보여주신 것과 같은 진정한 교육 과정은 또한 마음 고생을 하는 부모들, 목회자들, 그리고 교인들 또한 포용할 수 있는 것으로 단지 케케묵은 바깥에서 안으로 향하는 극본을 버리기만 하면 된다. 안에서 바깥으로 사는 극본에 따라 살면 겸손,

상호성, 그리고 친밀함을 장점으로 갖게 될 것이다. 지도자들은 비난하는 것을 그만 두고 거꾸로 된 권력을 재정의하는 책임을 다하기 위해 노력하게 될 것이다. 부모들, 자녀들, 목회자들은 사실 그러한 대화의 만남을 갈구하고 있는데 이는 오랜 인내심 있는 내적인 과정이 밝혀진 다음에야 닿을 수 있는 먼길이기 때문이다.

오늘날 많은 사람들은 고독과 친밀감 부족으로 고민하고 있으며 연약하게 되는 것을 두려워한다. 우리는 이러한 소리들을 지난 장들 속에서 이민자들과 자녀들의 음성에 귀를 기울이면서 들어보았다. 시내에서 사는 가난한 자들은 돈의 부족으로 어려움을 당하고 교외에 사는 부자들은 돈은 너무 많지만 커다란 집안에서 인간적인 손길이 부족해서 마음 고생을 하고 있다. 각 가정들이 커다란 텔레비전 스크린을 가정 제단이라도 되는 양 모셔두고 있다. 이와는 반대로 부모와 교회 양쪽이 우물가의 선지자와 여선지자가 되어야 할 것이다.

안이 밖으로 된 것과 위아래가 거꾸로 된 지도력: 다리를 놓는 자들로서의 부모와 목사

배움을 통해 갱신에 이르는 길은 토기장이의 손에 있는 진흙처럼 새로 빚어질 각오가 되어 있어야 한다. 그것은 단지 지적으로 열심히 하던 것으로부터 내적인 것과 공동의 과정을 통합하는 것으로 되돌아가는 것을 필요로 한다. 영혼을 찾는 것과 내적인 작업을 통해 진정한 상호 대화가 가능해진다.

상처 입고 부서진 가정과 교회에는 신선한 생수로 내적인 영의 우물을 채울 필요가 있는 사람들이 많이 있다. 선지자 예수님은 여인의 내면에 있는 선지자의 영에 불을 붙였다. 머지 않아 그녀는 행동할 동기를 얻었고 삶의 안팎이 달라진 것처럼 그녀는 온 마을을 바꾸어 놓았다. 부모, 목사, 회중은 젊은이들을 내부로부터 인도하고 이끌기 위해 교육자로서 지도자로서 갖춰지기 위해 함께 모일 필요가 있다. 만족할 줄 모르는 교회 확장과 물질주의에서 벗어나는 것은 마비되어 있는 기능을 재활성화하기 위하여 얼어붙어 있는 신앙체제를 녹여주는 것을 의미한다.

세대간 교회의 모델

찰스는 지난 3년간 그가 다니기 시작한 새로운 D교회에서 적극적

276

으로 활동해 왔다. 한국계 미국인이 많은 로스 엔젤레스 교외에 자리 잡은 D교회는 3년 전 교인수가 400명에서 80명으로 뚝 떨어지면서 전환점을 맞이했다. 정체 상황에서 1세대들은 차세대에 투자해야 한 다는 것을 깨달았다. 그들은 미래를 상징하는 1.5세대를 담임목사로 초빙했다. 30대 후반의 젊고 의기양양한 정 목사는 2년째 되는 해에 빌딩 프로젝트를 통해 눈에 보이는 변화를 가져왔다. 느헤미야의 비 전에 영감을 받아 정 목사는 에너지를 교회 빌딩 프로젝트에 쏟아 부었다. 그 교회는 오래 전 교회 부지를 사두었지만 빌딩 과정을 진행 하지 못하던 차였다. 이중언어를 사용하고 이중문화권에 속한 목사는 그룹을 조직하고 본인 스스로가 많은 노동력을 충당했다.

정 목사는 또한 목회 초기에 선언하기를 비록 영어를 사용하는 가정 은 두 가정뿐이지만 영어 회중을 시작하겠노라고 말했다. 3년이 지나 자 영어 회중은 15가정으로 자라났고 그 숫자는 이제 1세대 회중과 맞먹는다. 찰스는 두 회중 사이에 진정한 상호의존성을 경험하노라고 말한다.

> 우리는 이제 영어 목회를 위한 발언권과 결정권을 갖고 있어 요. 과거에 부모님이 다니던 교회에는 1세들이 회합의 한 구성원을 보내서 영어 목회의 사항을 대표하도록 했지요. 그 회합의 구성원이 회의에 앉아 있을 때, 거의 1세들로 구성 된 회의에서 그는 수적으로 열세였기 때문에 영어 회중을 효과적으로 대표할 수가 없었어요. 그들은 우리의 의사와는 관계없이 영어 목회에 대한 인사권을 결정하곤 했어요. 그들 은 영어 목회 담당 목회자를 구해 놓고서는 1세들 회중의 예배, 심방, 새벽 기도회 등에 헌신하게 만들어 놓았기 때문 에, 그는 영어 목회를 위해 남은 기력이 거의 없었지요.
> 이 새로운 교회에는 영어 회중이 한 교인의 집에서 1세들 을 위해 식탁 친교를 주관하곤 해요. 우리는 아무런 안건 없이 그저 서로를 알고 친교와 기도를 나누기 위해 모였지 요. 나는 과거에 결코 그런 경험을 가진 적이 없었어요. 우리 부모님들에게는 열심히 일하시는 것, 희생적인 사랑과 같은 장점들이 있어요. 그런 부모의 장점이 교회에는 전달되지가 않네요. 그러나 이 교회에서는 우리는 1세들이 이민교회를

유지하기 위해 한 것과 우리들을 위해 자원을 투자하는 것에 감사를 드릴 수 있어요. 우리 영어 회중은 공동의 식탁에 앉아 있을 때 우리가 얼마나 감사하는지를 표현하고 그들의 장점을 배우려고 애쓰지요.

찰스가 D교회에서 경험한 것은 모든 2세들이 갈망하는 것이다. 나는 그의 목소리 속에서 과거 그가 1세들과의 사이에서 경험한 좌절의 상처들이 치유되는 것을 들을 수 있었다. 어떻게 하면 D교회와 같은 세대간의 교회가 가능할 수 있을까?

1. 위기는 위험인 동시에 기회이다. 막다른 골목과 같은 단계에서 D교회는 미래를 꿈꾸었을 뿐만 아니라 1.5세대를 목사로 초빙함으로써 그러한 결정을 뒷받침하며 따랐다. 이는 1세들에게는 중요한 패러다임의 전환을 의미한다. 그들은 위기의 순간에 위험을 감수했다.

2. 계속해서 같은 실수를 되풀이하는 대신에, D교회는 과거의 실수로부터 배우고 그 교회와 더 커다란 정황을 포함한 상황적 요인들을 평가했다.

3. 그들이 올바른 일을 수행할 자질을 갖춘 정 목사를 선택한 사실은 추천할 만하다. 그들은 충분히 건강한 지도자를 분별할 만큼 스스로가 충분히 건강했다.

4. 1세들은 정 목사를 조종하려 하기보다는 목사가 목회 계획을 세우고 추진하도록 허락했다.

정 목사의 지도력 자질: 다리 놓는 사람
1. 그는 D교회가 갈 필요가 있는 방향을 볼 수 있었다.
2. 그는 성경적으로 느헤미야의 비전과 계획에 초점을 맞춤으로써 설교와 가르침을 통해 회중에게 영감을 제공할 수 있었다.
3. 그는 새로운 빌딩 프로젝트에서 열심히 일하고 다른 사람들을 북돋아주었다. 교회 부지가 텅 빈 채로 놓여 있는 것은 D교회의 지도력 부재의 상징과도 같은 것이었다.
4. 그는 D교회의 공지가 있는 대학 근처에다 올바르게 자신의 비전을 둘 줄 알았다. 그는 새로움의 가시적인 상징으로 새 교회 건물을 지었다.

5. 그는 교인수가 증가함에 따라 한인과 영어 회중 둘 다에 지도력을 제공하였다.
6. 그는 사람들의 신임을 얻었고, 또한 그들 속에 자신의 신임을 부어 주었다.

왜 D교회와 같은 교회를 추구하는 바램은 큰 반면, 그러한 교회는 드문 것일까?

역기능을 하는 가정과 마찬가지로 교회 또한 의사 결정 중에 역기능을 되풀이한다. 변혁이 아니라 반복을 하는 것이 대체적인 특성이다. 나는 오래된 방법을 답습하는 교회가 아니라 배움을 구체화시키는 교회인 D교회를 소개하는 것에 기쁨을 느낀다. 이는 풍성한 식탁 친교와 대화적인 만남을 통해 세대간에 다리를 놓는 모범을 보인다. 서로간에 존중하고, 상호교환을 하고, 인정해 주고, 함께 하는 것은 동강이 났던 부서진 그릇을 채워준다. 두 다른 세대가 대화하기로 결정하고 서로에 대해 배우고자 결정하는 것은 그만큼 강력한 것이다. 관계 형성을 통한 상호 변혁은 친밀한 공동체를 창조해 낸다. 그러한 공동체는 다음의 요소들을 포함하고 있다.

가슴과 가슴이 만나는 대화 방법
—판단하지 않고 듣는 것
—차이점을 비난하는 대신 인정해 주는 것
—간격을 잇는 것
—상호 변혁
—화해를 위한 사명을 갖는 것

요약하면, 이 장에서는 예수님이 사마리아 여인과 나누신 대화적 만남에 기반을 두고 세대간의 대화를 위한 지침을 제공하였다. 진정한 세대간 교회의 사례로부터, 상호 존중, 이해, 깊은 화해와 공동체의 감각이 제시되었는데 이는 교회와 가정, 모두에서 양 세대가 바라는 모델로서 제시된 것이다.

교회와 신학교를 섬긴 경험이 있는 필자는 배움이 사람들의 가슴을 감동시킬 때 일으킬 수 있는 변혁의 힘을 발견했다. 그러나 그러한 것은 기관을 분열시키고 힘을 빼앗는 거짓된 믿음이 사라질 때야 비로소 일어나게 된다.

치유하는 공동체로서의 교회 모델

"누구든지 목마르거든 내게로 와서 마시라 나를 믿는 자는
성경에 이름과 같이 그 배에서 생수의 강이 흘러나오리라"
(요한복음 7:37-38).

이미 G교회에 있는 청소년부와 유대관계를 맺었던 남편과 나는
우리의 의지와는 관계없이 A교회로 발령을 받았다. A교회에 있은
지 한 달이 되자 지도력의 상층부에서 우리로 하여금 A교회로 옮겨달
라고 부탁했다. G교회와는 달리 A교회에서의 시작은 순탄치 않았다.
신학적으로도 맞지 않았고 지도자들로서의 우리들과 교회간에 존재
하는 문화적인 차이도 컸다. 우리는 그 교회에 대한 부정적인 평가를
이미 들었기 때문에 문제를 해결하여 보려는 의도로 왔다.

우리가 가진 태도는 언어적으로 비언어적으로 전달되었다. 우리는
거센 저항을 받았고, 목회는 일부 대학생들과 우리간에 갈등을 중재
하는 것으로 변해 버렸다.

우리는 그 교회에서 2년간 섬기고 다음 교회인 B교회로 옮겼다.
우리는 마찬가지 실수를 되풀이하지 않기로 마음을 먹었다. 이번에는
우리는 우선적으로 B교회와 그 역사에 대해 배우는데 힘을 사용하기
시작했다. 우리는 해결사 심리가 아니라 인류학적인 접근을 적용하고
배우는 자의 입장을 취하였다.

이러한 접근 태도는 B교회에서 잘 먹혀들었다. 우리가 처음 도착했
을 때, 청소년부 학생들은 지루한 얼굴로 아무런 아랑곳 않겠네 하는
태도로 우리를 맞았다. 그들은 일요일에 사태가 어떻게 돌아가는가를
구경하는 구경꾼들이었다. 심지어 제일 처음 사교 모임을 가졌을 때
조차 그러했다. 우리는 사교를 위해 어떤 청소년의 집으로 향하는
밴에 모두 타고 있었다. 약 12명의 청소년들이 한 밴에 너무도 조용히
앉아 있어서 남편과 나는 충격을 받았다. 그룹의 분위기는 논쟁적이
었다. 한국어를 말하지 않는 미국에서 태어난 2세들과 영어를 배우기
위해 씨름하고 있는 4명의 신참들이 함께 섞여 있었다. 어떻게 무엇을
의사 소통해야 할지 모르는 그들이 침묵을 지키는 것은 당연한 일일지
도 몰랐다.

일단 우리가 청소년의 집에 도착하자 우리는 어색함을 풀기 위한 게임을 했는데 그들은 이런 게임은 처음이라고 했다. 모두가 유치한 게임에 참여하게 되자 언어 장벽은 더 이상 문제가 되지 않았다. 조심스레 우리는 그다지 많은 언어를 요구하지 않고 그 대신 몸의 움직임을 요구하는 게임을 골랐다. 그들은 커다랗게 웃고 고함을 지르고 킥킥거리기 시작했는데 이는 문화의 간격을 초월하는 것이었다. 그룹은 서로에게 연대를 갖고 서로 어울리기 시작했다. 청소년부는 사교적으로 영적으로 성장하기 위한 안전하고 재미있는 장소가 되었다. 어떤 부모들은 주일 오후에 그들의 가정을 개방해 청소년부가 친교를 하도록 마련해 주었다.

금요일 저녁 성경공부

귀납적인 성경공부, 식탁 친교는 청소년들과 대학생부의 요구가 친밀하고 전적으로 채워질 수 있는 특별한 시간과 공간을 제공해 주었다. 성경공부는 학생들의 경험과 성경 이야기들을 연결시켜 주었다. 서로간의 나눔이 강렬하고 깊어지자, 나는 성경을 덮었는데 왜냐하면 성경 이야기들이 살아서 실제로 느껴지기 시작했기 때문이었다. 2세들의 성경공부를 인도하면서 느끼는 어려움 중의 하나는 자료가 부족하다는 것이다. 한국어로 된 성경공부 자료도 영어로 된 자료도 2세들의 현실을 다루고 있지 않는 것 같다. 우리는 귀납적인 성경공부에 필요한 질문들을 우리 스스로 만들기로 마음먹었다. 우리는 또한 학생들에게 성경 주해의 핵심 원칙들을 가르쳐주고 그들로 하여금 성경공부를 위한 질문들을 적어보도록 사기를 북돋아 주었다. 놀랍게도 이러한 성경공부 지도자들이 자신들의 삶의 정황들을 적용해서 훌륭한 질문들을 적어내는 은사가 있음을 발견하게 되었다. 이렇게 되자 성경에 대해 배우는데 무감동하게 보이던 학생들의 태도가 달라져서 그들은 금광이라도 발견한 듯이 흥분하게 되었다. 성경공부는 학생들이 겪는 경험과 성경의 이야기들을 연결시켜 주었다. 서로간의 나눔이 진지해지고 깊어지자 성경 이야기들이 살아서 움직이는 생생한 것이 되었다. 실례로, 고등학교 학생인 민선은 사마리아 여인의 이야기가 담긴 본문을 연구하던 중 울음을 터뜨렸다. "내가 오늘 당한 것을 생각해 보면, 나는 오늘 마치 내가 사마리아 여인인 것처럼 느껴져요." "오늘 오후 아이스크림 가게에서 일하고 있을 때 몸집이 큰 남자가 안으로 들어오자마자 내게 고함을 질러대는 거예요. '왜 내 주문을 곧장 받지 않는 거야, 응?' 나는 너무 무서운 나머지 아무 말도 할 수가 없었어요."

나머지 부원들도 이와 비슷한 이야기들을 나누면서 눈물과 웃음을 함께 했다. 자연스레 우리는 서로를 위해 기도하는 분위기로 옮아갔고 우리가 가진 아픔은 그만큼 잦아들었다. 성경공부가 끝나자 우리는 서로 차례를 돌아가면서 교회에서 함께 음식을 만들어 식사를 하였다. 이렇게 매 금요일마다 영적인 나눔과 더불어 식탁 친교를 하게 되자 우리는 아주 끈끈하게 정이 들게 되었다. 우리 모두는 친근한 가족이라도 된 듯한 경험을 함께 나누었다.

창조적인 예배

또 하나의 주안점은 고등학생 재키가 안무를 구성하고 감독한 성탄절과 부활절 예배로, 몸을 사용한 예배였다. 재키는 놀랄만한 창조력을 지닌 정열이 넘치는 학생이었다. 우리 예배는 몸을 사용한 예배로 인해 온 회중 앞에서 생생한 것이 되었으며, 부모들은 자녀들이 얼마나 은사가 뛰어난가를 실제로 볼 수 있었다. 몸을 사용한 예배가 가지는 장점은 세대간이 함께 예배드릴 때 존재하게 마련인 언어의 장벽을 뛰어넘을 수 있다는 것이다. 부모들은 미처 이전에는 경험하지 못했던 방법으로 자녀들과 예배를 통해 감정적으로 연결고리를 느낄 수 있었다.

경험적인 선교

청소년들은 부모들이 다룰 수 있는 것보다 훨씬 커다란 도전들을 다룰 수 있는 능력을 지니고 있다. 저소득층 거주지역을 대상으로 하룻밤 선교를 구상하면서 그러한 선교에 참여할 것을 종용한 것은 부모들이 아닌 바로 청소년들이었다. 로스 엔젤레스 도심지에 위치한 무숙자를 위한 이 프로젝트는 교회의 구성원들로 하여금 무숙자들을 위한 숙소에서 밤새 지내는 것을 포함하고 있다. 그들은 가구가 딸리지 않는 호텔 방바닥에서 잠을 잤다. 아침이 되자 그들은 한 사람씩 일어나더니 다른 사람과 짝을 지어 조를 만들고는 무숙자들을 찾아 밖으로 아침을 먹으러 나갔다. 아침을 나누면서 학생들은 대중 뉴스 매체가 주입해 주었던 모든 고정관념을 내려놓는 것을 배우기 시작했다. 부원들 중의 많은 이들은 이들 무숙자들과의 만남을 통해 변화를 체험하고 돌아왔다. 그들은 무숙자들 중의 일부는 대학 졸업장을 갖고 있다는 것, 그리고 사회 정치적인 논점들을 지적으로 토론할 수 있다는 것에 놀랐다고 했다.

영감을 받고 돌아온 청소년들은 회중에게 들려 줄 많은 이야기들을 지니고 있었다. 나는 우리들에게 성인 예배 시간에 참석한 기회를 제공한 1세 목사님을 주신 하나님께 감사 드린다. 한 달에 한번씩 드려진 세대간 예배 시간을 통해 어른들은 2세들이 수적으로, 그리고 영적으로 성장하는 것을 볼 수 있었기 때문이다.

수양회를 통한 영적인 거듭남

하나님은 신비스러운 방법으로 일하신다. 어느 여름 학생 지도자들은 "눈이 메마른" 수양회를 조직하도록 구상하고 있었는데, 수양회에 이런 이름을 붙이게 된 것은 학생들이 수양회에서 너무 감정적으로 되는 경향이 있는 반면 전혀 변화가 없이 돌아오곤 했기 때문이다. 불행히도 우리는 수양회 강사로 너무나 심심한 강사를 만났다. 하지만 그분은 기도를 인도하시는데 은사가 있었다. 기도 시간에 가장 수줍음이 많은 한 여학생이 너무나 강렬하고 예언적으로 기도를 하는 바람에 그것은 마치 하늘에서 바로 내려오는 기도 같았다. 그 학생은 돌연히 다른 사람이 되어 장내를 흔들어 놓았다. 또 자기밖에 모르는 어떤 남학생이 일어나 그 방의 다른 쪽에 앉아있던 새 신자에게 용서를 구하면서 자기가 수양회에서 그 학생에게 너무 잔인하게 굴었다고 사과하는 것이었다. 이번에도 그는 완전히 다른 사람이 된 것 같았다. 마침내 가장 마음 고생이 심했던 자넷 차례가 되었다. 자넷의 부모님은 최근 어떤 종파에 가입했으며 자넷은 오랫동안 사귀던 남자친구와 헤어져 마음이 아팠는데 그녀는 눈물로 이렇게 기도했다. "나는 슬프기 때문에 우는 것이 아니라, 행복해서 우는 거예요." 다시 말하건대 여기서도 완전히 다른 사람이 된 자넷을 볼 수 있었다. 이러한 것은 인간의 힘이 아닌 하나님의 역사 때문에 가능한 것이다. 하나님은 우리가 가장 기대하지 못한 그 시간인 "눈이 메마른" 수양회 동안

283

하나님의 은혜를 우리에게 부어 주셨다. 기도 모임은 두 시간 이상 계속되었지만 그것은 마치 순간처럼 느껴졌다. 우리는 온 밤을 함께 웃고 함께 춤추었다. 공적인 회개 기도가 있자 더 많은 회개가 일어났고 하나님의 성령이 우리 모두를 압도하였다. 부원들은 하나님의 선교에의 소명을 가슴으로 받아들였다. 완전히 딴 사람이 되어 기도를 한 세 명이 우리들의 선교 지도자가 되었다. 이는 부흥의 진정한 특성을 드러내는 계기가 되었는데, 왜냐하면 이 세 명은 다음 해 여름 일본으로 단기 선교를 떠났기 때문이다. 그들이 돌아오자 온 교회는 선교를 향한 영감을 부여받게 되었다.

나바호 미원주민 선교

모두가 일본으로 갈 수는 없었기 때문에 우리는 청소년부를 데리고 애리조나 주에 위치한 나바호 미원주민 거주지로 갔다. 우리가 미원주민 상황을 택한 이유는 한국계 미국인들은 미원주민과 같은 압제를 경험하지 않았기 때문이다. 더구나 거주지는 많은 것이 필요한 이유 또한 아주 컸다.

우리가 처음 애리조나 주에 있는 거주지에 도착했을 때, 미원주민들은 젊으나 늙으나 좀 당황한 듯이 보였다. 백인들 외의 사람들에게서 방문을 받아본 적이 없었기 때문이다. 이내 모든 어린이들이 우리 학생들 등을 오르면서 친근감을 보이기 시작했다.

우리 학생들은 여름성경학교를 인도하기 시작했으며 문화적인 교류가 일어났다. 이번에도 선교의 경험을 통해 우리가 나바호 사람들에게 준 것보다 그들을 통해 배운 것이 훨씬 많았다. 우리 부원들 중에 가장 물질적인 경향이 강했던 어떤 학생은 거주지를 향해 오는 도중 그가 사고 싶은 이상적인 자동차와 이상적인 집에 대해 미니밴 안에서 이야기했었다. 마지막 날, 우리가 캠프파이어를 하면서 경험을 나누는 시간을 가졌을 때, 그는 이렇게 말했다. "나는 결코 아무 것도 소유하지 못한 사람들이 행복할 수 있다고 생각한 적이 없었어요." 여기서도 그가 가난한 사람들과 맺었던 관계를 통해 변화된 것을 보게 된다. 그는 종종 먼지 속에서 뛰노는 나바호 어린이들이 최소한의 조건에도 불구하고 그렇게 만족한 것을 보고 놀랐다고 했다. 학생들은 나바호 선교를 매년 떠나고 있으며 학생들이 모든 책임을 맡고 있다.

우리는 인종, 계급, 성, 그리고 종교를 초월하여 신앙을 뛰어넘을 때마다 영적인 거듭남과 생동감을 체험했다. 우리가 경계선을 뛰어넘어 선교를 할 때 하나님의 영은 우리들의 생각과 마음을 확장시켜 주셨다. 하나님의 영적인 축복이 우리들의 삶을 가득 채워주셨으며 영적인 생동감이 우리들의 친교 안에, 그리고 우리의 범주를 넘어 넘쳐나갔다.

국제 선교

영적인 지도자들인 우리에게는 하나님의 백성들의 마음을 확장시키는 것이 중요했다. 하나님은 몇몇 학생들에게 영감을 부으셔서 단기 선교를 떠나게 하셨다. 하부 중산층으로 주로 이루어진 중간 규모의 교회에서 네 명의 학생들을 일본으로 두 번이나 하계 단기 선교를 보내는 것은 예외에 속한다. 네 명의 학생들은 자원해서 선교 기금 모금을 위한 편지를 작성했다. 그럼에도 불구하고 그들은 과연 LA 폭동 사건으로 한인 이민자 공동체가 재정적인 손실과 감정적인 상실감을 겪고 있는 이 때에 그들에게 필요한 10,000불을 모금할 수 있을지에 대해서는 회의적인 생각을 품고 있었다. 그러나, 그들 모두는 필요했던 금액을 초과한 액수를 모금할 수 있었다. 다시 말하건대 그들은 평범한 것을 넘어선 신앙을 체험한 것이다.

우리가 청소년부에서 결속감이 강한 친교를 형성하고 있을 때 하나님이 하시는 사역이 확장 일로를 보이게 되었다. 그 때의 청소년부 학생들은 이제 다른 교회들에 많이 흩어져서 그들 중 많이 이들이 핵심 지도자들이 되어 교회를 섬기고 있다. 우리는 기회가 있을 때마다 아직도 함께 모임을 갖고, 그다지 친밀하게 그리고 의미 있게 삶을 함께 나누었던 우리들 삶의 형성기를 소중하게 추억하곤 한다. "그저 함께 어울리는 신학"에서 우리는 교회 가족이 되었으며, 우리들끼리만 모이던 것을 뛰어넘어 도시 저소득층 무숙자들, 나바호 미원주민들, 그리고 일본까지 우리의 관심을 확장시키게 되었다. 선교 지도자들 중 하나였던 자넷은 애리조나 주에 있는 대학으로 전학을 와서 더 깊이 미원주민에 대한 연구를 공부하고 있다. 또 "가장 수줍음을 잘 타던", 부흥회 개회 기도를 맡았던 그 학생은 일본으로 돌아가 4년간 영어를 가르치고 목회를 하면서 살았다. 그 학생은 지금 필리핀에서 선교 단체를 섬기고 있다.

우리가 목회를 하면서 가장 중요하게 여겼던 원칙을 밝히자면, 청소년들이 수동적으로 예배당 의자에 앉아 있는 사람들이 아니라 적극적으로 경험하며 배우는 사람들이 되도록 도와주어서 그들에게 지도력을 갖추어 주는 것이었다. 우리가 그들에게 하나님께서 그들에게 주신 은사들을 활용할 수 있는 기회를 충분히 제공했을 때, 우리는 그리스도의 몸이 되어 가는 것을 경험할 수 있었다.

요약하면 다음의 원칙들이 안에서 밖을 향하는 화해와 화평의 사역에 핵심이 된다.

1. 서로 어울리고, 식탁 친교를 하고, 게임과 스포츠를 통해 어색함을 깨뜨림으로써 안전한 장소를 만든다.
2. 성경에 나타난 이야기들을 한국계 미국인의 이야기와 친밀하게 연결시킨다.
3. 귀납적 성경공부를 통해 하나님의 말씀을 깊이 파헤친다.
4. 학생들의 은사를 분별한다.
5. 핵심 지도자들에게는 은사를 활용할 기회를 준다.
6. 사역의 영역을 천천히 위임시킨다.
7. 영적인 갱신을 위해 1년에 두 차례 수양회를 계획한다.
8. 선교사들을 지역적으로, 그리고 세계적으로 내보낸다.
9. 그들의 간증을 세대간에 함께 드리는 예배 시간에 나누게 한다.

결론

미국은 이민자들이 밀어닥치는 데서 혜택을 입어 왔다. 미국의 새로운 사상과 사람들에 대한 개방성은 활기와 전진과 빛나는 혁신을 가져왔다. 폐쇄적인 사고는 인간의 영혼과 창조성을 방해하고, 마침내는 한때 빛나던 제도와 문화를 정체 속으로 빠뜨리고 만다.

이 책에서 나는 어떻게 이민이 제도로서의 한인 이민가정과 이민교회에 영향을 미쳐 왔는가를 살펴보았다. 1세대의 언어 장벽 때문에 한인 이민자들은 흐르는 시내보다는 고여있는 연못처럼 사는 경향이 있다. 폐쇄된 우물과도 같은 가정과 교회 안에서, 많은 젊은 세대들은 한 발은 주류 제도기관에, 다른 한 발은 가정과 문화에 걸친 채 문화적인 밀고 당김을 겪고 있다.

양 세대의 이야기를 함으로써 이 책은 세대간에 있는 커다란 간격에 다리를 놓기 위해서 어떤 핵심 논점을 파헤쳐야 하는가를 찾아보려고 하였다. 나는 근심에 찬 1세대 부모들과 교회 지도자들이 2세들에게 접근하는 방법이 실패해서 좌절하는 한숨 소리를 듣는다. 1세대들은 좋은 의도를 가졌지만 그들이 사용하는 방법은 그들과 다른 현실에서 사는 젊은 세대들이 이해하기에는 힘이 든다. 나는 또한 부모들이 자신들을 충분히 이해하지 못하기 때문에 가정에서 외로움을 느끼는 2세들의 울음소리를 듣는다. 대화다운 대화를 나누는 대신에, 가정에서 일어나는 대화는 순종을 강요하거나 무시되는 느낌을 중심으로 일어난다. 2세들은 한인 이민교회들이 그들에게 목소리를 주고, 그들을 의사 결정 과정에 포함시켜 주기를 바란다. 그러나 그들은 교회생활과 가정에서 전형적인 가부장제를 경험할 뿐이다.

그래서 이 책은 복음서 이야기에 있는 예수님과 사마리아 여인과의 만남에서 모델이 된 대화의 만남을 강조한다. 예수님이 보여주는 진정한 대화의 만남의 과정은 시간과 공간을 초월해서 미국과 한국문화를 불문하고 적용될 수 있다. 인간은 의미 있는 진정한 관계를 추구하기 위해 창조되었다.

가정과 교회가 경직된 상황에서, 예수님이 사마리아 여인과 상호작용을 통해 모범을 보여주신 새로운 개방성은 두 세대를 하나로 묶어줄 것이다. 두 세대간을 다리 놓고 화해시키기 위한 창조적인 방법들은 전 장에 걸쳐 도우미에 제시되어 있다. 가정과 교회생활의 어두운 면들을 보여준 것은 치유라는 빛을 밝히기 위함이다. 어두운 그림자는 우리들 가정과 교회의 자기 이해를 증진시킴으로써 우리 모두가 자신의 어두운 면을 남들에게 투사하여 상처받은 사람들에게 더욱 상처를 입히기 전에 그 어두운 면을 우리가 지니도록 도와줄 것이다.

　지도력의 논점도 강조되었는데 이는 지도자들이 1세들과 2세들의 관계에서 자신들의 역할을 성찰해 보도록 돕기 위함이다. 오늘날 많은 담임목사들이 만성적인 탈진으로 고통을 받고 있기 때문에 지도자들의 내적 여정이 강조되었다. 만일 독자들이 자녀 양육이나 목회 차원에서 다리를 잇는 지도력에 헌신하기로 결심한다면 이 책이 목적하는 소정의 목표는 이루어진 것과 다름없다. 부모, 목사, 회중이 외향적으로 질주하는 삶의 양식과 내적인 여정을 조화시키는 기술을 계속 익히게 되면 그리스도께서 손수 본을 보이신 화평과 치유의 새로운 시대가 곧 도래할 것이다.